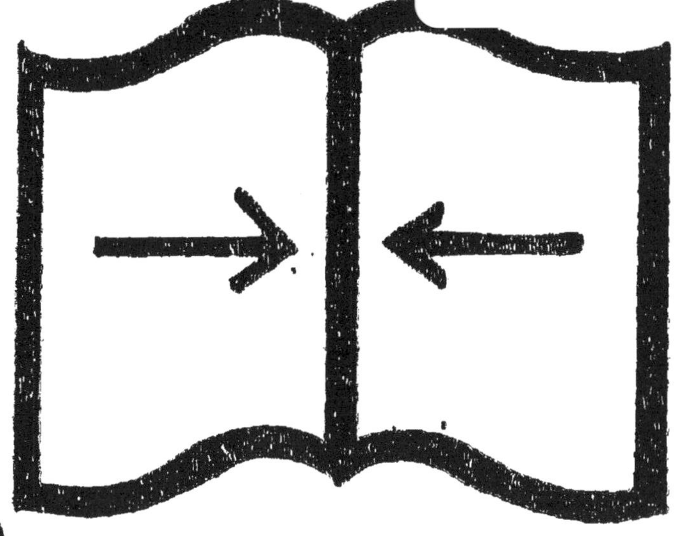

RELIURE SERREE
Absence de marges
intérieures

Valable pour tout ou partie
du document reproduit

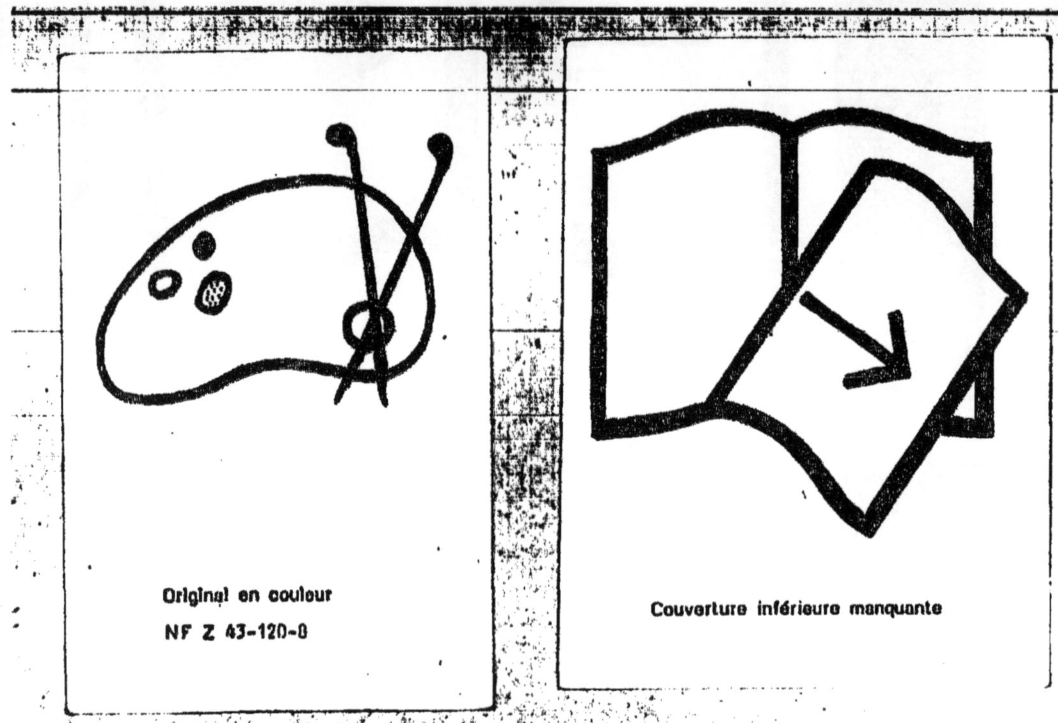

Original en couleur

NF Z 43-120-B

Couverture inférieure manquante

NOUVELLE BIBLIOTHÈQUE LITTÉRAIRE

ÉMILE FAGUET

POLITIQUES
ET
MORALISTES
DU DIX-NEUVIÈME SIÈCLE

Deuxième Série

SAINT-SIMON — FOURIER
LAMENNAIS
BALLANCHE — EDGAR QUINET
VICTOR COUSIN — AUGUSTE COMTE

PARIS
SOCIÉTÉ FRANÇAISE D'IMPRIMERIE ET DE LIBRAIRIE
(ANCIENNE MAISON LECÈNE, OUDIN ET Cⁱᵉ)
15, RUE DE CLUNY, 15

1898

POLITIQUES ET MORALISTES

DU DIX-NEUVIÈME SIÈCLE

DEUXIÈME SÉRIE

NOUVELLE BIBLIOTHÈQUE LITTÉRAIRE

ÉMILE FAGUET

POLITIQUES

ET

MORALISTES

DU DIX-NEUVIÈME SIÈCLE

Deuxième Série

SAINT-SIMON — FOURIER
LAMENNAIS
BALLANCHE — EDGAR QUINET
VICTOR COUSIN — AUGUSTE COMTE

PARIS

SOCIÉTÉ FRANÇAISE D'IMPRIMERIE ET DE LIBRAIRIE

(ANCIENNE MAISON LECÈNE, OUDIN ET Cie)

15, RUE DE CLUNY, 15

1898

AVANT-PROPOS

Dans un précédent volume, portant le même titre que celui-ci, j'ai étudié les philosophes politiques qui, de 1800 à 1840 environ, ont analysé l'âme de ce pays et ont essayé de se rendre compte de ses tendances : qui, frappés du développement de l'Individualisme sous ses deux formes parallèles et contradictoires, à savoir libéralisme et démocratisme, ont, tous, chacun avec sa conception particulière et sa méthode propre, essayé, soit de lutter contre l'une et l'autre de ces deux formes du même sentiment (De Maistre et De Bonald), soit de s'appuyer sur l'instinct de liberté pour réprimer ou endiguer l'instinct démocratique (Staël, Constant, Royer-Collard, Guizot).

J'ai indiqué pourquoi et comment ils avaient échoué les uns et les autres dans leurs tentatives, et ce qui est resté, toutefois, et d'intéressant et de profitable, de leurs travaux et de leur effort.

Je groupe dans le volume actuel les esprits beaucoup plus hardis, beaucoup plus généreux, beaucoup plus chimériques peut-être, les unes du reste plus grands, les autres plus petits que les précédents, qui, plus détachés de l'esprit du XVIII° siècle, auquel tous ceux que je nommais tout à l'heure, si anti-voltairiens qu'ils fussent, étaient cependant attachés encore ; allant aussi beaucoup plus au fond des choses ; comprenant le problème beaucoup mieux dans toute son étendue, ou le sentant beaucoup plus dans toute sa gravité ; ont eu cette idée que l'expansion de l'Individualisme avait pour cause la disparition du pouvoir spirituel, qu'un pouvoir spirituel est nécessaire aux hommes, et qu'il fallait soit en restaurer un, soit en créer un nouveau.

Et ceux qui ont cru qu'il fallait en créer un nouveau sont, de toute évidence, absolument différents des penseurs que j'ai étudiés dans le premier volume de ces Études. Mais ceux qui ont cru seulement qu'il fallait en restaurer un, ne se rapprochent-ils point des de Bonald et des de Maistre ? — Non point ; parce qu'aucun de ceux que je vais étudier n'a pensé que ce fût purement et simplement un des anciens pouvoirs spirituels qu'il fallait rétablir tel qu'il avait été ; mais qu'on devait restaurer l'un ou l'autre des anciens pouvoirs spirituels sous une forme nouvelle et avec un nouvel esprit.

Ainsi, soit des inventeurs d'un nouveau pouvoir spirituel, soit des rénovateurs ou réformateurs d'un pouvoir spirituel ancien, inventeurs encore en cela, tous, donc, esprits profondément révolutionnaires ou très hardiment évolutionnistes, et tous ayant pour centre de leur conscience, de leur science et de leur pensée, cette idée commune : « un pouvoir spirituel est nécessaire : » voilà les hommes que je vais essayer de présenter en leur vérité.

Les uns sont des catholiques qui veulent animer le catholicisme d'une nouvelle vie. Ballanche et Lamennais ont en eux l'empreinte profonde du catholicisme ; mais ils cherchent, l'un à travers les brumes d'une pensée qui n'a jamais ni éprouvé le plaisir ni senti le besoin d'être claire, l'autre à travers le double orage d'une pensée fougueuse et d'une passion ardente, à accommoder le catholicisme à la pensée moderne, ou à faire entrer toute la pensée moderne dans l'esprit élargi et comme aéré du vieux catholicisme ; esprits puissants ou vigoureux, cœurs profonds, initiateurs que beaucoup ont suivis sans le dire, et qui, s'ils revivaient aujourd'hui, trouveraient, non point leur œuvre accomplie, et tant s'en faut, mais du moins devenues banales les tendances, qui, au temps où elles étaient les leurs, plus ou moins bien exprimées, paraissaient presque à tous ou des rêveries ou des énormités.

Un autre est un protestant (le fut-il formellement, comme on le dit, à la fin de son existence ? Je n'en sais rien ; mais son esprit le fut toujours), qui croit profondément que le malheur de la France a été de n'être point devenue protestante au XVIe siècle, ou, au moins en 1790, et qu'elle gagnerait à le devenir, quoiqu'il soit bien tard, même aujourd'hui ; mais qui désirerait un protestantisme ardent comme une foi, combatif et intolérant comme une secte et libre comme une philosophie ; esprit que je crois que les contradictions n'émouvaient point ; qui eût un peu étonné Calvin et infiniment amusé Voltaire ; fécond cependant, plein d'idées historiques et philosophiques, nullement fermé, se développant d'une évolution continue, s'élargissant et aussi s'éclaircissant avec l'âge, et toujours pénétré au moins de cette grande idée, qu'au fond de toute question, quelle qu'elle soit, il y a une question morale.

Un autre, qui eut ses petitesses et ses bornes, qu'on aurait le plus grand tort, pour autant, de considérer comme un petit esprit, a cru que la philosophie, telle qu'elle existait de son temps, telle qu'elle avait été, pour ainsi dire, installée par Royer-Collard, sans entrer en lutte avec les religions constituées et en les laissant vivre et peut-être mourir, pouvait être, elle-même, un pouvoir spirituel, grouper la nation autour de cinq ou six idées salutaires, généreuses, bien ordonnées et formant système, devenir elle-même une véritable religion qui aurait pour elle l'avenir. Il fut hanté très probablement des souvenirs du Socratisme et du Stoïcisme. Prenant la philosophie à ce point de vue, il sentit naturellement le besoin de la discipliner comme une religion naissante et de l'arrêter dans certains dogmes fixes et inébranlables, et de lui donner un sacerdoce et un clergé. Il se fit lui-même concile, et ne laissa pas de se donner des airs de souverain pontife.

Une religion qui serait la philosophie universitaire de
1830 et un clergé qui serait l'Université de France,
tel fut son rêve, qui n'était pas plus ridicule que bien
d'autres, et auquel il a sacrifié la gloire d'être le penseur original, libre, varié et renouvelé qu'il pouvait
être, s'enfermant lui-même dans le dogme une fois
arrêté où les autres se plaignaient qu'il les empri-
sonnât.

Un autre, le plus mobile au contraire des esprits et
extrêmement difficile à suivre dans une évolution qui
a l'air d'une série de caprices, a cette originalité qu'il
a poursuivi toute sa vie l'idée d'un « pouvoir spirituel »
sans avoir l'idée d'une « puissance spirituelle, » autrement dit qu'il a toujours voulu un *gouvernement* des
âmes sans concevoir une *loi* des âmes. Il fut comme un
fondateur de religion qui n'aurait jamais songé qu'à
constituer un clergé. Saint-Simon a été persuadé qu'un
gouvernement spirituel était nécessaire et il le confie
tantôt à tel groupe social, tantôt à tel autre ; mais presque jamais il ne pense à dire ce que ce gouvernement
devra prescrire ou cette école enseigner ; plus persuadé
qu'aucun autre, du reste, qu'un tel gouvernement doit
exister, et ayant ce mérite qu'il est le premier en
France à avoir dit qu'il en fallait un, distinct des
religions constituées jusqu'à cette époque.

Enfin Auguste Comte a vu tout le problème du
pouvoir spirituel et l'a abordé avec une franchise et une
hardiesse absolues. Il a cru, avec une égale convic-

tion, que les pouvoirs spirituels anciens étaient épuisés, ou près de l'être ; et qu'il fallait qu'il y en eût un. Il a déclaré ouverte l'ère « positive » de l'humanité ; et n'en a pas moins estimé, n'en a estimé peut-être que davantage, que l'humanité devait avoir encore un gouvernement des âmes. Et c'est ainsi qu'il a été amené, comme critique, à professer le plus grand respect pour les religions anciennes et les services rendus par elles, tout en les déclarant périmées ; comme réformateur et inventeur, à créer de toutes pièces une religion nouvelle, qui n'a pas eu des destinées triomphantes, la seule pourtant, remarquons-le, depuis Jésus-Christ, qui sans être un simple redressement d'une religion ancienne, qui, vraiment nouvelle et inédite, ait subsisté et ait eu des adeptes pendant plusieurs générations, sans rien préjuger de l'avenir.

Un seul des penseurs que je présente aux lecteurs dans ce volume n'a nullement rêvé pouvoir spirituel et gouvernement des âmes. Il est le seul, du reste, qui ait été ce qu'on peut appeler un libéral radical, qui ait cru que *la solution c'est la liberté*, et que de la liberté même de l'homme, de l'exercice de cette liberté absolument respectée, le bonheur de l'humanité peut sortir. Seulement Fourier, tout en ne voulant aucun gouvernement spirituel et détestant même la morale ; tout en ne voulant même aucun gouvernement « temporel » ; tout en étant, comme tout libéral radical doit

le devenir, un pur anarchiste, conçoit un état d'association humaine si parfait et si compliqué qu'il ne
pourrait être maintenu que par un gouvernement temporel d'une puissance inouïe ou par un gouvernement
moral d'une autorité surnaturelle. Et, comme ce qu'il
repousse le plus, c'est un pouvoir de coercition, il
faut bien qu'il compte inconsciemment, pour l'établissement de son système, sur un pouvoir de persuasion
extraordinaire ; et, donc, il est assez raisonnable de le
ranger parmi les partisans d'un pouvoir spirituel, et
de le compter comme un apôtre du pouvoir spirituel
sans le savoir. — Sans recourir à ce détour, disons qu'il
place le pouvoir spirituel dans chacun de nous, qu'il
le croit immense, qu'il le croit capable de nous amener
à nous aimer les uns les autres, qu'à compter sur lui
d'un tel courage il l'intronise et le glorifie, et qu'il a
ainsi sa place naturelle parmi les grands esprits religieux dont ce volume est destiné à expliquer les
tendances.

Ils ont tous échoué, en définitive. Ce siècle « fécond
en avortements, » comme on a dit avec trop d'esprit et
trop de vraisemblance, a été cruel à ceux qui ont cru
que l'humanité a tellement besoin d'une direction
morale que quand elle en manque elle en restaure une
ancienne ou en crée une. Je suis persuadé qu'ils ont
raison ; mais ils ont raison pour le passé et pour
l'avenir ; et ils n'ont pas été prophètes du présent.

A rien au monde le siècle actuel n'est plus rebelle

qu'à une direction morale. Le jaloux individualisme est si près d'être absolu que même le mot « d'opinion régnante, » qui était bien anodin, n'a plus guère de sens. On attribue à la formule « penser par soi-même » une telle importance qu'on en fait un contre-sens ; car on en oublie qu'il existe une nécessaire et fatale solidarité intellectuelle ; que jamais personne, et non pas même les aliénés, n'a pensé réellement par lui-même ; que penser c'est d'abord comprendre et que comprendre est s'assimiler la pensée des autres en la modifiant par la sienne. — Mais on tient infiniment à avoir sa pensée à soi, comme s'il était possible, et à se complaire dans cette manière d'égoïsme cérébral. On en vient même, plus qu'en aucun temps peut-être, à se défier de sa pensée propre quand on l'aperçoit chez les autres.

> Et ses vrais sentiments sont combattus par lui
> Aussitôt qu'il les voit dans la bouche d'autrui.

Remarquez que cet état d'esprit peut être un prélude ; que, sinon toujours, du moins souvent, un grand mouvement d'intelligence ou de conscience dans l'humanité a commencé par une explosion inquiétante d'individualisme ; que c'est de ce travail même des intelligences volontairement solitaires que peut sortir une grande pensée où se réuniront les esprits et où ils cesseront d être isolés.

Il est possible et il est souhaitable. Mais pour que cet état d'esprit soit fécond, pour qu'il soit capable de finir par se détruire lui-même, et par se satisfaire en se détruisant, il faut qu'il soit actif. Je ne suis pas sûr qu'il le soit en ce moment.

La prétention de penser par soi-même n'a d'égal que le peu de souci de penser en effet et une certaine impuissance à le faire. Il arrive que l'ardeur dont on tient à un droit n'est point du tout la mesure de la capacité d'en faire usage ; et il semble bien qu'aujourd'hui on tient au droit de penser librement, beaucoup plus qu'on ne tient à penser quelque chose. On regarde toute autorité spirituelle moins comme un obstacle à sa croyance que comme un obstacle à la croyance qu'on pourrait avoir si l'on s'avisait d'en avoir une.

S'il en était tout à fait ainsi, l'individualisme serait aussi stérile pour l'avenir qu'il est destructif du passé, serait signe certain de décadence sans être gage hypothétique de relèvement, et serait perte sans compensation.

Tant y a qu'il existe, et qu'il s'oppose invinciblement pour cette heure à tout essai de gouvernement moral, si léger qu'il puisse être et si tolérant qu'il se promette.

Il ne faudrait pas dire pourtant que tout soit individualisme dans le temps présent. Ce n'est pas tout à fait cela. Convenons-en : c'est pire. Autrefois il y avait centralisation intellectuelle et décentralisation matérielle. Aujourd'hui la tendance est à une décentralisation et dispersion spirituelle en même temps qu'à une centralisation matérielle comme jamais on n'en a vu une. Le travail, la production, l'industrie, le commerce se « nationalisent ; » tout en même temps que la pensée devient chose absolument individuelle et personnelle strictement. L'État était autrefois personne morale, personne intellectuelle et personne religieuse ; et l'individu fabriquait, travaillait, vendait, échangeait. L'État pensait pour tous et prétendait imposer sa pensée à tous ; l'individu travaillait pour soi. Aujourd'hui chacun pense pour soi ; mais l'Etat tend à devenir producteur pour tous, marchand pour tous, industriel pour tous, échangeur pour tout le monde. Ce qui est dans le passé c'est un socialisme intellectuel ; ce qui est peut-être dans l'avenir c'est un socialisme industriel. Ce qui est dans le passé c'est l'Etat possédant les âmes ; ce qui est peut-être dans l'avenir c'est l'Etat possédant la terre. Ce qui est dans le passé c'est la liberté individuelle du corps et la soumission individuelle de l'âme ; ce qui est peut-être dans l'avenir c'est la liberté individuelle de l'âme et la soumission, le servage individuel du corps.

Singulier revirement, qui a toutes ses causes dans des conditions économiques toutes nouvelles et qui contient en lui des conséquences incalculables.

Incalculables en effet, dans tous les sens du mot ; car à la fois elles sont immenses et elles sont très difficiles à prévoir et à mesurer. Un premier tableau se présente aux yeux qu'il est fort possible qui soit la réalité dans un siècle. L'Etat est tout. Tous les individus sont des fonctionnaires. Fonctionnaire l'ouvrier, fonctionnaire le laboureur, fonctionnaire le marchand, c'est-à-dire l'employé des grands magasins de l'Etat. Mais ces individus, enrégimentés dans l'Etat quant à leur fonction, sont très libres quant à leur pensée, leur croyance, leurs goûts. Leur tribut payé à l'Etat par leur travail, ils sont affranchis de l'Etat pendant tout le temps qui leur reste, et ils développent leur intelligence, et ils créent, suivant leurs affinités, plusieurs cités spirituelles indépendantes de l'Etat et où l'Etat n'a rien à voir ; et ces cités spirituelles sont d'une merveilleuse influence sur les esprits et sur les âmes et l'humanité monte vers la lumière. Et plus l'Etat a absorbé en lui les forces matérielles, plus il laisse libres les forces spirituelles et plus il leur laisse de loisir pour se développer, puisque, en socialisant le travail national, il a aboli l'excès de travail résultant de la surproduction et de la concurrence. — Et c'est ici le rêve que caressent certains théoriciens socialistes.

Mais un second tableau se dessine qui, lui aussi, peut bien devenir au bout d'un certain temps la réalité. L'Etat a bien socialisé toutes les forces matérielles ; mais les forces spirituelles ne se sont nullement développées. La nouvelle organisation sociale elle-même contribue à ce qu'elles ne se développent pas. Car c'est peut-être en vue de la concurrence et du *struggle* social que les individus développent leurs aptitudes intellectuelles, et c'est peut-être à un moment donné de leur vie le surcroît de ces aptitudes qu'ils appliquent à des idées désintéressées et avec quoi ils se font leur âme, leur esprit, tout leur être intellectuel. Et s'ils n'avaient point d'abord cultivé leurs facultés en vue du *struggle*, il n'y aurait point de surcroît et ils n'auraient en eux que des êtres intellectuels assez pitoyables. On peut donc se figurer une société humaine où l'Etat, au point de vue matériel, sera tout, et où, au point de vue intellectuel, il n'y aura rien ; mettons peu de chose. Il est possible encore. — Et c'est le second tableau, moins séduisant que le premier.

Or remarquez, pour essayer de prévoir lequel de ces deux tableaux se réalisera, que de ces deux évolutions, socialisation des forces matérielles, individualisation puissante et finissant par être féconde des forces spirituelles ; c'est la première qui, au moins, *paraît* être fatale, et la seconde qui est purement hypothétique. La socialisation des forces matérielles est bien en train de se faire, étant le résultat des conditions économiques du monde moderne. Du moins c'est vers cette socialisation que l'on tend, ou vers un état économique assez analogue. Quant à l'individualisation, puissante et finissant par être féconde, des forces spirituelles, elle n'a absolument rien de nécessaire ; elle est dans les désirs et non pas dans les prévisions. Elle peut parfaitement ne point se réaliser. Il n'y a aucune raison décisive pour qu'elle se réalise. De ces deux évolutions la première est une probabilité et la seconde une espérance. Du revirement qui fait de l'Etat un maître matériel au lieu du maître moral qu'il était, ce sont donc les conséquences fâcheuses qui sont à prévoir et les conséquences salutaires qui ne sont qu'à espérer.

La résurrection d'un ou plusieurs pouvoirs spirituels est donc douteuse.

Et il est possible aussi que les deux tableaux tracés plus haut soient faux tous les deux. Il est bien certain que l'individu dans le domaine matériel perd du terrain ; que, en attendant la socialisation du travail, des instruments de travail et de la matière du travail, l'agglomération du travail est le fait économique de ce temps ; que l'individu est de plus en plus enrégimenté, pour ce qui est du travail, dans des agglomérations de plus en plus vastes, puissantes, absorbantes et tyranniques. — Mais que cela aille jusqu'à la socialisation proprement dite, c'est ce qu'on ne sait pas et ce que, pour ma part, je ne crois point.

Une troisième hypothèse à ajouter aux deux précédentes est donc que les choses continueront d'aller comme elles vont, avec une tendance aux agglomérations de travail de plus en plus vastes. Dans cette situation une ou plusieurs puissances spirituelles pourraient s'élever ; rien ne s'opposerait à ce qu'elles se formassent. Rien, non plus, il faut le dire, ne contribue très fortement à ce qu'elles se forment.

Je crois bien, en effet, que le fondement de toute religion et particulièrement le fondement de toute puissance spirituelle est humilité et confiance. Humilité, qui nous pousse à croire que quelqu'un, ou quelque chose, homme, groupe, surtout tradition, a plus de raison et plus de vérité en lui qu'isolément nous ne pouvons en avoir. Confiance, c'est-à-dire croyance que celui ou ceux que nous sentons qui ont plus d'esprit que nous ne songent point à nous tromper pour leurs intérêts, pour leur satisfaction de vanité, ou pour le plaisir d'avoir de l'autorité sur nous. Or je ne sais pas de sentiments plus étrangers à l'humanité actuelle que l'humilité et la confiance, et je ne serais pas étonné que ces mots eux-mêmes se réfugiassent avant peu dans les dictionnaires archéologiques.

Cet état d'esprit est destructif, non seulement de toute puissance spirituelle, mais de toute association spirituelle. Il rend impossible, non seulement la création de toute puissance spirituelle nouvelle, mais même la restauration, intégrale, du moins, de toute puissance spirituelle ancienne. Il condamne à l'irréalisation, non seulement le rêve d'Auguste Comte ; non seulement le rêve de Fourier ; non seulement le rêve de Cousin ; mais même le rêve du doux Ballanche et du fougueux Lamennais. Un signe assez frappant de cette tendance, c'est que, même les religions consacrées et traditionnelles prennent en ce moment le chemin de devenir de simples partis politiques.

Le XIXᵉ siècle au moins n'a pas donné raison aux théoriciens du pouvoir spirituel, et ils seraient convaincus d'erreur si c'était à l'événement qu'il fallût demander si l'on a raison ou si l'on a tort.

Et cet état d'esprit peut-il changer, pour des causes que nous ne voyons pas à l'heure où nous sommes ? — Parfaitement, puisque ces causes, que demain peut faire naître, nous ne les voyons pas. Le temps est galant homme, dit un proverbe italien ; l'avenir l'est encore plus. Quelque sombre qu'il soit, il sourit toujours quand nous voulons qu'il sourie, parce que, lac profond et insondable, il est aussi un miroir.

E. F.

Avril 1898.

POLITIQUES ET MORALISTES

SAINT-SIMON

I

Saint-Simon est un rare exemple d'incohérence dans la vie, d'incohérence dans le caractère, d'incohérence dans les idées de détail, et de fixité dans l'idée maîtresse.

— Autrement dit, c'est un fou.

— Très exactement, beaucoup plus nettement que Rousseau lui-même ; mais c'est un fou très intelligent, comme il arrive ; qui a eu comme l'intuition de ce qui devait être le plus grand objet des préoccupations du siècle ; et il n'est personne qui soit plus intéressant à étudier. Il est comme un germe. Tout l'arbre est en lui, et l'on ne connaît complètement l'arbre qu'en prenant du germe une connaissance aussi précise que possible.

Incohérence dans la vie. Soldat et bon soldat, officier et officier de mérite, trafiquant, entrepreneur, agronome, millionnaire oisif, fastueux et débauché, gueux manquant de pain, scribe au Mont-de-Piété, besoigneux nourri par un de ses anciens domestiques, journaliste, pamphlétaire, philosophe, fondateur de religion, à peu près dieu après sa mort, il n'est aucune situation de fortune qu'il n'ait traversée, ni forme d'existence qu'il n'ait prise. Il a beaucoup souffert; mais il n'a pas dû s'ennuyer ; d'autant plus qu'en quelque état qu'il fût, il pensait toujours.

Incohérence dans le caractère. Auguste Comte l'a représenté tour à tour comme le premier des hommes et approximativement comme le dernier. C'était selon l'humeur de Comte ; mais c'était aussi, dans les deux cas, selon la vérité. Saint-Simon fut un sage, un insensé, un vertueux et un vicieux, toujours dans les extrêmes, sauf quand il était dans l'entre-deux, courtement, aux époques ou plutôt aux heures de transition. C'était un Protée ; mais non pas le Protée de la Fable, qui est gouailleur, un Protée sérieux, qui croyait toujours être fidèle à lui-même, et qui, par exemple, quand, misérable, il se rappelait sa vie de fastueux désordres, assurait et croyait peut-être que c'était une expérience, indispensable au sociologue, qu'il avait instituée sur lui-même ; — et peut-être n'était-ce pas tout à fait faux.

Incohérence dans les idées de détail. Bonapartiste ? Républicain ? Royaliste (si l'on me permet d'appeler pareilles questions choses de détail) ? il ne saurait vous dire ce qu'il a été en ceci, ayant tour à tour dit qu'il fallait tailler le mont Saint-Bernard pour en faire une statue de Napoléon et traité Bonaparte de fou furieux, ce qui du reste est arrivé à quelques autres qui n'ont fondé aucune religion. — Parlementaire ou absolutiste ? On peut trouver en lui quelque chose des deux systèmes. — Aristocrate ou démocrate ? Beaucoup plutôt aristocrate, comme nous le verrons ; mais aristocrate socialiste, comme nous dirions, et qui ne songe qu'à l'amélioration de la classe pauvre, et qui du reste ne sait pas trop de quelle sorte d'aristocratisme il est partisan.

Fixité de l'idée maîtresse, nous voilà au point solide. Saint-Simon est désordre dans toutes ses pensées et monomanie dans sa pensée centrale. Il a toujours voulu une même certaine chose : établir dans le monde, ou au moins en Europe, ou au moins en France, un nouveau pouvoir spirituel. — Il ne peut pas se passer d'un pouvoir spirituel, et il n'admet pas qu'on s'en puisse passer: L'ancien a disparu, ou disparaît, ou doit disparaître ; il en faut un nouveau. Il l'a cherché toute sa vie. Toutes ses idées, quelque bizarres, désordonnées, quelque incomplètes aussi, avortées, ou quittées aussitôt que conçues et démenties aussitôt qu'exprimées, qu'elles aient été, gravitent autour de ce principe, de ce vœu, de cette volonté et de ce besoin. Dès qu'il a pris la parole, ç'a été pour énoncer cette idée. En 1803, dans les *Lettres d'un habitant de Genève à ses contemporains*, il demande un grand conseil de l'intelligence, composé de douze savants et neuf artistes, pour gouverner les âmes d'Occident ; en 1825, mourant, dans son *Nouveau Christianisme*, il cherche à instituer la religion de l'avenir.

En nous demandant pourquoi il croit à la nécessité d'un nouveau pouvoir spirituel, comment il le conçoit, ce qu'il veut qu'il fasse, c'est l'histoire de toute sa pensée que nous allons faire, ou il ne s'en faudra pas de beaucoup.

II

L'ancien régime vient de s'écrouler. Il était détestable. Il était la déformation et la dégradation du monde du moyen âge. Pour mieux dire il en avait gardé les défauts et n'avait gardé aucune de ses qualités. Le moyen âge en avait qui étaient très grandes. L'unité européenne existait. (Il veut dire uniformité, laquelle encore était toute relative.) Une seule organisation temporelle : la féodalité ; une seule organisation spirituelle : la religion chrétienne. Le moyen âge a été une « confédération européenne ». La preuve c'est qu'il a pu tenter et même faire des œuvres communes, des œuvres européennes, ce qui ne s'était pas vu depuis les Romains, et ce qui ne s'est jamais vu aux temps modernes. Les Croisades, qui du reste ont eu de grands résultats indirects, encore qu'elles aient manqué leur but, sont par elles-mêmes, par cela seul qu'elles ont pu avoir lieu, le signe d'une cohésion européenne qui ne s'est vue qu'une fois depuis l'antiquité. Quand Voltaire raille les Croisades, il est très bien guidé par son instinct. Il y voit le plus grand et le plus frappant effet d'un pouvoir spirituel qu'il déteste, ayant toujours eu je ne sais quel penchant à subordonner les puissances intellectuelles, à commencer par lui-même, aux souverainetés temporelles, aux gouvernements politiques, ce qui est le contraire de ce qui doit être.

Notez encore que ce gouvernement spirituel était plébéien, progrès immense sur l'antiquité. La religion chrétienne, à remonter à ses origines, « était essentiellement démocratique ». Elle aurait même « conduit la société à l'anarchie si l'on avait voulu l'adapter dans toute sa pureté au système politique ». Déjà au moyen âge elle n'avait plus, sans doute, ce caractère ; elle était devenue le catholicisme, qui a toujours eu des tendances monarchiques. Mais encore, parce qu'on ne perd que très lentement le caractère de ses origines, elle était plébéienne d'une certaine façon. Le pouvoir spirituel *n'était pas un plébéianisme*, mais *il était exercé par des plébéiens*. Chose étrange, et qui n'était point mauvaise, que cette corporation ouverte se recrutant incessamment dans le peuple et gouvernant le monde par l'ascendant d'une science supérieure, d'une éducation supérieure, et d'une discipline supérieure, inventant et maintenant un pouvoir particulier à côté et au-dessus de celui de la force. — C'est le modèle des vraies aristocraties. Une aristocratie qui n'est pas héréditaire et qui par conséquent ne dégénère jamais, qui se renouvelle de tout ce qu'elle trouve de bon et rend meilleur dans toutes les classes de la société, qui gouverne par une puissance tout intellectuelle et morale, qui n'est pas le peuple et qui sort du peuple, qui, par conséquent, sans du peuple garder l'esprit, en connaît les besoins et les tendances, seule sait lui parler, seule peut le convaincre : voilà le clergé du moyen âge. C'est le peuple se déléguant dans une aristocratie savante qui est *lui-même* épuré, discipliné, organisé. Cela a existé, par un concours de circonstances étonnantes qui ne se sont produites qu'une fois.

Tout cela s'est déformé et dénaturé peu à peu. — D'abord le catholicisme lui-même s'est écarté de son esprit, non seulement primitif, mais intermédiaire, qui est celui que nous décrivions tout à l'heure. D'aristocratie l'Église est devenue monarchie. Elle s'est peu à peu concentrée dans un souverain qui était le pape. Elle est devenue une espèce de monarchie orientale. Elle a ainsi augmenté la distance entre le peuple et elle. Elle s'est séparée de lui. Elle ne l'a plus connu. C'est précisément sa force spirituelle, qui était sa seule vraie force, qu'elle perdait de la sorte. Elle l'a voulu remplacer par une autre. L'amour des richesses est venu, le souci et la passion de posséder le sol et le numéraire. Dégradation. Vouloir posséder le sol c'est se transformer de puissance spirituelle en puissance temporelle. C'est se renoncer, se déclasser et s'affaiblir. Tous les efforts pour créer des ordres pauvres ne sont pas autre chose qu'un retour instinctif à l'esprit ancien de l'Église, et un effort pour retrouver contact avec le peuple, qui échappe. Mais ces efforts sont incomplets. Le corps de l'Église continue à être monarchique en sa discipline et pénétré de préoccupations temporelles en son esprit.

Que devient-il à ainsi faire ? Comme on le pouvait prévoir, une simple institution politique, un simple corps d'État, un *ordre* de la nation. Lui, anciennement pouvoir supérieur, il est à peu près au niveau de la noblesse, de la bourgeoisie, et de la magistrature. De fait, c'est très juste. Il n'est plus le seul savant, il n'est plus le seul intelligent, il n'est plus le seul attaché à des préoccupations supérieures ; il possède, simplement, comme la noblesse, comme la magistrature, comme le tiers : il est à leur rang. C'est le pouvoir spirituel qui a disparu.

Ou plutôt il s'en est élevé un autre, de qualité très inférieure, et selon Saint-Simon très méprisable, celui des hommes de loi et de droit, des « légistes », comme Saint-Simon les appelle toujours avec horreur. Ceux-ci sont du peuple également, mais ne sont pas de vrais conducteurs du peuple. Ce sont hommes qui n'ont aucune idée élevée ni aucune idée générale. Ou ils sont les interprètes de textes ou de traditions antiques dont l'esprit n'est pas applicable aux temps nouveaux et que le christianisme a eu précisément pour office de détruire ; ou ils sont les applicateurs de coutumes locales que n'inspire pas une grande et large et humaine pensée philosophique ; ou ils sont — et c'est cela qu'ils sont surtout — de simples commis au service et à la dévotion du pouvoir personnel qu'ils servent sans l'éclairer. Ils ne sont pas un corps ayant des doctrines traditionnelles et un esprit général, et aussi une autonomie, qui puisse contre-balancer le pouvoir personnel et le contenir et le guider. Ils ne servent qu'à le constituer souverain, et à le grossir, et à l'enfler démesurément. Bref, c'est un pouvoir spirituel qui, en établissant et maintenant un pouvoir temporel énorme, détruit tout pouvoir spirituel.

Ce sont eux qui ont fait la colossale et omnipotente et *omniabsorbante* monarchie française. Ce sont eux aussi qui en ont hérité après l'avoir tuée, janissaires qui s'aviseraient un jour qu'après avoir tué le sultan, il est inutile d'en proclamer un autre. Ils régnèrent seuls pendant la Révolution française, qui est leur triomphe et le plus grand objet d'horreur que Saint-Simon ait connu. L'Assemblée Constituante a organisé l'avocacratie, la Convention, la « sans-culotterie » dirigée par des avocats ; et il a fallu le despotisme militaire, c'est-à-dire un brusque retour, avec formidable aggravation, du pouvoir exclusivement temporel, pour nous tirer de ce chaos. Il n'y a rien à regretter, ni à louer, ni à imiter dans cette période de notre histoire qui a com-

mencé par des espoirs vagues et irrationnels, continué
par le dégoût et le recul des hommes intelligents, puis
par le règne des passionnés, puis par l'anarchie, puis
par la réaction, et qui s'est achevée dans la dictature à
la fois bienfaitrice, parce qu'elle était réorganisatrice,
et funeste, parce qu'elle était délirante.

Voilà l'œuvre ou les suites de l'œuvre de ce faux pouvoir spirituel qui s'est composé des légistes.

D'autre part l'ancien pouvoir spirituel, qu'était-il devenu ? Jusqu'au XVI° siècle, nous l'avons vu, il avait
décliné rapidement. Un homme s'est rencontré, suivi
par beaucoup d'autres, qui a voulu le régénérer. C'est
Luther. Il avait une grande pensée, puisqu'il voulait
relever le pouvoir spirituel ; il n'y a pas de plus grande
pensée dans le monde ; mais il avait une grande pensée
dans un petit esprit. C'était un réactionnaire borné,
c'était un ultra-catholique. Le tort du catholicisme a
toujours été, depuis qu'il s'est constitué, de tenir à être
immobile ; il n'évolue pas ; ou plutôt il évolue, comme
tout au monde ; mais il n'avoue pas qu'il évolue, et
cela suffit pour en faire toujours une institution apparemment rétrograde. Il est savant ; mais il prétend
toujours que toute la science est dans la Bible, et à
chaque découverte nouvelle qui semble contredire la
Bible, il commence toujours par nier. Il est artistique ;
mais il a toujours quelque scrupule à l'être, et, du fait
de ces répugnances plus ou moins exprimées, il se laisse
enlever par le paganisme, renaissant de temps en temps,
le bénéfice et l'honneur des trésors d'art vrai qu'il contient, etc.

Or, à cette religion immobile Luther a voulu
opposer, substituer plutôt, une religion plus immobile
encore. Il a prétendu revenir au christianisme primitif.

C'était se condamner d'un mot ; car une religion n'étant pas autre chose en son principe que le résumé des conceptions les plus élevées de l'humanité sur le monde entier, n'étant pas autre chose que la science humaine d'où l'humanité tire une conscience, elle doit suivre la marche de la science, de l'humanité cherchant à savoir de plus en plus, et n'est qu'à cette condition ce qu'elle a office d'être, un pouvoir spirituel. Une religion, par suite, doit se proposer toujours un but nouveau, et par exemple, après l'abolition de l'esclavage, l'abolition du servage, et après l'abolition du servage, l'abolition de la misère, et ainsi de suite. Dire qu'on revient au christianisme primitif, d'abord c'est faux, parce qu'on ne revient jamais ; ensuite c'est dire qu'on veut être plus qu'immobile, immobile en prenant son point d'immobilité en un temps dépassé depuis quinze siècles, et en un état d'esprit dépassé depuis cinquante générations.

De plus Luther et ses sectateurs étaient anti-artistiques plus que le catholicisme. Singulier penchant et comme paradoxal au XVI° siècle ! En face d'une religion à laquelle on commence à reprocher, à laquelle on reprochera de plus en plus de n'être pas belle, de n'être pas élégante, de n'avoir pas le caractère esthétique, dresser une religion qui veut avoir encore moins ces caractères-là, c'est ne pas comprendre son temps et ne pas prévoir les temps à venir.

Et enfin, comme, par une gageure de régression et de *contre-évolution*, Luther s'attache et donne le *goût* de s'attacher à la Bible, qui est « un sot livre », comme si c'étaient, non pas seulement les origines du christianisme, mais les plus anciennes imaginations humaines, théologiques et autres — et qui ne sont pas du

tout les origines du christianisme — que Luther re-
cherchât d'une dilection particulière.

Il a réussi pourtant, dira-t-on. — Nullement. En pareille affaire réussir à moitié c'est le contraire de réussir ; car ce dont il s'agit, c'est d'établir un pouvoir spirituel, et n'arriver, à côté du pouvoir spirituel ancien,
qu'à en mettre un autre, ce n'est pas établir un pouvoir spirituel, c'est briser ce qui en reste. Il y avait
avant Luther une religion en Europe, une religion qui
n'était plus ce qu'elle avait été, et qui n'avait jamais
été ce qu'elle devait être, mais enfin *une* religion ;
après Luther, il y en a plusieurs ; cela suffit ; il n'y a
plus de pouvoir spirituel : il y a simplement diverses
façons de se réunir pour s'occuper de choses divines ;
il y a un certain nombre d'académies théologiques.
Bataille perdue, que Luther a perdue comme ceux
qu'il a vaincus à moitié, parce que vaincre à moitié, ou
être vaincu à moitié, en cette affaire, c'était toujours
perdre la bataille.

Voilà ce que Saint-Simon entend quand il estime
Luther réactionnaire et ultra-catholique. Il estime que
la Réforme a été un mouvement qui a abouti à une régression. Et voyez, ajoute-t-il, les conséquences politiques de cette erreur. L'Europe, plus tard ce sera le
monde, tend à l'unité. Elle l'avait, spirituellement, au
moyen âge, plus ou moins imparfaitement, mais elle
l'avait de manière au moins à y trouver une certaine
satisfaction à ses instincts et à ses besoins d'unité. Dès
qu'elle n'a plus eu l'unité spirituelle, elle a tendu à
l'unité temporelle. Les guerres pour la monarchie universelle datent de ce temps-là et pour cette cause (il y
a à cela d'autres raisons ; mais c'est la raison que
Saint-Simon en voit). L'Europe se groupait autour

d'une idée. Tant qu'un pouvoir spirituel ne sera pas rétabli, elle n'aura pas de très fortes répugnances à se grouper autour d'un Charlemagne ; ou elle aura des raisons de le créer ou d'y acquiescer ; ou le Charlemagne aura des raisons, et point mauvaises, à faire valoir.

Telle est l'histoire de la disparition du pouvoir spirituel en Europe et des conséquences de cette disparition.

Et maintenant, sous la Restauration, vers 1820, quelle est la situation ? Nous ne sommes pas sortis de l'ancien système (antérieur à 1789). Les légistes régnaient, ils règnent ; les nobles étaient des courtisans, ils le sont ; les prêtres étaient des officiers de morale sans autorité réelle sur les âmes, surtout sans pouvoir de direction sur l'ensemble de la société, ils le sont encore. Parfaite anarchie morale et intellectuelle du reste. Qui donnerait l'impulsion, et qui guiderait ? Les légistes des chambres délibérantes ? Ils sont les dignes successeurs de leurs anciens, ou serviteurs du pouvoir, ou serviteurs de leurs appétits. C'est ici le pays de l'ambition stérile. — Les hommes de lettres ? Ou ils sont des hommes politiques et participent de la nature de ceux que nous venons de dire ; ou ils sont des artistes parfaitement ignorants des choses sociologiques, et même, assez souvent, des choses morales. De plus, la littérature est une caste, et une caste naturellement assez fermée. Elle aussi n'a presque aucun contact avec le peuple, et elle l'ignore. Elle ne dirige, et, même organisée, elle ne dirigerait rien du tout.

Mais est-il tant besoin de guide ? Que le peuple se gouverne lui-même ! Il se gouvernera bien. Proclamons le principe de la souveraineté populaire. — Et de l'infaillibilité populaire, n'est-ce pas ? C'est en effet une des imaginations ridicules inventées par les légistes. Pour ruiner l'autorité pontificale, « ils ont transporté aux nations l'infaillibilité du pape ». Mais c'est un simple expédient de polémique : « Ces deux dogmes n'ont d'existence que par opposition l'un à l'autre ». La souveraineté du peuple ne signifie rien parce que le peuple « n'a jamais le loisir d'être souverain ». C'est toujours quelqu'un qui est souverain à sa place. Laissons de côté ces puérilités. Non, « l'ancien système » n'a pas disparu.

Le XVIIIe siècle n'a donc servi de rien ? — Si bien ; mais il a eu un office tout négatif. La philosophie du XVIIIe siècle est « toute critique ». Elle est le « criticisme » même. Elle n'a pas eu tort en cela : « les philosophes du XVIIIe siècle ont dû être critiques, puisque la première chose à faire était de mettre en évidence les inconvénients du système ». Seulement il faut observer d'abord que ces philosophes destructeurs ont détruit des choses qui étaient déjà plus qu'à moitié détruites. Ils n'ont pas combattu beaucoup le despotisme, le pouvoir temporel devenu énorme, l'abus incroyable du gouvernement personnel, le droit de guerre et de paix appartenant à un homme, c'est-à-dire souvent à une femme ; ils n'ont guère demandé ni une constitution, ni le retour, ce qui eût été quelque chose, à l'ancienne constitution tombée en désuétude. Qu'ont-ils donc fait ? Ils ont combattu le pouvoir spirituel et la féodalité. Ils ont attaqué des places démantelées. Si la jument de Roland avait un défaut qui effaçait toutes ses qualités, les mauvaises institutions que foudroyaient les philosophes du XVIIIe siècle avaient une infortune qui devait faire excuser tous leurs défauts et par laquelle elles revenaient à l'innocence.

Ensuite et surtout il faut observer que si, au XVIIIe siècle, féodalité et pouvoir ecclésiastique sont encore assez vivants pour qu'on les attaque, ont encore assez de poison pour qu'on les veuille tuer, la pire erreur serait, au XIXe siècle, de rester dans le même esprit et de continuer à se battre contre des forteresses qui ne sont plus que des ombres de moulins à vent. — Et c'est pourtant ce qu'on fait autour de nous. On se dit libéral parce qu'on répète les anciennes polémiques de Voltaire et de Diderot ; on se croit progressiste parce qu'on s'acharne à démolir ce qui est rasé. Travers très habituel à l'esprit humain, dont la paresse trouve son compte à poursuivre les œuvres achevées et qui se donne ainsi l'illusion du travail, du courage, de l'audace, et même de l'esprit de suite.

Mais ce genre d'occupations n'est pas si innocent qu'il en a l'air, parce que poursuivre les œuvres achevées ce n'est pas seulement inutile, c'est antiprogressiste, et par conséquent c'est une opération réactionnaire. Cela fait durer le passé, en apparence il est vrai, mais l'apparence même en est mauvaise encore. Mettez-vous par exemple, au XIXe siècle, à attaquer le servage ou la torture comme s'ils existaient. Sans doute, vous ne les ferez pas renaître en les supposant, mais vous mettrez un certain nombre d'esprits dans l'état d'imagination où ils seraient si servage et torture existaient encore. Vous les entretiendrez dans un état d'imagination qui n'est plus accommodé au temps où ils vivent. Il ne faut pas créer des états d'esprit anachroniques. L'état d'esprit anachronique dans une partie de la nation empêche la nation de marcher d'un pas égal. Les jeunes gens se plaignent souvent que les vieillards, avec leurs idées d'un autre temps, retardent le mouvement général, font obstacle, ou frein, au progrès, non pas même précipité, mais naturel et légitime. Les anachronismes d'opinion multiplient les vieillards outre mesure, et font les vieillards beaucoup plus vieux qu'ils ne sont. Il y a trop de voltairiens, c'est-à-dire de centenaires, en 1820. Le libéralisme de 1820 n'est pas, si l'on veut, une opinion réactionnaire ; mais c'est une opinion très en retard.

Il faut renoncer à cette philosophie toute critique, toute négative... Sait-on bien, par exemple (ceci commence à devenir décidément paradoxal), que Bossuet, oui, Bossuet lui-même est plus *avancé* qu'un philosophe du xviii° siècle, ou qu'un libéral de 1820 ? Il a habitué les hommes à l'idée d'égalité, en leur représentant sans cesse, en leur montrant sans cesse en une vive lumière l'égalité de tous les hommes devant la mort. « Bossuet a été le véritable auteur de la Révolution française », parce que « tous les ouvrages de Bossuet ne sont que le développement de cette idée : tous les hommes sont égaux aux yeux de Dieu. Par son admirable talent, Bossuet a fixé l'attention générale sur l'idée d'égalité, et il a de cette manière inoculé la Révolution... » — Mais passons sur ce point de détail. Ce qui est essentiel, ce qu'il faut se persuader, c'est que l'œuvre de la philosophie du xviii° siècle est finie et qu'une autre œuvre s'impose. « La philosophie du dernier siècle a été révolutionnaire, celle du siècle présent doit être organisatrice. »

— Et qu'est-ce qu'elle doit organiser ? Un pouvoir spirituel, une direction des âmes et des esprits.

III

A qui sera confié ce pouvoir spirituel? C'est ici
que Saint-Simon a hésité toute sa vie. Jusqu'ici, très
intentionnellement, je n'ai fait aucun état des dates
pour exposer les idées de Saint-Simon, parce que les
idées que je viens de rapporter sont celles qu'il a eues
continuellement, de 1803 à 1825, depuis son premier
ouvrage jusqu'au dernier. Maintenant il faut faire attention aux dates, au contraire, et suivre les variations de la pensée de Saint-Simon relativement à l'organisation du pouvoir spirituel.

Ce pouvoir spirituel, il a voulu d'abord le confier aux
savants, artistes, penseurs, aidés par les propriétaires.
Les savants, artistes, penseurs gouverneront, les propriétaires les aideront de leur argent, « *s'ils ne veulent
pas que les premiers, comme en* 1789, *jettent le peuple sur
les seconds* ». — Du reste les propriétaires ne contri-
bueront pas au gouvernement seulement comme tribu-
taires ; le gouvernement temporel (pouvoir exécutif?)
leur sera abandonné. — Tel est le sens des *Lettres
d'un habitant de Genève à ses concitoyens*, lequel ne
laisse pas d'être obscur.

Plus tard, en 1818, dans les *Vues sur la propriété et
la législation*, c'est aux industriels que Saint-Simon
veut que l'on confie la direction des esprits, et, à vrai
dire, la direction de tout. L'épigraphe de l'ouvrage est
celle-ci : « Tout par l'industrie et tout pour elle ». Le
but en est ce qui suit : « Trouver un moyen légal pour
que le pouvoir politique passe aux mains de l'industrie. »

En 1819, dans sa fameuse *Parabole*, brochure qui lui valut des poursuites judiciaires, il semble pencher à rendre une place aux savants, penseurs et artistes à côté des industriels dans le gouvernement normal. « Supposons que la France perde ses 3000 premiers *savants, artistes et artisans*... Supposons, d'autre part, qu'elle perde Monsieur, monseigneur le duc de Berri, monseigneur le duc d'Angoulême, monseigneur le duc de Bourbon, monseigneur le duc ʼd'Orléans, tous les ministres, tous les conseillers d'État, tous les maréchaux, tous les évêques, tous les préfets, sous-préfets, employés des ministères, et les juges et les 10000 propriétaires les plus riches, en tout trente mille... » : dans lequel des deux cas sera-t-elle vraiment appauvrie ? Pourtant ce sont ces derniers trente mille qui gouvernent. Il en faut conclure que la société est mal faite.

En 1821, dans le *Système industriel*, le gouvernement est partagé entre les savants et les industriels. Saint-Simon commence même à revenir à sa conception de 1803 et à replacer les savants au premier rang. Il remarque — ce qui est une vue qui ne manque pas de justesse — que si les « féodaux » et les « prêtres » ont perdu leur grande situation dans la société, ils doivent être remplacés, et *le sont déjà :* les prêtres par les savants, les féodaux par les industriels. Le premier qui ait remarqué qu'*en fait* la science remplace ou va remplacer la religion, et que la grande industrie est une espèce de féodalité me paraît être Saint-Simon. Donc, et cela en suivant l'indication même des faits, donnons le « pouvoir spirituel » à tous les savants de l'Europe, et le « pouvoir temporel » aux industriels. — Inutile d'ajouter que Saint-Simon ne définit point ce qu'il entend par l'un et par l'autre de ces deux pouvoirs, et ne trace pas la ligne de démarcation où l'un doit commencer et l'autre finir.

En 1824, dans le *Catéchisme politique des Industriels*, c'est aux industriels que revient le gouvernail. « La tendance générale étant d'être gouverné au meilleur marché possible ; d'être gouverné le moins possible, d'être gouverné par les hommes les plus capables », les industriels *les plus importants* doivent être mis à la tête de l'État ; car « ils sont les plus intéressés au maintien de la tranquillité, à l'économie publique, à la limitation de l'arbitraire, et enfin ils sont préjugés les administrateurs les plus capables ». Ce qu'il faut faire cesser, c'est cet état présent d'une nation qui est essentiellement industrielle et qui est menée par une noblesse. Oui, par une noblesse, fausse il est vrai, une noblesse de parvenus, une « satrapie de roture », comme disait le marquis d'Argenson. La bourgeoisie s'est faite noblesse. « Les bourgeois sont des nobles au petit pied. » Une nation de travailleurs gouvernée par l'oisiveté, voilà ce qui est, et ne doit pas être.

Et enfin, en 1824 encore dans les *Opinions littéraires*, le système s'étend. Au sommet de l'État, le roi. Au-dessous de lui un pouvoir spirituel composé de deux académies séparées, à savoir celle des Sciences et celle des Beaux-Arts. Celle des Sciences sera composée des savants, ou plutôt des *scientifiques* proprement dits : mathématiciens, physiciens, statisticiens, etc. Celle des Beaux-Arts comprendra littérateurs, poètes, peintres, sculpteurs, musiciens, théologiens et moralistes. L'Académie des sciences fera un « code des intérêts » ; celle des Beaux-Arts perfectionnera nos facultés d'imagination et de sentiment, et fera un « code des senti-

ments ». Ces deux académies en nommeront une troisième, collège scientifique suprême, qui fera la combinaison et la synthèse de leurs découvertes. — A côté
de ce pouvoir spirituel un pouvoir temporel, une
assemblée de banquiers, fabriquants, négociants, agri-
culteurs. — A côté encore de ces deux pouvoirs, ou
au-dessous, les chambres politiques proprement dites,
le parlement. — Quant au fonctionnement de tous ces
rouages, il sera celui-ci : le pouvoir spirituel aura
l'initiative. Il inventera des projets. Ces projets seront
soumis au pouvoir temporel qui les amen lera. Amendés
ainsi, ils seront présentés au roi qui les retournera aux
Chambres politiques sous forme de projets de loi. En
d'autres termes, pouvoir spirituel et pouvoir temporel
seront deux conseils d'État chargés de mûrir les idées
qui doivent plus tard devenir la loi, et ces idées ne
pourront venir que d'eux, les Chambres politiques
n'ayant que le droit d'en faire des mesures législatives.

C'est ici le plus complet et le plus clair de tous les
systèmes de Saint-Simon.

Quelques différences, et considérables, qu'il y ait
entre ces diverses conceptions, il faut convenir pourtant qu'elles ont toutes un point commun, l'aristocratisme intellectuel. Saint-Simon est un intellectualiste
aristocrate. Il veut toujours que ce soit l'intelligence
seule qui gouverne, ou plutôt que ce soit l'intelligence
seule qui *ait les idées*, et qui ait le droit d'avoir des
idées. Seulement, tantôt il penche à croire que ce
sont les savants et artistes qui sont les membres les plus
intelligents de la nation, tantôt il penche à croire que
ce sont plutôt les industriels, et tantôt enfin il les met
sur le même rang, les unes contrôlant les autres. Mais

toujours c'est une aristocratie de l'esprit qu'il veut
établir. Renan savait très bien, et il le disait, qu'il y
avait des affinités assez nombreuses entre « Saint-
Simon le Saint-Simonien » et lui.

Non pas que Saint-Simon oublie ou méprise le
peuple. Non seulement il a toujours répété que c'est
uniquement « pour le peuple » qu'il faut gouverner,
ce qui, après tout, va de soi ; mais encore il veut que
le peuple, ce qui était nouveau alors, ait sa part dans
le gouvernement, surtout le peuple des campagnes.
Il estimait, vue très juste, qui a paru folle pendant
une moitié de ce siècle, et que l'expérience a démontrée
vraie, que le peuple est la partie de la nation la plus
conservatrice, à la condition que ce soit le peuple
tout entier, et non pas seulement le peuple des villes.
« Les industriels agricoles sont la classe de la nation
la plus intéressée au maintien de l'ordre. » Par conséquent il faudrait qu'ils fussent maîtres des élections.
Le moyen ? Suffrage universel ? Non pas ; ou c'est
inutile. Il suffirait de faire payer l'impôt direct
incombant à l'agriculture, non par le propriétaire,
mais par le fermier. Le fermier n'en serait pas plus
chargé, les fermages baissant aussitôt d'autant, et, ce
que le propriétaire fait payer au fermier parce qu'il
le paie lui-même au fisc, le fermier, ne le payant plus
au propriétaire, mais au percepteur ; mais du coup,
de par le cens (nous sommes sous la Restauration),
le fermier deviendrait électeur et, par le nombre,
deviendrait le roi des urnes. (*Vues sur la propriété et la
législation*, 1818.) Le procédé est aussi ingénieux
que la vue est juste. Il est probable que, dans son
système définitif, Saint-Simon n'oubliait pas cela,
et que ces chambres, chargées de transformer en lois

les idées du pouvoir spirituel, contrôlées par le pouvoir temporel, c'était par un suffrage constitué de la manière que nous venons de voir qu'il voulait qu'elles fussent élues.

Démocratie, non pas complète, mais assez large ; démocratie limitée et de caractère' surtout rural, à la base, et ayant pour office de constituer les assemblées légiférantes ; aristocratie intellectuelle au sommet, *non élue* — et le mot d'académies' qu'il emploie enfin est significatif à cet égard, — chargée d'avoir des idées et seule chargée d'en avoir, formant chambres d'initiative, élaborant le progrès, source de la loi sans être légiférante, et d'autre part guide intellectuel et moral de toute la nation : voilà probablement la pensée complète de Saint-Simon. Le roi se promène au milieu de tout cela.

L'idée originale en même temps que l'idée fixe de tous ces systèmes plus ou moins différents, plus ou moins analogues, de toutes ces rêveries plus ou moins chimériques, plus ou moins pratiques, c'est : il faut dans les temps modernes un *clergé de savants.*

IV

Et ce clergé, où devra-t-il tendre, et qu'est-ce qu'il fera ? Quel sera son esprit, quelle sera son œuvre ? Il devra avoir, naturellement, l'esprit et les théories de Saint-Simon, lesquelles ne sont pas la précision même. Cependant on peut s'y reconnaître à peu près. Saint-Simon voudrait tirer une morale de la science, comme beaucoup de philosophes du XVIIIᵉ siècle et

de la première moitié du XIX⁰ siècle. Il croit même, *en
fait*, que jamais les hommes n'ont tiré morale d'ailleurs
que de la science. La morale a toujours été enseignée
aux hommes par la religion, et la religion n'a jamais été
que la synthèse de la science d'un temps. Seulement
les religions ont toujours voulu rester immobiles, et,
par suite, elles ont enseigné en tel temps la morale qui
était la dernière expression de la science d'un temps très
antérieur ; et c'est pour cela qu'il faut que les religions se succèdent les unes aux autres, ou qu'il faut
que la religion soit évolutive, ce qui est la même chose.
Faisons donc et ce qu'il est rationnel de faire et ce
qu'on a toujours fait : tirons une morale de la science
actuelle.

Disons par exemple : ... Et c'est juste ici que
Saint-Simon s'est arrêté, parce que, ce qu'on a mis
quelque temps à reconnaître, mais ce qui est vrai,
il n'y a pas moyen de tirer une morale de la science.
La science est l'étude de la nature, et la nature est
immorale. On ne peut sortir de cette antinomie qu'en
en atténuant les termes jusqu'à les fausser absolument,
qu'en s'ingéniant à représenter la nature comme moins
immorale qu'elle ne paraît ou qu'en tirant doucement la
morale à la nature et la dégradant discrètement, ce qui
fait qu'on aboutit ou à une nature qui n'est pas du tout
la nature vraie, ou à une morale qui est immorale. Il
n'y a pas de morale scientifique, parce qu'il n'y a pas
de morale naturelle.

Seulement j'ai eu tort de dire crûment que Saint-
Simon s'est arrêté. Il s'est arrêté comme on s'arrête
quand on part d'un principe faux, et qu'on ne veut
point cependant l'abandonner : il a louvoyé. La
morale naturelle, la morale scientifique, le *physicisme*,

comme on l'appelle, il ne faut pas l'enseigner *pour le moment.* « Organiser une religion fondée sur le physicisme... c'est se tromper ; l'organisation d'une nouvelle religion n'est pas encore possible. » — Provisoirement il faut réserver « le physicisme aux gens instruits », et laisser « le déisme à la classe ignorante. »

Du reste, à l'abri de ce déisme, on pourra et on devra enseigner une morale très pure, très élevée. Cette morale consistera dans le culte du travail et de la fraternité. Le travail sera considéré par l'homme comme une obligation morale et non comme une nécessité physique, et ce sera la principale, l'essentielle différence entre les temps antiques et les temps modernes. Vivre noblement, comme on disait autrefois, c'était ne rien faire. Antiquité, moyen âge et temps modernes jusqu'à hier en ont toujours jugé ainsi. C'est le contraire qui est le vrai : vivre noblement c'est travailler. Le clergé nouveau prêchera cette doctrine, et arrivera à faire que « l'oisif soit puni par la déconsidération publique. »

Cette doctrine sera complétée par celle de la Fraternité. Le précepte « ne faites pas à autrui ce que vous ne voudriez pas qu'on vous fît » n'est pas odieux, il n'est pas condamnable ; mais il a quelque chose d'étroit, de négatif, de pharisaïque. C'est un précepte de justice. La justice ne suffit pas (et Saint-Simon pourrait faire remarquer ici, comme il l'a fait, du reste, à peu près, ailleurs, que ce n'est pas l'idée de justice qui domine dans l'Évangile). La justice est bonne, mais elle est inféconde ; elle est une règle, elle n'est nullement un excitant au bien, une inspiratrice de la vraie morale. De plus ce précepte a

au moins l'air d'en appeler à l'égoïsme. Il le met en
jeu, il l'invoque, il le fait entrer dans les considérations
qui doivent avoir pour effet de nous mener au bien.
Pour nous persuader de bien agir envers les autres,
il nous prie de faire réflexion sur nous-mêmes. — Et
encore, malgré cela, on n'en peut pas tirer l'idée de
devoirs de l'homme envers soi : si je n'ai pas fait d'injustice, si je me suis abstenu de commettre contre les
autres ce que je ne voudrais pas qu'on commit contre
moi, j'ai accompli la loi, je suis en règle ; par conséquent
je puis ne pas travailler, je puis être oisif, moine
contemplateur, ascète. Mauvaise morale. — Le précepte
doit être : « Les hommes se conduiront en frères les
les uns avec les autres ». Les hommes sont une
famille. Il y en a de plus forts, soit par leur intelligence,
soit par leur richesse acquise ; ce sont les ainés. A
titre de frères ils doivent secourir leurs puînés, les
petits de la maison, et de là cette maxime essentielle
de la nouvelle législation morale : *Amélioration physique
et morale de la classe la plus pauvre.* — Arrivé là, dans
son dernier ouvrage, Saint-Simon n'a pas de peine à
s'apercevoir qu'il récite l'Évangile ; il le reconnaît,
proclame que la morale n'a pas fait une découverte
et ne pouvait pas en faire une seule depuis « *Aimez-
vous les uns les autres* » ; et il intitule l'ouvrage qu'il
écrit : *Le nouveau christianisme.*

Il n'y a, certes, rien à objecter à cette morale de
Saint-Simon, si ce n'est qu'on ne voit nullement
comment il la tire de son *physicisme*, ni en quoi elle
est scientifique. Ce n'est probablement pas la nature
qui nous enseigne à être frères les uns des autres, ni
même à travailler quand nous pouvons faire autrement. La morale de Saint-Simon est une morale

comme une autre, ou plutôt c'est *la morale*, qu'il enseigne, sans l'avoir fondée sur un nouveau principe, sur un principe lui appartenant, ni même sur aucun principe.

Quoi qu'il en soit, voilà ce que le clergé de savants devra prêcher.

Il devra enseigner encore le culte du progrès, et c'est ici que la morale de Saint-Simon prend jusqu'à un certain point un caractère original. La théorie du progrès ne fonde pas sa morale, ne lui donne pas un principe, mais elle lui donne un caractère, et un caractère évolutif ; elle la nuance selon les différents temps ; j'ajouterai qu'elle la précise, ou qu'elle prétend à la préciser, lui donnant, ou voulant lui donner, selon chaque temps, des qualités particulières à chaque époque, la qualité juste qui convient à cette époque. C'est assez curieux. Voici, si je comprends bien, la pensée de Saint-Simon sur ce point.

L'humanité c'est un homme (idée, pour commencer, qui n'est pas prouvée du tout, qui faisait la joie de Proudhon quand il la rencontrait, et qui me semble, comme à lui, nonobstant Pascal, très contestable ; mais poursuivons), l'humanité est un homme ; elle a son enfance, son adolescence, sa jeunesse, son âge mûr, son âge de déclin, sa vieillesse. Elle se comporte, dans le développement de sa carrière, absolument comme un homme dans le cours de sa vie. L'enfant est bâtisseur, le jeune homme artiste, l'homme mûr belliqueux, le vieillard philosophe. Les Égyptiens sont bâtisseurs, les Grecs artistes, les Romains belliqueux et tout le moyen âge à leur suite. L'humanité est aujourd'hui comme un homme de quarante à quarante-cinq ans. Elle va cesser d'être belliqueuse et elle va devenir philosophe. Or l'of-

fice du moraliste consiste à tracer à l'homme ses différents devoirs selon les âges qu'il traverse, et à indiquer
à l'humanité les devoirs particuliers que lui impose,
parmi les devoirs éternels, l'âge auquel elle est parvenue. L'humanité doit toujours être juste, bienfaisante, accessible à la pitié ; mais comme les enfants
ont des devoirs particuliers et les hommes mûrs des
devoirs spéciaux, de même l'humanité doit avoir une
morale particulière dans ce qu'on appelle l'antiquité,
et une autre dans ce qu'on appelle les temps modernes. — Je ne vois pas que Saint-Simon ait marqué
nulle part quels sont les devoirs propres à un peuple
de bâtisseurs, ni quels sont les devoirs spéciaux à un
peuple d'artistes ; mais enfin telle est, en sa loi
générale, je dirais la distribution de la morale selon
les différents temps.

L'essentiel est donc, à chaque époque, de bien savoir quel est l'âge de l'humanité. Là-dessus il ne faut
pas se tromper. Jugez du désastre si vous prescriviez
à l'humanité enfantine les devoirs de l'humanité mûre,
et à l'humanité philosophe les devoirs de l'humanité
bâtissante ! On voit qu'en dernière analyse l'idée est
de faire dépendre la morale de la philosophie de l'histoire. Si le cours de l'histoire modifie la morale, le
moraliste devra se régler sur le cours de l'histoire et
la philosophie de l'histoire sera la lumière de la morale,
ou plutôt morale et philosophie de l'histoire ne seront
guère qu'une même science.

Ce n'est pas là une idée ridicule. Il est bien certain
que les différents temps imposent à l'humanité des
devoirs différents, comme les différentes circonstances
imposent à l'homme de différentes obligations. Il est
bien certain que le moraliste doit étudier l'époque où

il vit, comme l'homme doit faire attention à l'âge où il
est, parce que « qui n'a pas l'esprit de son âge, de son
âge a tout le malheur ». Il est bien vrai, comme dit La
Rochefoucauld, que « les vices nous attendent dans le
cours de la vie comme des hôtes chez qui il faut successivement loger », et que pareillement l'humanité rencontre
en sa marche de nouveaux hôtes, elle aussi, avec lesquels
il lui faut savoir de quelle manière elle doit vivre.

On pourrait même faire remarquer que si l'homme a
plus de devoirs à mesure qu'il avance en âge, ce qui est
mélancolique, mais ce qui est vrai, de même aussi l'humanité est tenue d'avoir une morale plus sévère à mesure qu'elle prend plus de siècles. Ne nous paraît-il pas
presque naturel que les Grecs aient été comme des
adolescents spirituels, brillants, beaux parleurs, artistes
passionnés, très légers du reste, d'un sens moral
faible, et à qui on pardonne tout parce qu'ils sont
charmants?

Mais il n'en est pas moins que, comme règle ou
critérium d'une morale, le principe est bien fragile et
inconsistant. Qu'il faille étudier son temps pour être
moraliste expédient et précis, ce n'est pas douteux ;
mais qu'il faille connaître l'âge exact de l'humanité pour
instituer une bonne morale, voilà qui met en péril
l'institution de cette doctrine. Nous sommes condam-
nés à ne pas connaître l'âge de l'humanité. L'homme
seul, et quelquefois la femme, connaît son âge : l'humanité ne le connaît pas. Il change à tout moment selon les
découvertes de la science, et, par exemple, rien ne nous
dit si les Égyptiens sont l'humanité en son enfance ou
l'humanité déjà vieille, et si « le peuple bâtisseur »
bâtissait parce que c'est amusement de l'enfance ou
parce que c'est manie de la vieillesse. Pour en parler

franc, la philosophie de l'histoire, telle que les hommes
de 1800 à 1850 environ ont pris un plaisir infini à la
concevoir, n'existe pas. On peut démêler l'esprit d'un
temps ; on peut même, quoique ce soit déjà bien difficile et bien audacieux, démêler l'esprit général d'une
race. Trouver la loi du développement de toute l'humanité depuis ses origines que nous ne connaissons pas,
jusqu'à son avenir que nous connaissons *un peu mieux*,
mais qu'on avouera que nous ne connaissons guère, c'est
une chimère ravissante ; assimiler l'humanité à un
homme qui se développe, encore que ce soit spécieux
à certains égards, n'est, à le pousser trop loin et à l'appliquer à tout, qu'un divertissement de rhétorique :
et, sans même chercher la loi du développement général
de l'humanité, affirmer qu'il y en a une, c'est une hypothèse. Fonder, ou seulement régler la morale sur la
philosophie de l'histoire, c'est donc la rattacher à
quelque chose de beaucoup plus fragile qu'elle-même.

Seulement remarquez bien que Saint-Simon, très
féru de sciences, tout plein de Newton, de Laplace,
de Black, de Cavendish, de Priestley, de Monge, de
Berthollet, de Lavoisier, de Fourcroy, de Guyton, obstiné tant à donner le gouvernement spirituel de l'humanité aux savants qu'à tirer une morale de la science, voit
toutes choses ou prétend les voir à un point de vue
scientifique. Or, ce développement continu et régulier
de l'humanité, cet accroissement progressif, *salus, ortus,
incrementum*, au point de vue scientifique, et au seul
point de vue scientifique, il est vrai. C'est dans ce sens
seulement que Pascal le prend et dans ce sens seulement qu'il l'affirme : « L'homme *s'instruit* sans cesse
dans son progrès ; car il tire avantage non seulement de sa propre expérience, mais encore de celle

de ses prédécesseurs ; parce qu'il garde toujours dans sa mémoire les *connaissances* qu'il s'est une fois acquises et que celles des anciens lui sont toujours présentes dans les livres qu'ils en ont laissés. Et comme il conserve ces *connaissances*, il peut aussi les augmenter facilement ; de sorte que les hommes sont aujourd'hui en quelque sorte dans le même état où se trouveraient ces anciens philosophes s'ils pouvaient avoir vieilli jusqu'à présent en ajoutant aux *connaissances* qu'ils avaient celles que leurs études auraient pu leur acquérir à la faveur de tant de siècles. De là vient que par une prérogative particulière, non seulement chacun des hommes s'avance de jour en jour *dans les sciences ;* mais que tous les hommes ensemble y font un continuel progrès à mesure que l'univers vieillit, parce que la même chose arrive dans la succession des hommes que dans les âges différents d'un particulier. De sorte que toute la suite des hommes pendant le cours de tant de siècles doit être considérée comme un même homme qui subsiste toujours et qui *apprend* continuellement. »

Voilà qui est parfaitement juste : dans l'ordre scientifique, l'homme progresse. Pour celui-là donc qui prétend tirer la morale de la science, il est tout naturel que la morale soit évolutive, que la morale soit même progressive, et qu'elle suive comme pas à pas l'ascension de l'humanité dans le savoir. Mais si le progrès n'existe que dans l'ordre scientifique, si l'humanité ne s'accroît qu'en connaissances, si elle est seulement plus savante qu'autrefois, si l'homme, guindé sur l'amas de livres qu'il accumule depuis des siècles, est comme le voyageur qui gravit une montagne, et voit plus loin, ce qui est quelque chose, mais reste le même homme ; si l'humanité (encore faudrait-il dire l'élite seulement de l'humanité) est plus instruite que jadis, mais du reste n'est ni plus artiste, ni plus poète, ni meilleure ; il n'y a pas lieu de faire à la morale le sort de la science et de les montrer marchant du même pas, se réglant l'une sur l'autre et par les mêmes voies.

Seulement il était juste de faire remarquer que, si Saint-Simon a eu l'idée de la morale évolutive, c'est parce qu'il avait l'idée de la morale scientifique, et que de ces deux idées celle-ci rentre dans celle-là : car ce nous est toujours un honneur, et cela montre que nous avons l'esprit bien fait, qu'une de nos erreurs rentre dans une erreur plus générale.

Voilà les doctrines que le clergé saint-simonien devra répandre, ou plutôt, car ces doctrines sont toujours restées chez Saint-Simon à l'état vague, voilà l'esprit dont il devra s'inspirer.

Il devra, de plus, réorganiser socialement le pays et l'Europe. Mais ici une question se pose. Saint-Simon a-t-il bien été socialiste ? On peut discuter ; il n'y a pas de système socialiste dans Saint-Simon ; et d'autre part les écoles socialistes, toutes les écoles socialistes peut-être, sont autorisées à s'appuyer sur certaines phrases et même sur certaines pages de Saint-Simon. M. Georges Weill dans son *Essai sur Saint-Simon* a raison d'appeler Saint-Simon non pas « notre premier socialiste » par exemple, mais « *un précurseur du socialisme* ». Saint-Simon est socialiste par ses négations et par quelques-unes de ses tendances ; il l'est par ce qu'il lui arrive de nier, et par quelques-uns, quelques-uns seulement, de ses désirs, encore et toujours un peu confus.

Je dis que Saint-Simon est socialiste par ses négations, parce qu'il n'est pas libéral. Il ne l'est ni en fait ni en théorie ; il ne l'est ni comme observateur qui regarde le monde marcher et voit où il va, ni comme théoricien qui se demande comment le monde devrait aller. En fait le monde ne va pas et ne peut aller du côté de la liberté. — La cause en est la division et la subdivision de plus en plus minutieuse du travail. « La division qui s'est introduite dans les travaux a lié complètement les hommes ensemble. » Ils dépendent les uns des autres, et eux tous d'une organisation qu'ils s'imposent ou qui s'impose à eux. Pour le moindre objet à fabriquer il faut qu'ils soient plusieurs et engrenés exactement, rigoureusement, les uns aux autres. Ils sont des rouages. Avant même le grand développement du machinisme moderne, déjà les hommes eux-mêmes, en tant que producteurs, n'étaient pas autre chose qu'une machine dont chaque individu était une pièce. La liberté dans tout cela n'a que faire, parce que l'individualisme disparaît. La liberté consiste à pouvoir se suffire à soi-même. Est libre le colon qui vit sur la terre qu'il a défrichée et dont, avec sa famille, il tire la subsistance de sa famille et la sienne. N'est déjà plus libre l'homme qui n'a qu'un métier, et dont tout le monde a besoin pour ce qui est de ce métier, mais qui a besoin de tous les autres pour tout ce qui n'est pas ce métier-là. Est moins libre encore, et ne l'est plus du tout, celui qui n'a même pas un métier, mais une fraction de métier, et ne sait pas et ne peut pas produire un clou, si ce n'est avec le concours d'autres artisans et en entrant dans la clouterie, et en y restant. De cette clouterie il sera le serf, l'esclave, précisément parce qu'il n'en est qu'un rouage. Mettez un rouage dans la rue et dites-lui qu'il est libre, et qu'il se tire d'affaire. De par la division du travail, qui est nécessaire, qui est la condition même de la civilisation, l'homme n'est pas libre et le sera de moins en moins. La liberté dans ces conditions, si ce n'était pas une chimère de la poursuivre, si on pouvait, même partiellement, la réaliser, « serait contraire au développement de la civilisation et à l'organisation d'un système bien ordonné qui exige que les parties soient fortement liées à l'ensemble et dans leur dépendance. » — Le monde ne va donc pas vers la liberté ; il ne marchera vers la liberté que s'il remonte en sens contraire de la civilisation. N'y comptons pas.

En théorie Saint-Simon n'est pas plus libéral qu'il ne l'est quand il considère les faits. L'individu pour lui n'est nullement sacré ; c'est l'association qui est sacrée. Le contrat social n'a point du tout pour but de maintenir la liberté. « En aucun cas le maintien des libertés individuelles ne peut être le but du contrat social. » Le but du contrat social c'est de faire l'individu plus heureux, et non plus libre. Le but du contrat social c'est de faire une association assez bien ordonnée pour que les individus y soient en sécurité et en paix. Ne vous flattez donc pas d'avoir le droit de faire ce que vous voudrez sans nuire à personne, selon la formule, et par exemple de ne rien faire, et de « rester les bras croisés dans l'association. *Un tel penchant doit être réprimé sévèrement partout où il existe* ». Votre droit ne consiste « qu'à développer sans entraves et avec toute l'extension possible une capacité temporelle ou spirituelle, utile à l'association ». — On ne peut pas nier plus ouvertement la liberté individuelle, et l'on ne peut pas la tenir plus formellement pour une séduction de l'égoïsme, digne de mépris et de répression.

Du reste, comme feront plus tard à peu près tous les socialistes, Saint-Simon remarque, ce qui en son temps est prévoir, que les masses populaires ne s'intéressent nullement à la liberté : « Les discussions sur la liberté, qui agitent beaucoup la classe moyenne, sont devenues à peu près indifférentes à la classe inférieure, parce qu'elle sent très bien que, dans l'état actuel de la civilisation, l'arbitraire ne peut jamais porter sur elle. » — La seconde partie de cette observation est tout à fait fausse, et personne n'a plus d'intérêt que les petits à ce qu'il y ait le moins d'arbitraire possible dans une société ; mais la remarque de fait est très juste, et prophétique.

Saint-Simon ne serait donc nullement gêné par son libéralisme ou son individualisme, comme l'a été Proudhon plus tard, pour accepter les idées socialistes et leurs conséquences. Mais les a-t-il eues, au moins en puissance ? On peut discuter. Sur la question de la propriété il y aurait le pour et le contre. Saint-Simon semble tenir essentiellement à la propriété individuelle. Il dit nettement : « La législation doit assurer le libre exercice de la propriété ». Il dit encore : « C'est de la conservation ou du droit de propriété que l'existence de la société dépend » ; et nulle part dans ses œuvres on ne voit qu'il considère la disparition de la propriété comme possible. La question ne semble pas s'être posée pour lui. — Il y a même en ceci une contradiction avec ce que nous avons vu de lui plus haut. Celui qui n'admet pas le droit à l'oisiveté. doit, s'il est logique, ne pas admettre la propriété individuelle, la considérer comme un abus, vouloir détruire cet abus, ou l'entourer de telles précautions, le gêner par tant de limitations et de vexations, qu'elles équivaudraient à le détruire, et qu'il vaudrait mieux le supprimer. En effet, la propriété est précisément le moyen qu'ont trouvé pour exercer le droit à l'oisiveté ceux qui en avaient le goût, et pour assurer et étendre leur liberté individuelle ceux qui en avaient la passion. La propriété est autre chose aussi, sans doute ; elle est un moyen de puissance, elle est un moyen de sécurité ; elle a toujours été recherchée par ceux qui voulaient dominer, ou par ceux qui ne voulaient pas courir les risques de la bataille de la vie, ou qui voulaient les courir moins, etc. ; mais elle est avant tout ce que je disais d'abord, un moyen trouvé pour consolider l'effort une fois fait, pour vivre un jour du travail fait antérieurement, pour se soustraire dès lors au service des autres et se retirer de l'association, ou « vivre au milieu d'elle les bras croisés », bref pour exercer, si l'on en a envie, le droit à l'oisiveté. La passion de la propriété est d'une part le goût de l'indépendance, et le proverbe a raison qui dit que le travail c'est la liberté, à la condition qu'on ajoute : « le travail transformé en propriété » ; et elle est d'autre part le désir de conquérir le repos, et les hommes, en travaillant pour la propriété, font simplement ce que Pascal disait qu'ils font toujours : « ils tendent au repos par l'agitation. »

Si donc l'oisiveté n'est jamais un droit, et si l'indépendance, le fait de se soustraire soi-même à l'association, n'est pas permis, la propriété n'est pas un droit non plus. Saint-Simon devait donc aboutir à nier ce droit. Il ne l'a jamais fait. Et si l'on tient à ce qu'il soit socialiste, on peut dire que la négation du droit de propriété était tellement contenue dans ses prémisses qu'il était inutile de la formellement exprimer ; et si

l'on tient à ce qu'il ne le soit pas, on peut dire qu'il
est si extrêmement éloigné de l'être que, quand ses
principes le mènent de ce côté-là, il ne leur permet
pas de l'y conduire et les arrête à moitié chemin.

Mais s'il n'a pas attaqué la propriété en elle-même,
il a dit très nettement, lui qui d'ordinaire n'est pas
net, que tout *l'usage* de la propriété peut être, doit
être réglé par la loi, contrôlé par la loi, limité par
la loi. La page est curieuse, très significative, indique
bien le point où Saint-Simon voulait qu'on s'arrêtât
en cette matière, montre et son souci de conserver la
propriété individuelle et sa crainte que la propriété
individuelle ne devienne une sécession du particulier au
sein même de l'association, et je la cite tout entière,
parce qu'elle me semble marquer un point relativement
précis de l'évolution des idées réformistes en cette question : « Il est évident que, dans tout pays, *la loi fondamentale est celle qui établit les propriétés et les dispositions
pour les faire respecter ; mais de ce que cette loi est fondamentale, il ne résulte pas qu'elle ne puisse être modifiée.*
Ce qui est *nécessaire* c'est *une loi qui établisse le droit
de propriété,* et non une loi qui l'établisse de telle ou
telle manière. *C'est de la conservation du droit de
propriété que dépend l'existence de la société,* mais non
de la conservation de la loi *qui a primitivement consacré
ce droit.* Cette loi dépend elle-même d'une loi supérieure et plus générale qu'elle, de cette loi de la nature
en vertu de laquelle l'esprit humain fait de continuels
progrès, loi dans laquelle toutes les sociétés puisent le
droit de modifier et de perfectionner leurs institutions.
Ainsi donc ces questions : quelles sont les choses
susceptibles de devenir des propriétés ? par quels
moyens les individus peuvent-ils acquérir ces pro-

priétés ? de quelle manière ont-ils le droit d'en user lorsqu'ils les ont acquises ? sont des questions que les législateurs de tous les temps ont le droit de traiter toutes les fois qu'ils le jugent convenable ; *car le droit individuel de propriété ne peut être fondé que sur l'utilité commune et générale de l'exercice de ce droit,* utilité qui peut varier selon les temps. »

Nulle part Saint-Simon n'a mieux montré l'antinomie qui était au fond de sa pensée sur cette question. Chez lui ce n'est pas, comme chez Proudhon, l'individualisme et le socialisme, l'idée de liberté et l'idée d'égalité qui luttent l'une contre l'autre ; c'est l'aristocratisme et l'idée de l'intérêt général. Saint-Simon est profondément aristocrate ; après tout ce que j'ai dit de lui, je n'ai pas besoin de le démontrer ; mais il veut que l'aristocratie ne serve qu'au bien commun. Or, rencontrant la pierre angulaire de toute aristocratie, la propriété, il sent bien, nonobstant son aristocratie intellectuelle concentrée dans son « pouvoir spirituel », que la propriété individuelle disparaissant, toute véritable aristocratie, solide, durable et valant par elle-même, disparaît ; et donc il tient à la propriété. — Mais ne se dissimulant pas que la propriété, moyen d'aristocratie, *est un moyen aussi de ne pas l'exercer,* est une ressource, sans doute, pour dominer l'association dans l'intérêt de l'association, mais une ressource aussi pour se désintéresser de l'association et lui être inutile ; il voudrait que le propriétaire fût forcé d'être utile à la communauté. Il voudrait que « le droit individuel de propriété ne fût fondé que sur l'utilité commune et générale de l'exercice de ce droit. »

De là, dans ses *Vues sur la propriété et la législation,* ce système bizarre, dans le détail duquel je n'entrerai pas, où le propriétaire, tout en restant propriétaire, finit par être une sorte de vassal de son fermier. En somme, Saint-Simon a approuvé la propriété et s'en est défié. Il en est un partisan très soupçonneux. Il ne voudrait pas la sacrifier et voudrait un peu qu'elle se sacrifiât, et un peu l'obliger à se sacrifier, tout au moins à se subordonner à l'intérêt public ; et il en cherche le moyen.

D'autres viendront, nullement partagés entre l'instinct aristocratique et le souci de l'intérêt commun, parce qu'ils ne seront pas du tout aristocrates, qui ne verront dans la propriété individuelle qu'un moyen de domination ou une sécession, et qui, à l'un ou l'autre titre, ou à tous les deux, la condamneront. D'autres viendront aussi, qui croiront que la propriété telle qu'elle est n'est pas du tout nuisible à l'intérêt général, et au contraire, et qui la soutiendront telle qu'elle est, sans en vouloir changer les conditions, et c'est qu'ils seront convaincus, plus ou moins consciemment, que la société a besoin d'une aristocratie. Aristocrate et socialiste à la fois, Saint-Simon devait en cette matière s'arrêter à un moyen terme, et c'est, avec une grande gaucherie du reste, ce qu'il a fait.

Ce qui est encore plus aristocratique chez lui, sans peut-être en avoir l'air, ce sont ses idées sur « l'amélioration de la classe la plus pauvre ». C'est la mission principale qu'il donne à son *clergé*. Instruire le peuple, « répandre le plus promptement possible dans la classe des prolétaires les connaissances positives acquises » ; l'amuser aussi, noblement, lui communiquer les connaissances « qui peuvent garantir aux individus composant cette classe des plaisirs et des jouissances propres à développer leur intelligence » : voilà ce qu'il faudra poursuivre et réaliser. Ceci est le rêve généreux d'un bon patricien ; c'est ce que l'Église du moyen âge a constamment essayé de faire, et jamais n'a été plus nette chez Saint-Simon l'idée d'un clergé laïque se substituant au clergé ancien, pour le prolonger en quelque sorte et continuer son œuvre. — C'est le rêve aussi de tous ceux qu'on peut appeler les bons féodaux, et qui, principalement au XVIII° siècle, avaient les yeux fixés sur le moyen âge, et le voulaient en son esprit, moins ses violences et ses convulsions. Rien n'est moins démocratique, malgré les apparences. Ce que le peuple — et on ne peut guère s'en étonner — désire le moins, ce sont des guides moraux, des maîtres spirituels, des directeurs de conscience. Son peu de goût pour le clergé chrétien s'explique en partie par là. Il ne veut pas être traité en enfant. Bien entendu, il l'est cependant, et va chercher dans les journaux faits pour lui les directeurs d'esprits dont, sans le savoir, il a besoin. Mais ce qu'il n'aime pas, ce sont les directeurs d'esprits organisés en corps, ayant des traditions, de l'unité dans les vues et formant un ordre. En cet état ils sont comme des tuteurs, et il n'aime pas se sentir en tutelle. Il souffre impatiemment qu'on se permette et qu'on se pique de l'améliorer. Éternel adolescent, il est *monitoribus asper.* — L'aristocrate en est désolé et dit aux plébéiens : « Laissez-vous éclairer. Je ne suis que pour cela. » Le libéral leur dit : « A votre aise, et à vos risques. » Le politique tâche de s'arranger de manière que le peuple soit amélioré en effet par mesures législatives sans s'apercevoir qu'on l'améliore et en croyant s'améliorer lui-même. Saint-Simon n'est ni un libéral, ni un politique.

Enfin ce qu'on rencontre chez lui de plus « socialiste », c'est ce qu'on a appelé, une vingtaine d'années après lui, le « droit au travail ». Il se trouve formellement dans Saint-Simon. Il faut « classer comme premières dépenses de l'État celles qui sont nécessaires pour procurer du travail à tous les hommes valides, afin d'assurer leur existence physique. » Pour cela grands « ateliers nationaux », comme on dira plus tard, défrichements, desséchements de marais, routes, ponts, canaux. L'État doit le travail à l'individu. Ici Saint-Simon est pleinement dans son rôle de patricien, sans pour cela aller à l'encontre du sentiment populaire ; car le peuple ne déteste pas l'État-patron, et il n'a de répugnance que pour l'État-pasteur ; il tient beaucoup plus à son indépendance morale qu'à son indépendance économique, et, pourvu qu'il ne soit pas catéchisé, il accepte d'être enrégimenté, et, pourvu qu'il ne soit pas sermonné, il ne lui déplaît pas d'être fonctionnaire.

C'est tout. Saint-Simon n'a pas été plus socialiste que cela. La propriété respectée, mais contrainte, par des moyens qui restent obscurs, à se tourner à l'avantage de la communauté ; l'État, en tant que pouvoir spirituel, améliorant la classe pauvre ; l'État, en tant que pouvoir temporel, devant le travail à cette même classe et le lui donnant : voilà tout le socialisme de Saint-Simon. Il est élémentaire, d'aucuns diront qu'il est enfantin. Il faut reconnaître qu'il est précurseur. L'*aristocratisme en moins*, et par suite le respect de la propriété en moins, il deviendra le socialisme le plus répandu peut-être vers le milieu de ce siècle ; il sera le socialisme littéraire, qui a fleuri, ou sévi, comme on voudra, dans les environs de 1848. Il y en a un autre,

le socialisme scientifique, qui ne dérive pas du tout de
Saint-Simon, qui dérive des économistes, qui se rend
compte, comme eux, des lois absolues du travail, de la
production et de la consommation, qui leur emprunte
leurs découvertes et leurs constatations pour montrer
qu'elles condamnent l'humanité à un état misérable, qui
s'indigne alors et conclut qu'il faut tout changer, qui
n'est, en somme, que l'économisme se révoltant contre
ses conclusions. Mais à propos de Saint-Simon, ce n'est
pas de ce socialisme-là que nous avons à parler.

V

Quand on cherche à résumer les idées de Saint-
Simon en morale, en politique, en sociologie, on s'aperçoit qu'elles ne sont pas très différentes de celles d'un
féodal philanthrope, et qu'il a eu des conceptions assez
analogues à celles d'un Fénelon, d'un abbé de Saint-
Pierre, d'un marquis d'Argenson. Sa vraie originalité
est son rêve d'établissement d'un pouvoir spirituel. Il
est bien le premier qui ait fait et poussé loin ce projet
qui fut la préoccupation principale d'un grand nombre
d'hommes immédiatement après lui. Extrêmement
conservateur à travers toutes ses témérités et ses incartades, il n'a pas pu voir disparaître l'ancien pouvoir
spirituel sans croire à la nécessité absolue d'en élever un
autre et un autre tout semblable au fond à ce qu'était
l'ancien. L'ancien était un collège de savants, de *clercs*,
la prépondérance attribuée à ceux qui savent; le nouveau devrait être un clergé de savants, la préfondé-
rance attribuée à la science et à ceux qui la possèdent.

Au fond la révolution qu'il rêvait était une restauration. Mais cette idée, qui du reste était grande, il est le premier qui l'ait conçue, exprimée et soutenue avec une ténacité extraordinaire.

Autour de lui Chateaubriand, de Maistre, de Bonald, rêvaient et prêchaient le maintien pur et simple du pouvoir spirituel ancien ; Ballanche, et, après lui, tous ceux qu'on a appelés catholiques libéraux, voulaient le maintien du pouvoir spirituel ancien, mais accommodé plus ou moins aux besoins intellectuels et au tour d'esprit nouveau.

Seul, Saint-Simon voulait un pouvoir spirituel nouveau, créé de toutes pièces et animé d'un esprit absolument moderne. En même temps qu'un clergé nouveau, c'était bien une religion nouvelle qu'il instituait. Ses successeurs immédiats, Comte d'un côté, les Saint-Simoniens de l'autre, furent tellement pénétrés de cette pensée, que, l'un et les autres, ils fondèrent de véritables religions, très différentes du reste et entre elles et de celle que Saint-Simon lui-même aurait établie ; mais ils furent également possédés de l'idée d'un pouvoir spirituel à établir parmi. les hommes. — En dehors de ses successeurs immédiats, l'idée de la nécessité d'un pouvoir spirituel a été embrassée par les Lamennais, les Quinet, et, qu'on le remarque bien, par Cousin et les philosophes universitaires eux-mêmes. Au milieu de l'anarchie intellectuelle du XIX⁰ siècle, et précisément à cause d'elle et pour la corriger, cette idée s'est développée, a grandi, a pris des forces, a tenté et séduit une foule d'esprits, extrêmement différents du reste. Elle a inquiété, excité aussi et aiguillonné les religions anciennes et n'a pas laissé de leur donner une nouvelle vie et une nouvelle ardeur. Elle a été un ferment intellectuel et moral très puissant.

Elle est toute naturelle, et, qu'elle tende à ramener à ses origines et à son état primitif une religion existante, ou à rajeunir au contraire et ajuster aux temps nouveaux une religion existante, ou à établir franchement une religion nouvelle, on la trouve à tout instant dans l'histoire des religions ; mais vers 1810 elle a le caractère d'un atavisme. Saint-Simon a une foule de points communs avec les philosophes du XVIIIe siècle : optimisme, croyance au progrès, croyance à la philosophie de l'histoire, croyance à la perfectibilité indéfinie, etc. ; mais l'idée d'une religion nouvelle et surtout d'un pouvoir spirituel organisé, aucun des penseurs du XVIIIe siècle ne l'a eue. Quelques-uns seulement des hommes de la Révolution l'ont eue, et, sans qu'il faille dire uniquement, *surtout* comme moyen de polémique, arme de guerrre et instrument de domination personnelle. Saint-Simon l'a eue en penseur, en croyant, et en fervent. Il l'a conçue, couvée, et caressée toute sa vie. Il y a ramené toutes ses préoccupations et toutes ses pensées. Il en est bien l'inventeur, le père. Les premières lignes qu'il ait écrites et les dernières qui soient. parties de sa main ont été pour elle.

Si donc cette grande pensée a occupé de très hauts esprits et aussi de très nombreux esprits pendant une grande partie de ce siècle ; si elle a été reprise et remaniée de cent façons diverses qui sont toutes intéressantes ; si elle a eu des commencements d'exécution et même des réalisations partielles dont quelques-unes durent encore, non sans honneur, non sans utilité ; si elle est ressaisie encore de nos jours avec une sorte d'obstination, et lancée à nouveau avec une sorte d'entêtement de gageure, qui prouve au moins qu'elle est faite pour tenter toujours quelques esprits et surtout quelques âmes ; si, quoique échouant toujours en se heurtant à l'individualisme moderne et à la passion qu'ont les hommes de nos temps de penser chacun par lui-même, elle subsiste cependant, vivace, toujours renaissante, infatigable, et espérant contre toute espérance ; celui qui l'a eue le premier, après qu'elle était absolument disparue depuis bien longtemps, est certes, à tout le moins, en même temps qu'un cœur très vaillant, une intelligence très originale, un homme d'une personnalité vigoureuse, et qui avait beaucoup d'avenir dans l'esprit.

FOURIER

Fourier est très intéressant à étudier, non seulement parce qu'il n'y a pas eu de rêveur qui ait eu l'imagination plus puissante à la fois et plus *précise*, en sorte que nous voyons son rêve comme une chose concrète et minutieusement réalisée dans son plus petit détail ; mais encore parce qu'il est le premier en date des socialistes, et particulièrement des collectivistes, et en même temps l'élève direct, l'héritier immédiat de Jean-Jacques Rousseau. — Et donc comment tout le mouvement socialiste, tous les mouvements socialistes du siècle, à en excepter Proudhon, qui n'est pas socialiste, se rattachent directement à Rousseau, personne mieux que Fourier ne peut le montrer, et Fourier est essentiel pour qu'on le comprenne.

I

Il naquit à Besançon en 1772. Il était de très humble bourgeoisie, fils de petits commerçants. C'est dans la boutique paternelle qu'il puisa l'horreur du commerce. Tout enfant il prévint un client d'une petite fraude, ou, si l'on veut, d'une petite espièglerie commerciale, usitée dans le magasin. On lui en fit des reproches qui durent être vifs. Il fit « le serment d'Annibal ». Il jura qu'il abolirait le commerce. Ses parents, en retour, lui prédirent qu'il ne serait jamais commerçant. — Rien de tout cela ne s'est réalisé. Il n'a pas aboli le commerce, et il fut commerçant à peu près toute sa vie. Du reste il en avait le *génie*, en partie du moins. Il était excellent, et presque merveilleux calculateur, comptable hors ligne. Pendant toute sa jeunesse, il mit en usage, tout à fait contre son gré, ces qualités. Il fut commis voyageur, commis principal résident, caissier, épicier même, à son compte, pendant quelque temps; il vit le commerce sous tous ses aspects, sans que son horreur en diminuât. C'était une idée fixe. Entre temps il publiait une brochure, un article ou un livre. Son premier article, publié en 1803 dans le *Bulletin de Lyon*, était un plan d'organisation politique de l'Europe sous ce titre : *le Triumvirat continental*. Il attira l'attention du Premier Consul ou de son cabinet. L'imprimeur du journal, qui n'était autre que le père de Ballanche, fut appelé à la préfecture. On voulait connaître le jeune publiciste qui avait exprimé, sans les connaître, une partie des idées du chef de l'État. Fourier, très amoureux d'obscurité, ne se rendit nullement à ce désir.

De 1816 à 1827, ayant hérité juste de quoi vivre sans faire du commerce, il vécut en Bresse, tantôt à Talésieu, tantôt à Belley. Ce furent ses années de travail suivi et de méditation féconde. Plus tard, de 1827 à 1837, peut-être ne pouvant plus subsister de ses trop petites rentes, il redevint teneur de livres ou caissier à Lyon, puis à Paris. A partir de 1830 environ, la célébrité lui était venue, et les disciples. Il vit même des essais de réalisation de son système. Ses dernières années, par conséquent, furent heureuses. Il légua son héritage intellectuel et la direction de son école à Victor Considérant, et fut trouvé un matin mort, agenouillé devant son lit.

C'était un homme timide, peut-être défiant, rangé, propret, méticuleux, ennemi du désordre jusqu'à la manie, sa vie matérielle réglée dans le plus minutieux détail. Il n'aimait pas à parler en public. Il en donnait des raisons qui étaient peut-être vraies : qu'il ne voulait donner sa pensée que sous la forme arrêtée et définitive de l'exposition écrite ; qu'il craignait qu'un auditeur peu scrupuleux et de plume rapide ne donnât comme siennes des idées recueillies la veille à la conférence de Fourier. Il est probable que la timidité et la parole difficile étaient les raisons véritables de cette abstention. — Sans être pieux, il avait une religion naturelle qui était très vive, une croyance en Dieu très forte et profonde. On verra que la croyance en Dieu, et en un Dieu providentiel, qui a fait tout pour notre bien, est même une pièce essentielle de son système. Il ne faut pas oublier non plus son chapitre sur la concordance des Évangiles avec le système de Fourier, qu'il est permis de trouver amusant, mais qui respire un véritable respect et un véritable amour pour la personne et pour la parole de Jésus.

Son éducation intellectuelle me paraît avoir été faible. Il était de ceux qui lisent peu. Il me semble avoir pratiqué les philosophes du XVIIIe siècle, et n'avoir guère été plus loin. Les dix ou douze citations qui reviennent chacune deux cents fois environ dans ses ouvrages sont des phrases de Montesquieu et

Rousseau, des vers de Jean-Baptiste Rousseau et
Voltaire. Il avait une certaine instruction scientifique
très superficielle, à ce qu'il me semble. Il ne connaît
guère ses prédécesseurs, qui sont Thomas Morus, à
d'autres points de vue les Hussites, à d'autres égards
encore Diderot et Rousseau. Il a les inconvénients de
l'ignorance qui sont grands, et les avantages de l'ignorance qui sont énormes. Il n'est jamais gêné par des
souvenirs dans l'intrépidité de son affirmation et dans
l'audace de ses constructions idéales. C'est avec une
tranquillité magnifique qu'il affirme que « l'humanité
se trompe depuis trois mille ans » et que « SEUL », —
c'est lui qui met le mot en grandes majuscules, — il
a découvert le secret parfaitement simple qui la rendra
en huit jours ce qu'elle doit être et ce que Dieu a voulu
qu'elle soit. Il n'est que d'être timide pour avoir de ces
assurances la plume à la main.

II

Il y a dans Fourier une critique de la civilisation,
et puis une reconstitution de l'humanité, la civilisation
étant supposée abolie. Autrement dit, si Fourier avait
commencé par sa critique et continué par sa réédi-
fication, il aurait suivi exactement la marche de
Rousseau du *Discours sur les arts* au *Contrat social*.

Sa critique de la civilisation est à peu près complète,
et ne laisse rien subsister de ce que nous avons accoutumé
d'appeler ainsi. A la vérité Fourier reconnaît qu'il y
a eu, avant la civilisation, quatre états : édenisme,
sauvagerie, patriarcat, barbarie, sur lesquels la civilisation constitue un progrès. Mais ce progrès est extrê-

mement léger, et pour être dans le vrai, il n'y a que deux états : la barbarie et l'harmonie. L'harmonie existera. La barbarie légèrement adoucie est ce qu'on appelle civilisation ; c'est ce qui existe.

C'est une chose parfaitement désordonnée. Elle consiste dans une bataille perpétuelle, ce qui est sans doute la définition de l'état barbare : bataille des individus entre eux, bataille des individus contre l'intérêt commun. Les individus luttent entre eux ; c'est ce qu'on appelle la concurrence, mot bien choisi, en vérité ; car il désigne comme un concours ce qui est une lutte. La concurrence, c'est la bataille pour le succès laissée absolument libre, avec une prime pour chaque élément d'immoralité que chaque individu pourra apporter avec lui.

Prime au plus fort, ce qui n'est pas précisément immoral, mais ce qui est signe d'état de sauvagerie.

Prime au plus rusé, dissimulé et menteur.

Prime à celui qui se créera des appuis, c'est-à-dire à l'intrigant, à l'adulateur, au flatteur de passions,... et il convient de ne pas aller jusqu'au bout de ce chapitre.

Prime à celui *qui s'abstient*, qui ne se marie pas, qui ne soutient pas ses parents affaiblis, qui n'est pas charitable, qui n'est pas généreux, bref à l'égoïste.

Voilà les principales primes, les principales chances de succès.

Il s'ensuit que l'humanité est précisément organisée pour mettre à sa tête les pires de ses membres. Ce qui s'en faut n'est qu'exception, tout à fait contraire à la règle, au mécanisme même de l'organisation générale. Cela n'a même pas besoin d'être prouvé, tant c'est le fait même, le fait général constant, devenu loi ; mais Fourier pourrait montrer dans un exemple plus frappant, parce qu'il est visible non en chaque individu qui réussit, mais dans une classe tout entière, comment font les aristocraties pour se maintenir : ou elles restreignent le nombre de leurs enfants, ou elles inventent le droit d'aînesse. Cela veut dire : « Si nous avions chacun plus d'un enfant, nous cesserions de concentrer la richesse, la tradition, les signes apparents de supériorité, bref les forces sociales que nous avons ramassées en nous. Pour nous sauver de ce danger, nous n'aurons, réellement ou par fiction, qu'un enfant chacun. » Voilà une aristocratie fondée sur une immoralité monstrueuse ou une injustice révoltante. — Telle autre aristocratie, bien plus habile, dira : « Nous n'aurons pas d'enfants du tout, nous serons célibataires, nous nous perpétuerons par cooptation. Il y va de notre puissance. » Et en effet ceux qui ont adopté cette règle ont formé l'aristocratie la plus puissante que le monde ait vue.

Il y a donc une immoralité probable à l'origine de tout succès individuel, une immoralité certaine à la base de tout succès de caste. C'est ce qui a répandu cette idée, à peu près universelle, qu'il n'y a pas la même morale pour les grands et pour les petits. La foule comprend vaguement qu'en l'état actuel, étant donné qu'il faut des dirigeants et qu'on n'arrive à la tête que par une dérogation, légère si l'on peut, à la morale universelle, il ne faut pas trop en vouloir à l'immoralité des grands si elle n'est que relative. Qu'ils la compensent par des services rendus, en dirigeant bien, on les tiendra quittes. Cette idée est très répandue. Elle est de bon sens. Seulement elle accuse l'organisation universelle de l'humanité.

Les individus sont en lutte les uns contre les autres ; ils le sont aussi chacun contre le bonheur commun. On est habitué à ce spectacle, et c'est pourquoi on le supporte ; mais dépouillez un instant l'accoutumance et regardez : l'intérêt individuel est partout en contradiction avec le collectif ; chaque homme a besoin pour son bonheur du malheur d'autrui : « L'homme de loi désire que la discorde s'établisse dans toutes les riches familles et y crée de *bons procès;* — le juge désire que la France continue à fournir annuellement 45 700 crimes, car si on en commettait moins, des tribunaux seraient supprimés; — le médecin ne souhaite à ses concitoyens que *bonnes fièvres et bons catarrhes;* il serait ruiné si tout le monde mourait sans maladie; — et de même l'avocat si chaque démêlé s'accommodait arbitralement; — le militaire souhaite une *bonne guerre* qui fasse tuer moitié de ses camarades ; — le pasteur est intéressé à ce que *le mort donne* et qu'il y ait de *bons morts;* — l'éligible souhaite une *bonne proscription* qui exclue moitié des titulaires et lui facilite l'accès ; — l'accapareur veut une *bonne famine* qui élève le prix du pain ; — l'architecte désire un *bon incendie* qui consume une centaine de maisons... », etc. — La civilisation n'est pas autre chose. Elle n'offre pas précisément le spectacle de l'harmonie des vœux et des cœurs.

Vous désirez la voir sous un jour moins lugubre ? Qu'à cela ne tienne. Il y a d'autres points de vue. Par exemple, la civilisation est l'art de mourir de faim, perfectionné à miracle. — Regardez ces quatre hommes qui passent. L'un est un producteur, l'autre un marchand, l'autre un rentier, l'autre un soldat. Sur ces quatre hommes il y en a trois d'inutiles, trois qui ne font aucun travail productif, trois qui n'exploitent pas la planète et qui sont nourris, tous les trois, par le quatrième. Ce sont des parasites humains. Le rentier ne produit rien parce que ses ancêtres ont produit. Le soldat ne produit rien parce qu'il protège le producteur, qui sans cela ne pourrait pas travailler trois jours. Le marchand prend un objet de la main gauche et le passe à un autre de la main droite ; et il est payé pour cela. C'est étourdissant d'ineptie.

Si ce n'était qu'étourdissant ! Mais c'est à cause de ces trois improductifs sur quatre que la terre n'est pas habitée, qu'elle n'est pas exploitée, qu'on n'en couvre que le dixième de ce qu'on en pourrait couvrir, qu'on n'en tire que le millième de ce qu'on en pourrait tirer ; que la civilisation, qui se flatte de l'avoir conquise, n'en possède qu'une très faible partie, à peine enracinée sur elle, battue de tous les côtés par la barbarie ou la sauvagerie primitive, îlot étroit sur l'énorme océan de la quasi-animalité. Ces trois parasites sur quatre (et si la proportion est exagérée, qu'importe, puisqu'il ne faudrait pas qu'il y en eût un) augmentent d'autant l'effort de celui qui produit et en même temps l'amortissent ; font que le bonheur est nul, le travail de ceux qui travaillent énorme, et que l'humanité vit tout juste, vit juste assez pour ne pas mourir.

C'est même en juger trop favorablement. La vérité est que l'humanité n'existe pas. Étant donnés l'extrême supériorité intellectuelle de l'homme et le temps déjà très long depuis lequel il existe, ce qu'il a fait dans quelques régions très clairsemées devrait être partout. La terre entière devrait être trop cultivée, devrait être aménagée comme la maison de l'homme. S'il s'en faut de tant, c'est que l'homme n'a ni assez multiplié, ni employé d'une façon intelligente ses facultés. Il n'a pas su trouver le moyen de supprimer le lourd poids

mort des parasites que l'humanité traîne à sa suite.
L'humanité est comme un homme qui cultiverait la
terre avec des enfants sur les épaules. Elle fait un travail douloureux, gauche et incomplet. Aussi s'essaye-
t-elle à être, plutôt qu'elle n'existe. Il y a des fragments d'humanité répandus sur la terre. L'humanité
vraie, « remplissant la terre », selon le texte sacré,
habitant sa maison, une partie considérable, même, de
sa maison, n'existe pas.

Ce n'est pas tout, ce n'est pas assez. Luttant au
lieu de concourir, surchargés de parasites, les hommes
en civilisation ont raffiné l'art de ne pas vivre, par des
procédés bien curieux, comme, par exemple, le
maximum d'efforts pour le minimum de résultats. Il
faut dix personnes travaillant méthodiquement pour
faire la cuisine et le ménage de cent personnes. Il
n'en faut même pas tant. Voilà donc quatre-vingt-dix
êtres humains libérés de soins domestiques et pouvant
exploiter la planète, produire, travailler à l'accroissement de l'humanité en lui permettant de s'accroître.
Voilà une bonne économie, voilà l'ordre, voilà le bon
sens. C'en est juste le contre-pied que l'humanité a pris,
avec complaisance. Une femme, deux femmes, quelquefois plus, sont attachées à la maison d'un unique
producteur pour préparer ses aliments et tenir en ordre
son habitation. Dans chaque maison on fait partiellement et fort mal ce qu'on pourrait faire à moindre
effort, à moindres frais et très bien pour une communauté, pour une association de cent, deux cents, trois
cents êtres humains. L'association et la combinaison
des efforts et la division du travail, en un seul mot la
méthode, ne sont connues que dans la grande industrie,
inconnues ou repoussées dans la vie pratique.

Il y a là comme une recherche passionnée du travail stérile, comme un art raffiné de la déperdition des efforts. On dit que l'homme est paresseux ; il n'y paraît pas. Par l'art de ne pas combiner ses travaux, il travaille cent fois plus qu'il n'a en réalité besoin de travailler. Il ne devrait pas regarder sans rougir une ruche ou une fourmilière. Là, chaque individu ayant sa tâche réglée en vue du bien commun et proportionnellement au bien commun, chaque individu travaille peu, et la production est énorme. La combinaison de chacun pour tous, tous pour chacun, nul pour soi, y est si exacte qu'il n'y a pas un atome de travail inutile, perdu ou mal employé. Le résultat, c'est la multiplication rapide et indéfinie. Une tribu d'hommes ayant l'instinct de la fourmi peuplerait la terre en cent ans, sans se donner un très grand mal, constituerait l'humanité sensée, raisonnable, ordonnée, laborieuse sans fatigue, et heureuse, en un mot l'*humanité*, qui n'existe pas, et dont nous n'avons qu'une ridicule ébauche. L'association et la combinaison des efforts, voilà le secret du bonheur, ou tout au moins du bien-être, ou plutôt de la vie humaine telle qu'elle devrait être vécue.

Ce secret, et c'est ce qu'il y a de plus étrange, nous l'avons, nous le connaissons, et nous ne le mettons jamais en pratique. L'homme est un animal sociable qui ne veut pas vivre en société. L'homme est un animal qui ne peut vivre qu'en société et qui éprouve à la fois le besoin et l'horreur d'y vivre. On dirait qu'il a peur de trop réussir s'il suivait sa vocation. « Ce serait trop beau. » — A la vérité, cet instinct n'est pas trop déraisonnable. Il est certain que si l'homme était aussi sociable de pratique qu'il l'est de nature, la terre ne lui suffirait pas au bout de quelques siècles. Peut-être alors faudrait-il créer de nouveau l'individualisme sous toutes ses formes et avec tous ses agréments, créer à nouveau la guerre, le parasitisme, la concurrence et la dispersion et incohérence des efforts ; ou plutôt tout cela se recréerait de soi-même, naîtrait spontanément de la situation. — Mais nous n'en sommes point là, n'est-ce pas ? ni n'avons risque ni peur d'y être demain. Tant que l'humanité n'est pas faite, ne recourons point aux correctifs que pourra exiger sa perfection. C'est prendre trop de soin. Je ne sais pas prévoir les bonheurs de si loin. Il est assez curieux qu'on mette aux débuts de l'humanité les procédés d'obstacle au trop grand succès, dont il est à prévoir qu'elle n'aura jamais besoin. A chaque jour suffit sa tâche. Pour le moment nous avons à constituer l'humanité selon sa nature et de la manière la plus favorable à sa progression. Ce qui est sa nature, c'est la sociabilité, c'est-à-dire la convergence des efforts ; ce qui retarde son progrès, c'est l'incohérence, qui est le vrai nom dont l'état dit de civilisation doit s'appeler. Créons la sociabilité vraie, détruisons l'incohérence, toutes les incohérences. Pour cela, d'un seul mot, *il suffit, de s'entendre.*

III

Comment s'entendra-t-on ? Il y a un moyen qui vient assez naturellement à beaucoup d'assez bons esprits. Il existe une morale, sensiblement la même à toutes les époques de l'humanité et en tous les lieux qu'elle habite. Cette morale conseille à l'homme de réprimer ses passions, c'est-à-dire son égoïsme, et de se consacrer au bien général. Puisque c'est précisément en sens contraire de ce que la morale conseille que la société est organisée, ne faudrait-il pas organiser la société d'après la morale ? Que la morale soit la constitution et le code, voilà les hommes forcés de *s'entendre*, forcés de faire concourir leurs efforts, forcés d'agir « en harmonie » au lieu d'agir en incohérence. N'est-ce point une solution du problème ?

Ce n'est pas celle de Fourier et c'est celle dont il veut le moins entendre parler. D'abord parce qu'il adore la liberté, ensuite parce qu'il a horreur de la morale.

Il adore la liberté. Les hommes *forcés* de s'entendre, *forcés* d'agir harmonieusement ! Quels non-sens ! On ne s'entend qu'entre volontés libres, on n'agit harmonieusement que par harmonie spontanée... Ce n'est pas l'harmonie qu'il faut imposer aux hommes ; c'est de la liberté elle-même qu'il faut tirer l'harmonie. — Vous ne croyez pas que la liberté soit capable de fonder ce concert d'efforts ? C'est que vous ne savez pas ce que c'est que la liberté. Les uns la prennent pour un acte de défense de l'individu contre la communauté, comme un *veto* opposé par le moi aux empiétements de *tous*. Demandez à M. Benjamin Constant, qui du reste a accueilli les essais de M. Fourier sans mépris, si ce n'est pas comme cela qu'il l'entend. — Les autres la prennent pour un principe tout négatif, bon pour la destruction, et même admirable pour cela, impuissant à rien créer ou fonder, stérile, vide. Demandez à M. Auguste Comte.

Ils sont dans l'erreur. La liberté est féconde et même seule féconde.

D'abord c'est elle qui produit l'effort. Sans elle l'homme n'agit pas, ou agit si mollement que proprement il ne fait rien. Parler d'harmonie d'efforts où il n'y a point d'effort fait, c'est un peu inutile. Ensuite la liberté crée l'harmonie elle-même. C'est dans sa nature, en ce sens que c'est sa cause finale. Elle y tend tout naturellement. Elle veut l'harmonie générale parce qu'elle est l'harmonie particulière d'une tête bien faite. « La liberté dans l'homme est la santé de l'âme », comme a dit Voltaire. Elle tend à la santé générale de l'humanité, à l'accord de tous ses organes, parce qu'elle est la santé de l'individu. Tout individu a un penchant inné à modeler le monde à son image autant qu'il peut. Et c'est pourquoi la liberté est principe actif d'harmonie sociale.

Voilà le point de départ de Fourier, l'idée maîtresse et dirigeante à laquelle il tient le plus. Comte répétait que la liberté était une idée toute négative, et que l'erreur des hommes de 89 avait été de : « *vouloir convertir les principes purement critiques en une sorte de conception organique* ». C'est précisément ce que Fourier, tout à fait dans la tradition de 89, veut faire et prétend qu'il fait. Il est l'antithèse exacte d'Auguste Comte. Ils se font comprendre l'un l'autre admirablement. C'est avec une précision mathématique que chacun nie tout ce que l'autre affirme. Il est fâcheux qu'Auguste Comte soit un homme de *génie*, ou plutôt que Fourier n'en soit pas un : l'antithèse, sans être plus exacte, en serait plus belle.

Ainsi donc, pour aller à l'harmonie, il faut partir de la liberté : voilà le premier point.

Ira-t-on à ce but par la soumission aux règles de la morale ? Il faut bien s'en garder. Ne parlez pas de morale à Fourier. Elle est pour lui la plus pernicieuse des plaies sociales. Quelle qu'elle soit, et par quelques philosophes qu'elle ait été enseignée, et dans quelque système qu'on l'ait fait entrer, elle est précisément ce qui empêche le plus les hommes de vivre en harmonie. Elle a tout entière pour objet la répression, la compression et suppression des passions. Or les passions, c'est l'homme lui-même. L'homme est un composé de forces actives, vives, vigoureuses, qu'on appelle les passions. Elles seules en lui sont des puissances, et par conséquent elles seules sont des puissances dans la société. Quand l'homme essaye de les supprimer ou seulement de les réduire, il travaille à se tuer. Ce que le « moralisme » a essayé depuis qu'il existe, c'est de supprimer l'humanité. Il a répété, depuis le commencement de la période civilisée, qui a duré « trois mille ans de trop » : « Faites prédominer la raison sur les passions. Faites de la raison la reine de l'esprit humain et la reine du monde. » Rien de plus vain ni de plus sot. L'antinomie de la raison et de la passion est une erreur. La raison doit collaborer avec les passions. Elle doit en être le ministre vigilant, mais subordonné et soumis. Elle doit les éclairer dans leur marche, les définir à elles-mêmes, les renseigner sur leur but, coordonner leurs efforts, en un mot les servir intelligemment, non les combattre, et encore moins, ce qui est insensé, prétendre les vaincre. Gloire aux passions, et surtout liberté aux passions !

Ne nous dites pas, M. Auguste Comte, dans votre style aussi fâcheux que vos doctrines : « Nous avons même vu le principe le plus général et le plus vulgaire de la simple morale individuelle, la subordination nécessaire des passions à la raison directement dénié par d'au-

tres réformateurs, qui, sans s'arrêter à l'expérience universelle rationnellement sanctionnée par l'étude positive de la nature humaine, ont tenté au contraire d'établir, comme dogme fondamental de leur morale régé-
nérée, la systématique domination des passions dont
l'activité spontanée ne leur a pas paru sans doute
assez encouragée par la simple démolition des bar-
rières jusque-là destinées à en contenir l'impétueux
essor ; puisqu'ils ont cru devoir en outre la développer
artificiellement par l'application continue des stimulants
les plus énergiques. » —Un tel langage, outre qu'il est
pénible, est réactionnaire. Il marque une défiance de
moraliste chrétien à l'égard de la nature humaine,
laquelle est bonne. Il contredit scandaleusement l'optimisme généreux qui est le fond de l'esprit philosophique du XVIII° siècle et de l'esprit de la Révolution
française. Ou nous sommes pénétrés de cet esprit et
alors ayons confiance aux forces constitutives de notre
nature ; ou retournons à la morale traditionnelle tout
entière fondée sur ce principe que l'homme est mauvais et doit se combattre. Revenons au jansénisme.
Est-ce la peine d'avoir secoué ce joug pour le reprendre de la main de ceux qui prétendent, si fièrement du
reste, rompre avec le passé ?

Remarquez encore qu'un tel langage est révoltant
pour un homme qui, comme Fourier, croit en Dieu.
Pourquoi Dieu aurait-il créé les passions si les suivre
devait être funeste à l'humanité ? Pourquoi aurait-il
tendu ces pièges à sa créature ? Pourquoi surtout leur
aurait-il donné beaucoup plus de force, incomparablement, qu'à cette raison qui doit les contraindre ? Pourquoi aurait-il fait des êtres qui vivent heureusement,
ou à peu près, en suivant leurs seuls instincts, et un

être qui ne pourrait vivre heureux qu'à la condition
de vaincre perpétuellement tous les siens ? Si Dieu
existe, s'il est bon, s'il est juste, s'il ne nous trompe
pas, quatre propositions dont Fourier ne doute point,
il nous a donné des passions fortes pour les suivre,
une raison faible, pour qu'elle n'agisse que faiblement
et en auxiliaire ; il a mis dans la satisfaction de nos
passions le but à poursuivre, l'objet de nos efforts et le
secret de notre bonheur.

Fourier tient extrêmement à cet argument, qui n'est
pas méprisable en effet. Le chrétien peut s'en moquer,
l'athée peut s'en moquer, le déiste ne peut pas se dis-
penser d'y faire attention. Le chrétien qui voit dans
ce monde un instrument d'épreuve, n'estime pas que
les passions données à l'homme soient pièges tendus,
mais il tient qu'elles sont obstacles à vaincre pour la
récompense. L'athée, ou seulement le positiviste, ne
se préoccupe pas des desseins de Dieu sur nous, et peu
lui importe que la présence des passions en nous et
leur puissance sur nous incrimine Dieu. Le déiste pur,
qui croit en Dieu sans croire à un autre monde, s'é-
tonne que Dieu ait rendu si malaisé à ses enfants le séjour d'ici-bas, admire qu'il ait mis en nos cœurs tant
de passions funestes comme pour le plaisir de les voir
agir, et peut en arriver à se dire : « Mais peut-être sont-
elles bonnes ». — Elles le sont, affirme Fourier, et
c'est ce qui justifie Dieu. Elles sont toutes bonnes,
elles sont toutes de nature à nous conduire au bonheur.
Il ne faut en sacrifier aucune. Chacune pour sa part
peut et doit contribuer à assurer notre félicité particulière et la félicité générale.

A quelle condition ? A condition de les combiner,
et c'est tout le rôle que la raison doit s'attribuer. Des

passions harmonieusement combinées de manière à avoir toutes satisfactions pleines et entières, et de manière à ne pas se gêner les unes les autres, c'est le bonheur de l'humanité, et rien n'est plus facile à réaliser.

Il faut d'abord que chacun suive sa vocation. Pour cela il suffira d'observer avec soin le penchant dominant du tout jeune enfant et de le placer dans la profession pour laquelle il aura marqué son aptitude. — Il faut ensuite faire du travail une passion. Rien n'est plus aisé. Il suffit de le rendre attrayant. Il le sera déjà, puisque chacun aura pris le métier qui lui convient le mieux. Il le sera plus encore, parce qu'on aura soin que chacun puisse varier ses occupations très fréquemment, passer d'un métier dans un autre, se reposer d'un travail par un autre travail, ce qui satisfera la passion la plus impatiente de l'homme, la « papillonne » ou l'inquiétude, ou le désir de changement.

Il faut ensuite satisfaire les passions les plus fortes de l'homme, le désir de posséder et de vivre dans l'abondance. — Mais comment ces passions ne seront-elles pas satisfaites jusqu'à la satiété quand on aura, en même temps que les passions, combiné les efforts ? Le travail par association, la terre exploitée, non individuellement, mais par de vastes communautés concentrant le labeur et partageant les produits, rendra cent fois plus que dans les conditions actuelles, et chacun aura cent fois plus de bien-être que le plus riche de nos riches actuels. Ce qu'il s'agit donc de mettre en commun, ce n'est pas le sacrifice, l'abnégation, c'est le désir de jouir ; c'est le travail devenu attrayant, le travail devenu varié, et le goût de l'abondance. L'homme jouira quand, simplement, il voudra associer ses plaisirs en associant les désirs qu'il en a. L'affaire se réduit à ceci : vaut-il mieux vivre trois cents dans cent chaumières ou trois cents dans un palais ? Vaut-il mieux avoir cent cuisines pauvres ou un réfectoire magnifique ? Vaut il mieux mal cultiver cent lopins de terre, ou être trois cents à cultiver un beau domaine ? Le palais, le magnifique réfectoire, le beau domaine existent par la seule force des choses dès que les trois cents se mettent ensemble. Pour qu'ils se mettent ensemble, que faut-il ? Non pas s'aimer les uns les autres, non pas se sacrifier les uns aux autres ; simplement vouloir être heureux.

Mais l'indépendance ? — Quelle dépendance y a-t-il à profiter chacun du bonheur commun? Quelle dépendance trouvez-vous à être éclairé par le même soleil que votre voisin et à respirer le même air ? Les hommes actuels, avec leur manie de jouir de la terre d'une façon toute contraire à la façon dont ils jouissent du ciel, ressemblent à des gens qui réussiraient à éteindre le soleil pour se munir chacun d'une lanterne. Cela n'a pas le sens commun. Cette démangeaison d'indépendance pour la misère n'est pas une passion vraie, puisqu'elle n'est pas un désir de jouir, puisqu'elle n'est que la passion du malheur. Elle doit être une exception. Et même, à titre d'exception, nous la respecterons. Ceux qui ont pour passion maitresse l'impatience de changer de lieu et de vagabonder, associeront cette passion même et formeront des hordes voyageuses ayant pour mission de parcourir le monde et de l'explorer. Aucune passion, même exceptionnelle, ne doit être sacrifiée, et toutes ont leur bon emploi. Ainsi disparaîtront toutes ces méthodes de misère que les hommes ont inventées, le *ménage* isolé, le travail isolé, la concurrence, le commerce.

Le mariage aussi, et la famille avec le ménage? — Non pas tout de suite. L'éducation des enfants à la maison, oui ; car il est absurde de consacrer une personne à l'éducation de quatre « bambins », alors qu'une seule peut en gouverner et en élever méthodiquement une trentaine ; et du reste cette éducation en famille empêche absolument que l'éveil de la vocation puisse se produire et que la découverte et le contrôle de la vocation puissent se faire. — Quant à la famille bipersonnelle, quant au mariage, qui est aussi inutile, à la vérité, que le *ménage*, qui du reste contrarie la « papillonne », qui, encore, distrait et divertit de la communauté, qui contient enfin une foule d'obstacles au bonheur, il est trop contraire au système pour ne pas disparaître un jour ; mais Fourier croit qu'avant de supprimer ce dernier reste d'individualisme, il faudra attendre que Dieu y ait, par une déclaration expresse, autorisé l'humanité.

Voilà l'humanité future, voilà le phalanstère, voilà le monde des « Harmoniens », voilà le grand couvent universel. — C'est l'abbaye de Thélème, avec le *Fais ce que veux* en principe, et dans la pratique une réglementation minutieuse s'appliquant à tous les détails de la vie, à tous les actes, à tous les gestes, à chaque heure et presque à chaque minute du jour. C'est à telle heure que tous les harmoniens d'un phalanstère feront leur premier ou sixième repas, c'est à telle heure que telle bande cédera par un changement de travail au besoin de divertissement et aux exigences de la « papillonne ». Leurs fantaisies seront exactement réglées et leurs incartades mesurées mathématiquement. L'harmonie sera libre comme une horloge.

Cette passion de règlement est un des traits essentiels de Fourier. De quoi qu'il traite, c'est toujours avec des plans laborieusement combinés, des « graphiques », des tableaux aux divisions, subdivisions, récapitulations, chiffres, accolades, renvois, points de repère et signes conventionnels extrêmement compliqués. On retrouve là l'homme méthodique et un peu maniaque dans sa vie privée, l'homme de bureau qui a la passion du classement, comme le sous-préfet de Daudet, et qui éprouve des jouissances graves devant la grande feuille à dix-huit colonnes et à trois cent huit cases numérotées, en encres noire, rouge, bleue et violette, qu'il vient de tracer avec amour.

Et ce caractère de sa complexion et de son système n'a pas été pour rien dans le succès relatif, mais assez grand, qu'il a obtenu. Les deux passions principales et nécessaires de l'homme social, l'amour de la liberté et l'amour de l'ordre, il les éprouve également et les éprouve toutes deux avec ivresse ; il les pousse toutes deux à leur extrême. Il veut à la fois la liberté absolue et l'ordre implacable. Il flatte ainsi les instincts secrets et puissants de tout le monde. A parcourir le monde qu'il crée, on s'écrie tour à tour : « Comme on respire ! » et : « Quel bel ordre, quelle belle caserne, *quam pulchra tabernacula tua, Jacob, et tentoria tua, Israel !* » — sans compter qu'on s'écrie aussi : « Comme on est riche ! » S'il était parti de l'idée de satisfaire à la fois toutes les chimères discordantes et inconciliables du cœur de l'homme, il n'aurait pas fait une autre combinaison que celle qu'il a faite.

Mais ce n'est pas qu'il y mette aucune intention

habile. C'est son idée maîtresse même que la liberté complète ne se trouve que dans l'ordre parfait et que l'ordre parfait est une résultante de la liberté absolue. Idée philosophique très belle, très vraie même, exactement vraie, et qui doit être même d'une vérité pratique au pays des anges. Appliquez-la à vous-même, faites-en une règle, et, si vous pouvez, un usage personnel : vous verrez très bien que c'est dans une vie exactement ordonnée, méthodiquement agencée, que vous trouverez le plus grand bénéfice de liberté, d'aisance, de disposition de vous-même que vous puissiez réaliser ici-bas ; et vous trouverez aussi naturellement que votre instinct de liberté tend vers cet ordre, vers cette harmonie, vers cette disposition méthodique de la vie comme vers le meilleur moyen qu'il puisse trouver pour se satisfaire. Appliquer aux hommes assemblés ce qui est parfaitement vrai de l'homme isolé, voilà tout ce qu'a voulu Fourier.

Et cela peut expliquer une antinomie qu'on remarque quelquefois chez les libéraux passionnés quand ils ont de la profondeur d'esprit et de la logique. On s'est étonné, non sans raison, en dernière analyse, que Rousseau partit de la passion de la liberté pour aboutir au *Contrat social*, qu'il reprochât toute sa vie à la société d'avoir asservi et corrompu l'homme, pour aboutir, dans le *Contrat*, à mettre l'homme pieds et poings liés sous la domination de la société. Il y a contradiction en effet ; mais elle s'explique. Les libéraux intransigeants deviennent parfois des autoritaires absolus dans leurs conclusions, quand ils s'avisent *qu'en perfection* l'antinomie entre la liberté et l'autorité s'évanouit ; qu'il n'y a antinomie entre l'individualisme et la socialité que dans l'état imparfait, ébauché et barbare qui est celui où nous sommes ; que dans le souverain ordre, dans l'harmonie sans défaut, et la société sera réglée absolument, mathématiquement, minutieusement, comme un beau rythme, et l'homme parfaitement libre, et d'autant plus libre, n'y ayant rien comme le désordre pour nous entraver et nous gêner à chaque pas ; que dans l'amour, pour tout dire d'un mot, ordre et liberté seraient si concordants, si producteurs et générateurs l'un de l'autre, si parfaitement confondus par conséquent, que leurs noms mêmes disparaîtraient et n'auraient plus de sens, n'ayant de sens que par l'opposition des choses qu'ils désignent et que parce que les choses qu'ils désignent sont actuellement opposées. — Voilà peut-être pourquoi Rousseau, libéral intransigeant, se trouve être dans le *Contrat social* autoritaire absolu.

Seulement Rousseau fait appel à la force, à la force sociale, et à une force sociale terriblement organisée, pour maintenir cet ordre, qu'il veut ; et Fourier, encore moins pratique, mais plus logique, imagine qu'il n'y aura pas besoin de cette force-là, que de la liberté tendant à son but, l'ordre parfait, et se maintenant parfait, sortira tout seul ; que l'*harmonien* se soumettra à la réglementation la plus minutieuse que jamais cervelle de bureaucrate ait inventée, de lui-même et par sa nature ; ou plutôt qu'il ne s'y soumettra point, un tel mot n'ayant plus de sens, qu'il la créera de lui-même, d'instinct, de par son instinct harmonique, à tous les instants de sa vie ; et en cet état il est très vrai que la liberté créera de l'ordre et que l'ordre augmentera la somme de liberté de chacun, et que cette nouvelle liberté créera un ordre encore plus parfait, et indéfiniment, et que ce sera admirable.

Admirable en effet, et ce l'est déjà dans les livres de

Fourier. Encore une raison de la séduction qu'il a exercée sur un certain nombre d'esprits. Ce commis aux écritures est un poète, un poète un peu puéril, mais un poète. Cet homme qui fait des tableaux à l'encre rouge, fait aussi des tableaux de peintre, qui ne sont pas sans agrément. Il est joli, le monde qu'il trace : les enfants, par brigades et par escouades enrégimentés selon leur âge, cueillent des fleurs, font des bouquets, écossent des pois, ourlent des mouchoirs ; les femmes, en longues théories se répandent dans les vergers, cueillant des cerises, tressant des guirlandes : les hommes travaillent dans d'admirables ateliers avec la joie que donne le labeur facile, modéré, et varié. Et puis tout le monde est décoré : il n'est personne qui n'ait son signe distinctif, ruban, galon, pompon, panache, à commencer par les « chérubins » de trois ans, les « bambins » de quatre, et les « lutins » de six. — Et voici venir les bandes de voyageurs, « chevaliers errants » de l'exploration, la « bande rose » qui venant de Perse déploie caractère dramatique et « lyrique », la bande lilas, qui, venant du Japon, « déploie caractère poétique et littéraire ». Tout ce monde est gai, gracieux et voyant. Le culte de la sensualité et des verroteries y domine. Il a pour code le *Supplément au voyage de Bougainville ;* et en effet la persistance de la civilisation actuelle ne serait-elle pas une « inadvertance impardonnable, depuis la découverte d'Otahiti, dont les mœurs étaient un avertissement de la nature et devaient suggérer l'idée d'un ordre social qui pût réunir la grande industrie avec la liberté amoureuse ? »

Cette réunion précieuse sera réalisée en *Harmonie.* En combinant avec les plaisirs sensuels l'absence de

soins matériels dont les père et mère seront délivrés ;
le contentement des pères dégagés des frais de ménage,
éducation et dotation ; le contentement des femmes,
délivrées de l'ennuyeux ménage sans argent ; le contentement des enfants abandonnés à l'attraction, exci-
tés aux raffinements de plaisir même en gourmandise ;
enfin le contentement des riches tant par l'accroissement
de la fortune que par la disparition de tous les risques
et pièges dont un civilisé opulent est entouré ; l'*Harmonie* fera régner sur la terre le bonheur parfait, et en
même temps l'ordre méthodique, rigoureux, minutieux,
une exactitude d'horaire, un admirable mécanisme
administratif. Tous les meilleurs instincts de l'humanité
et pour mieux dire tous ses instincts devenus bons, ne
sont-ils pas satisfaits ? Liberté, exactitude et bien-être.
C'est le rêve d'un homme d'ordre ami des plaisirs.
C'est l'Arcadie d'un chef de bureau.

IV

Je ne ferai pas d'objections de mon cru à ce système.
Je relèverai seulement celles que lui-même Fourier
prévoit. Car il sait voir l'objection, et, quoique plein
de pitié pour ceux que la vérité n'éblouit pas du premier coup, il condescend à démontrer l'inanité des
difficultés qu'on soulève contre lui. On lui dit, et cela
est assez criant de soi-même pour qu'il entende :
« Mais vous changez la nature humaine ! » — Nullement, réplique-t-il, ma prétention est précisément de
n'y rien changer, et, au contraire, d'effacer les quelques
changements, superficiels, mais encore regrettables,
que le « moralisme » y a introduits. Je la laisse telle

qu'elle est, et je la rétablis telle qu'elle était primitivement. Je garde avec soin, avec respect et avec amour toutes les passions. « Je n'en change pas la nature, j'en change la marche. » Elles vont à la discorde, bataille en état de sauvagerie, concurrence et individualisme en état de civilisation ; en les combinant, je les dirige vers la concorde. Elles sont faites tout naturellement pour cela, pourvu qu'elles soient combinées.

A la vérité, Fourier en oublie au moins une qui, quelque « combinée » qu'elle puisse être, ne peut guère être ramenée à tendre à la concorde, et qui est l'instinct de combativité lui-même ; mais, bien entendu, les passions qui contrarient son système ne sont pas pour lui des passions naturelles et sont le produit factice de la civilisation corruptrice.

Soit ; mais toutes ces passions qui tendent vers l'ordre dès qu'elles sont combinées, comment les combinerez-vous ? — Rien de plus simple : il suffit d'« imprimer attraction ». Voyez un peu ce que fait Dieu. Quoi de plus répugnant que les soins à donner à un enfant de tout premier âge ? Que fait Dieu pour transformer en plaisir un soin si déplaisant ? « Il donne à la mère *attraction passionnée* pour ces travaux immondes », et le problème est résolu. Supposez maintenant un prince investi du pouvoir de distribuer attraction. « Il n'aurait besoin ni de tribunaux, ni d'armées pour faire exécuter ses décrets et soumettre le monde entier à son empire ; il lui suffirait de donner à tous les peuples attraction pour tel régime voulu par lui. »

— Donc, vous reconnaissez que c'est une force, et non seulement une force matérielle colossale, mais une force miraculeuse, qu'il faudrait pour donner attraction à tous les hommes à l'égard de choses qui ne les attirent point du tout, pour rendre le travail attrayant, la concorde facile, etc. — Mais non ! L'exemple suffirait. L'attraction universelle serait demain partout si elle était aujourd'hui quelque part. Les hommes « s'imprimeront attraction » par la contagion du bonheur. Qu'un phalanstère soit créé, il sera prouvé que les hommes n'ont qu'à s'entendre dans la recherche du bonheur pour le trouver ; et cette preuve faite, il n'est pas un être humain qui ne doive brûler de l'impatience de s'entendre avec les autres. C'est là le fort même de Fourier, l'argumentation centrale où il revient toujours. Elle consiste à donner pour cause ce qui est effet, à faire sortir de la réalisation de son système ce dont le système aurait besoin pour se réaliser. On lui dit : « Il faudrait changer les penchants humains pour établir l'harmonie » ; il répond : « L'harmonie changera les penchants humains ». — Mettez les enfants, tels que nous les voyons, tous ensemble : « Comme ils sont tous enclins au mal, et s'entraînent respectivement au mal », on ne fera rien de bon ; mais dès qu'ils auront été organisés en « séries passionnées », le système harmonien en fera des êtres capables d'harmonie. — Mettez ensemble les femmes par catégories d'âges, comme je le veux ; telles qu'elles sont, aucune ne voudra être « incorporée dans la tribu des femmes sur le retour » ; mais telles qu'elles seront dans le régime nouveau, elles s'accommoderont avec joie de cette classification. — Ainsi de suite. « Le régime sociétaire fait naitre une foule d'intérêts différents des nôtres. »

Autrement dit, notre système produira ce dont

il a besoin pour être fondé. Le monde se changera de lui-même dès qu'on lui aura fait subir tous les changements dont il a besoin pour se changer. Nous voilà dans le plus parfait cercle vicieux qui se puisse.

Fourier l'accepte. Aussi bien il y a cercle vicieux précisément parce que, en pareille matière (et il a raison), cause et effet se confondent et qu'il faudrait se défier d'un effet qui ne serait pas cause lui-même immédiatement, et d'une cause qui ne serait point effet ; car l'harmonie ou ne se fait point, ou se fait d'*ensemble*, par actions réciproques qui sont causes et effets à la fois l'une de l'autre.

Il est vrai ; mais encore faut-il bien commencer. Et comment commencera-t-on ? Il l'a dit : par un exemple. Qu'un groupe humain, point supérieur à la moyenne humaine, ayant les passions de l'humanité tout entière et se gardant bien de les abandonner, plus convaincu seulement que les autres du malheur attaché à l'individualisme, s'organise quelque part pour chercher uniquement son intérêt en commun ; il ne se passera pas dix ans que l'humanité tout entière n'ait reconnu que la tendance vraie de toutes ses passions va à faire exactement ce que ce groupe aura commencé de faire.

Cependant ce premier groupe même sera bien difficile à constituer. Ne remarquez-vous pas que deux ménages seulement ne peuvent pas parvenir à s'entendre et à mener paisiblement la vie collective? — Je le sais, répond Fourier, qui n'a pas accoutumé d'être embarrassé. Mais ce qui n'est pas possible pour deux familles l'est parfaitement pour cent cinquante. Il n'y a pas là d'*a fortiori*. Au contraire. Si l'on avait raisonné comme vous faites pour la découverte de l'Amérique, on ne l'aurait pas trouvée. Elle n'était pas à 100 lieues, elle n'était pas à 200 lieues, elle n'était pas à 300 lieues. Si l'on en avait conclu qu'à plus forte raison elle n'était pas à 1800 lieues, on aurait eu tort. Si même à 1800 lieues on ne l'eût pas trouvée, ce n'était pas une raison pour qu'elle ne fût pas à 2000. De même pour l'association. « Il est sans doute bien impossible d'associer 2, 3, 4 ménages et même 10 et même 42. On a conclu de là qu'il serait d'autant plus impossible d'en associer 2 ou 300. » C'est une erreur. Il faut continuer. « Il ne faut d'autre effort de génie que d'aller en avant », et l'on découvrira que c'est au minimum sur 100 familles qu'il faut faire l'expérience, laquelle est d'un succès certain. — L'argument semble peu concluant, et l'on ne voit pas trop la concorde, impossible dans de petites associations, naissant tout à coup dans de plus grandes, à une certaine limite fixe, comme une île sortant des flots.

Comme il était plus simple de dire que ce qui manque pour créer l'harmonie c'est la concorde elle-même, que ce qui manque pour créer la concorde c'est la concorde, et qu'en un mot ce qu'il faudrait donner aux hommes, c'est l'amour, et que s'ils l'avaient, tout le reste suivrait de soi-même ! Et comme, sans tant raffiner et distinguer, il fallait avouer que c'était bien, au fond, la nature humaine qu'on voulait changer ! Donner aux passions, non une autre nature, mais une autre marche, soyons donc francs, et disons que cela signifie donner aux passions humaines une autre nature. Un changement, et profond, dans la nature humaine, voilà ce qui est la condition nécessaire du système de Fourier et de tout système analogue.

Et il ne fallait pas avoir la fausse honte de se le dissimuler à soi-même. Changer la nature humaine, ce n'est pas une chimère. Toutes les religions et toutes les morales depuis qu'il y en a, n'ont pas eu d'autre but, et n'ont pas eu d'autre effet. L'homme les a créées tour à tour pour se changer, et il y a réussi. Il n'est pas le même qu'il était en sa nouveauté. Il s'est modifié. La civilisation n'est pas autre chose qu'un changement de sa nature. Il faut hardiment dire, quand on apporte une grande réforme, qu'on vient changer la nature humaine. Seulement cette hardiesse-là comporte toujours une grande humilité, parce que, quand on prend les choses ainsi, on sait parfaitement que le changement qu'on apporte ne peut être que très léger ; quand on sait que tout vrai progrès est un changement de la nature de l'homme, on sait par cela même que le progrès sera infiniment lent, parce que l'homme ne peut évidemment changer sa nature que par efforts énormes et par effets insensibles ; et on ne croit pas, comme Fourier, qu'il passera de l'état civilisé à l'état harmonien en un quart de siècle.

V

On voit que Fourier, successeur immédiat de Babeuf, et traçant, *dès 1808*, l'esquisse générale du système harmonien, est le vrai héritier de Jean-Jacques Rousseau, et le vrai ancêtre d'une partie au moins très considérable des collectivistes modernes. Comme Rousseau, il croit fermement que la civilisation s'est trompée et qu'il faut retourner, sinon à un « état primitif » antérieur, du moins à un *plan* primitif qui était celui de Dieu et dont l'humanité a eu le tort de s'écarter. Il n'y pas eu un « état de nature » dont on a perdu le secret ; mais il y avait un état naturel qu'on n'a pas su comprendre, un « ordre social préétabli » concordant à la nature de l'homme, pour lequel nos passions ont été faites, dans lequel elles s'harmonisent de tous points, hors duquel elles sont forcément en discordance ; et c'est cet ordre qu'il s'agit de retrouver. Et la première chose à faire pour cela, c'est de renoncer à la civilisation tout entière, qui offusque cet ordre naturel et nous empêche de le voir. « On a étouffé la voix de quelques hommes qui inclinaient à la sincérité, tels que Hobbes et Rousseau, et qui entrevoyaient dans la civilisation un renversement des vues de la Nature, un développement de tous les vices. » Il faut reprendre leurs théories et les pousser jusqu'à leurs vraies conséquences. Fourier a très bien compris que Rousseau contient en germe non seulement une révolution sociale, mais un revirement humain ; que si l'homme, né bon, a été dépravé par la société ; né libre, est partout dans les fers ; c'est la civilisation qu'il faut supprimer et avec elle la morale pénétrée de son esprit et qui est la même en ses traits généraux depuis que la civilisation existe ; qu'il faut, Rousseau dit revenir, Fourier dit s'accommoder une première fois à un état naturel ; et que cet état c'est la liberté des instincts, créant spontanément, puisque l'homme est bon, la concorde, la solidarité et le bonheur. Fourier, c'est Rousseau plus clair, plus cru, et sans contradiction.

Il est le père des collectivistes, en ce que les résultats, séduisants pour la plupart, qu'il voyait au bout de son système, les collectivistes les souhaitent, les admirent, font remarquer comme ils sont beaux, et proposent tous les moyens possibles d'y atteindre, sauf, il est vrai, celui de Fourier. Ils disent comme lui : point de commerce, point de parasites, exploitation en commun du sol pour lui faire rendre cent fois plus de bien-être. Seulement ils ne comptent pas sur la liberté et l'harmonie des passions livrées à elles-mêmes et sachant se combiner, pour arriver à ces résultats. Ils veulent qu'ils soient atteints par une organisation que la loi réglera ; ils veulent recourir à la force sociale pour imposer l'ordre nouveau, pour mettre l'harmonie à la place de l'incohérence, pour « imprimer attraction ». Au lieu de détruire la civilisation, ils veulent profiter de son principal effet, l'énorme force sociale, centrale, emmagasinée dans les États modernes, pour créer l'ordre économique qu'ils estiment rationnel.

Sur ce point c'est peut-être Fourier qui a raison contre eux. La collectivité vraiment féconde, il est très vrai, comme il l'a vu, que ce serait une collectivité libre, voulue de tout cœur à tout instant par tous ceux qui y participeraient, une collectivité qui ne serait créée que par la passion qu'aurait tout le monde de vivre collectivement. La vraie collectivité, c'est le dévouement. La collectivité imposée par la force sociale serait viable, je le crois ; mais si languissante, si absolument indifférente à tous ceux qui en feraient partie, si complètement (ou presque) composée de gens qui, ne tenant guère à faire quelque chose pour elle, et ne pouvant rien faire pour soi, feraient très peu ; que, organisée pour faire sans effort dix fois plus de travail utile qu'il ne s'en fait aujourd'hui, elle en ferait dix fois moins ; ou qu'il faudrait pour lui donner une activité, encore nonchalante, une force gouvernementale au prix de laquelle les plus épouvantables tyrannies orientales

paraîtraient des bergeries. — Fourier a donc bien raison
de ne pas songer à une collectivité qui serait établie de
par la loi civile, qui serait établie par la civilisation ; et
de croire *que la civilisation n'en serait pas capable*. Il a
bien raison de ne vouloir que de celle qui aurait à sa
base la liberté, comme moyen l'amour.

Seulement celle-ci peut être tenue pour un peu chimérique. De ses deux éléments, l'un est impuissant,
l'autre trop rare. La liberté n'est pas féconde, la liberté
n'est pas une force. Elle est une condition d'existence
de certaines forces ; elle est un état, soit état d'esprit, soit
état social, où certaines forces, comme précisément
l'amour, la charité, etc., peuvent plus aisément agir ;
mais elle n'est pas une force par elle-même ; elle ne
crée rien ; elle ne tend à rien créer ; elle est simplement le plaisir que sent un être à savoir qu'il *peut*
agir à son gré ; mais elle n'entraîne, surtout elle n'est
par elle-même, aucune activité ; elle est, comme Auguste Comte aime à le répéter, d'essence négative.

Quant à l'amour, il est fécond, sans doute, et infiniment. Mais il est en trop petite quantité dans l'humanité pour la gouverner jamais tout entière. Il fait ici et
là de belles choses ; il n'est pas à croire qu'il enflamme
jamais tout le genre humain de manière à le faire vivre
tout entier chacun pour tous. Ce qui trompe les uto-
pistes sur ce point, c'est l'intérêt évident, éclatant,
que l'humanité aurait à ce qu'il en fût ainsi. Si l'intérêt des hommes est d'accord avec une au moins, et
importante, de leurs passions ; si l'intérêt personnel et
l'altruisme concourent, pour peu qu'ils voient clair, à
désirer que l'humanité vive d'*ensemble*, sans guerre,
sans rivalité et sans concurrences, comment se fait-il
qu'il soit si difficile d'établir cet état d'accord général ?

Il est trop naturel pour qu'il ne soit pas destiné à naître très prochainement ; et les candides croient toujours qu'il va naître demain. Mais que l'harmonie soit l'intérêt le plus évident de l'humanité et que l'altruisme désire passionnément l'harmonie, cela n'est pas encore une raison pour que celle-ci s'établisse. *On se trompe quand on croit que l'humanité désire le bonheur.* Elle désire, ce qui n'est pas la même chose, vivre selon sa nature, et sa nature n'est pas de vivre d'accord. L'instinct de la lutte est peut-être son instinct le plus fort, et en tous cas, un instinct si puissant en elle qu'il y a à parier qu'il l'empêchera toujours et de céder aux impulsions altruistes, et même de voir son intérêt vrai. C'est une analyse exacte de l'idée du bonheur qui manque à ceux qui rêvent le bonheur de l'humanité dans la concorde. L'homme ne se croit pas heureux quand il l'est autant qu'un autre, mais quand il l'est plus. Il ne sent son bonheur que relativement ; il ne le sent que par comparaison avec le bonheur moindre des autres. De la sorte, ce n'est pas son bonheur que désire l'homme, c'est le malheur d'autrui ; ou, tout au moins, ce n'est pas dans une égalité entre son bonheur et celui d'autrui qu'il peut sentir le sien, par conséquent le voir, par conséquent le désirer.

Voilà pourquoi l'humanité ne désire pas réellement la concorde. Elle la désire quelquefois, par lassitude ; elle la désire même constamment, un peu, par bonté, car elle ne laisse pas d'être bonne ; par vue confuse de son intérêt vrai, car elle ne laisse pas d'être intelligente ; mais à la fois constamment et vivement, ce qu'il faudrait pour que l'amour créât quelque chose, non !

C'est pour cela que l'amour n'a rien fondé, rien vraiment. Les seules organisations relativement har moniques que l'humanité ait établies, ce sont les patries. Or elles n'ont pas été établies par l'amour et ne se maintiennent pas par l'amour. Elles ont été établies par la force; elles sont des résultats de la lutte des hommes les uns contre les autres pour la domination et la richesse. Elles se maintiennent par le patriotisme; mais le patriotisme n'est pas amour; il est, selon les époques, instinct de défense contre l'étranger, ou orgueil d'être plus grand et plus puissant que l'étranger. Là aussi les hommes se sentent heureux par comparaison, fiers d'appartenir à un grand peuple, désireux de l'agrandir encore : le patriotisme est une forme de l'instinct de lutte et non de l'instinct d'amour. Il est probablement naïf de faire remarquer que sans l'étranger le patriotisme n'existerait pas. Or l'humanitarisme, ce serait précisément un patriotisme sans étranger. Il n'aurait pas de fondement, ou un fondement extrêmement incertain, dans le cœur de l'homme. Si l'humanité, un jour, ne formait qu'une grande famille, il arriverait très probablement une chose très contraire aux intentions de ceux qui auraient réalisé cette belle œuvre : l'individualisme renaîtrait plus dominateur qu'il n'aurait jamais été, parce que, n'ayant plus à la fois un dérivatif et un correctif dans le patriotisme, il se ramènerait à lui-même, et revivrait en toute sa pureté. L'homme ne s'aimant plus dans sa patrie, ne s'aimant plus dans la haine ou le mépris de l'étranger, et prié d'aimer l'humanité, en reviendrait à n'aimer que soi, très exactement. On n'y aurait rien gagné; on y aurait perdu cette transformation de l'égoïsme personnel en égoïsme collectif qui s'appelle le patriotisme.

Si l'on songe aux organisations religieuses, je prierai

qu'on remarque qu'elles ont été fondées en effet par un instinct d'amour, mais que cet instinct n'a pas suffi à les soutenir, et que, donc, il en est le point de départ, mais non pas le fondement. Les associations religieuses se sont formées en haine de l'individualisme et par besoin d'abnégation personnelle et de dévouement. Mais si elles ont persisté, c'est parce que très vite s'est introduit chez elles et très fortement s'y est développé l'esprit de corps, c'est-à-dire orgueil collectif, sentiment collectif de domination, sentiment collectif d'ambition, etc.; en un mot, un patriotisme de corporation. Dans ce cas, l'association subsiste comme la patrie subsiste, nullement par l'effet de l'amour, mais par l'effet d'un certain nombre de sentiments qui ne sont, comme le patriotisme, qu'un égoïsme élargi.

L'histoire morale de l'humanité présente toujours, périodiquement, ce spectacle. Un homme se lève, profondément, passionnément pénétré de l'amour des hommes ; car je n'ai pas dit que ce sentiment n'existât jamais ; il convie les hommes à s'aimer ; s'il est un grand remueur d'âmes, s'il est persécuté et si les circonstances le favorisent, car il faut tout cela, il est écouté ; il fonde une religion ; cette religion enseigne l'amour et le sacrifice ; la plupart des hommes ne s'aiment et ne se sacrifient ni plus ni moins ; quelques-uns, plus émus de la parole du maître, fondent des institutions où l'amour et l'abnégation sont la règle et sont pratiqués ; mais ces institutions ne vivent qu'à la condition qu'à cet esprit d'amour s'ajoutent les mobiles, élevés encore, mais ordinaires, de l'activité humaine, et ces mobiles se ramènent tous en leur principe à l'instinct de lutte qui n'est pas précisément esprit d'amour.

Si un jour, par miracle, l'humanité tout entière était

une de ces institutions (ce qui est précisément ce que veulent nos rêveurs), l'esprit de lutte n'ayant plus de matière, l'institution n'aurait plus son principe vital, et périrait en quelques jours, et l'humanité redeviendrait ce qu'elle était auparavant. Le patriotisme, l'esprit de corporation, l'esprit de caste sont probablement les formes les plus pures où l'égoïsme, soutenu du reste par un certain contingent d'esprit d'amour, puisse s'élever. Passé cette limite, il retombe tout simplement sur lui-même.

La collectivité universelle est donc une pure chimère ; comme le collectivisme national, qui n'est pas une chimère, est un leurre, parce qu'il produirait moins de travail utile que la concurrence. Surtout la collectivité universelle de Fourier est précisément chimérique parce que ce n'est pas même sur l'amour qu'il la fonde, mais sur un peu d'amour et beaucoup d'intérêt bien entendu, et que jamais l'homme ne met son intérêt dans un bonheur partagé, dans un bonheur sien, égal à celui des autres.

Telle est la nature humaine, et, comme je l'ai dit plus haut, il faudrait la changer ; et précisément il faut la changer. C'est l'office du moraliste et ç'a été fait, bien entendu, très lentement. Ce n'est qu'une raison d'essayer de le faire sans cesse. C'est ici qu'un des raisonnements de Fourier revient, et, appliqué à ce nouvel objet, est acceptable : l'Amérique n'était pas à 200 lieues, ce n'était pas une raison pour qu'elle ne fût pas à 1800. Un changement profond de la nature humaine ne s'est pas encore produit en dix mille ans, ce n'est pas une raison pour qu'il ne soit pas possible en vingt mille, d'autant qu'il y a eu déjà un changement au moins appréciable.

Quant à la partie matérielle des idées de Fourier, malgré leur exagération et malgré les imaginations enfantines dont il les enveloppe, remarquez bien que c'est la plus sérieuse. L'ineptie du travail morcelé, la fécondité de l'association, la puissance de la grande exploitation combinée, sont des vérités. Ce sont des idées vraies parce que ce sont des faits, qui, lorsque Fourier écrivait, commencent déjà à s'accomplir. Nos idées vraies sont toujours des faits, que nous apercevons un peu avant les autres et que nous avons l'air de créer parce que nous les avons pressenties ; ce ne sont pas les idées qui gouvernent le monde, ce sont les faits ; seulement dès qu'un fait, ayant été aperçu par quelqu'un, est devenu une idée, l'idée lui donne une nouvelle force et il va plus vite. L'idée du travail combiné, de l'exploitation par vaste entreprise, l'idée même de la suppression du commerce, étaient, au commencement de ce siècle, des faits en train de se produire. Ils sont les effets de la concurrence elle-même et de la facilité des communications. Pour produire à meilleur marché il faut exploiter la matière par vaste entreprise et combiner en vue d'un seul objet les travaux de milliers d'individus ; voilà ce que la concurrence elle-même apprend au producteur ; et ce travail combiné est possible dès que les communications sont plus faciles, dès que les hommes, se touchant de plus près, se réunissent plus aisément.

De même le commerce, l'intermédiaire entre le producteur et le consommateur, n'a pas besoin d'être représenté par des milliers de petits marchands isolés dès que les communications sont faciles et les transports à peu de frais. Il n'est aucun besoin de dix mille marchands de drap en France, mais de deux ou trois, si l'on a à Perpignan le drap qu'on désire par retour du courrier de Paris. Les deux ou trois marchands de Paris peuvent donner à meilleur marché le drap, qui, du producteur au consommateur, n'aura pas passé par vingt intermédiaires vivant de son passage entre leurs mains. La facilité des transports et des communications, si favorables en apparence au commerce, est donc sa ruine. Elle le concentre en un si petit nombre de mains qu'elle le supprime presque. A mesure qu'il s'organise mieux, le commerce tend à sa suppression ; par son perfectionnement il tend à la mort. Ce qui était jadis une classe immense de la nation n'est plus qu'une portion minime de la population. Autrefois une armée de petits patrons ; maintenant un très petit nombre de patrons, chacun aidé d'une foule de petits employés ; la *classe marchande* a disparu. Les causes de ce fait sont la suppression des douanes intérieures, et les routes meilleures et plus nombreuses, en attendant les chemins de fer et le télégraphe.

Ce fait existait donc déjà quand Fourier commençait à écrire, et il n'a fait que le voir, en pressentir l'évolution et l'exagérer. Le commerce ne disparaîtra pas, probablement, et c'est à souhaiter ; car l'État marchand, dernier terme de l'évolution dont nous parlons, aurait des inconvénients extrêmes ; mais il se concentrera de plus en plus, de manière à n'occuper qu'un nombre infime de patrons et même un nombre relativement petit d'employés. Rien n'est plus à désirer ; car il est très vrai qu'il vaut mieux moins d'hommes occupés à l'échange et plus d'hommes occupés à la production, à l'exploitation de la matière. Tant que la terre ne sera pas toute exploitée, il n'y a aucun danger à ce que cette dernière classe augmente en nombre et à ce que les autres diminuent.

Quelques idées justes, toujours exagérées, des chimères créées par la plus fougueuse imagination optimiste que je sache, aidée d'une ignorance touchante de la nature humaine, voilà l'idée d'ensemble que nous laisse ce Charles Fourier, qui, du reste, est amusant.

Il est très utile à connaître pour entendre mieux Rousseau et tout ce que Rousseau contenait. La parodie n'est pas toujours inutile comme commentaire de l'ouvrage, surtout lorsqu'elle est involontaire. Fourier est encore très utile à connaître pour voir les origines confuses du collectivisme moderne. A ces deux titres il est comme un anneau dans la chaîne entre le XVIII° siècle et le XIX° ; et, en tout cas, il est une date importante dans l'histoire intellectuelle et morale de ces deux âges.

LAMENNAIS

Il y a des hommes qui sont beaux, et intéressants, et instructifs par l'unité de leur doctrine, par la force, et de caractère, et d'intelligence générale et de logique, qui leur sert à embrasser un grand système d'idées, à le maîtriser et à y faire entrer toutes les idées secondaires que leurs réflexions ou les circonstances font comparaître devant leur esprit. — Il en est d'autres qui sont intéressants par les variations de leur pensée, sitôt qu'on a reconnu qu'elles ne sont pas les vains caprices de l'impuissance, mais d'une part le développement, imprévu d'eux-mêmes, logique cependant, d'une pensée qui vit, se meut et se transforme ; d'autre part l'effet de l'influence qu'a la pensée générale sur une pensée individuelle. — Dans ce cas, et considérées à l'un ou l'autre de ces deux points de vue, transformées ou se transformant, la pensée et l'œuvre d'un homme deviennent, pour prendre les expressions mêmes de Lamennais, des « mémoires pour servir à l'histoire de la pensée humaine ». Elles nous montrent en un seul homme ce qui arrive si souvent dans l'histoire de l'humanité : une doctrine, de démarches en démarches, toutes logiques, ou au moins ayant toutes leurs profondes raisons d'être, aboutissant à son contraire. —

C'est un spectacle, intéressant, d'abord en soi, instructif ensuite au plus haut point, s'il est vrai qu'un des objets essentiels de l'esprit humain soit lui-même, et qu'un de ses devoirs soit de se bien connaître, à savoir comment il procède, comment il végète selon sa nature et selon les circonstances, comment il accomplit ses évolutions spontanées ou involontaires.

Et personne plus que Lamennais ne nous a donné, en détail et comme minutieusement, un de ces spectacles-là.

I

C'était une âme très pure et très noble, aussi éloignée des préoccupations intéressées et des voies du siècle qu'il soit possible, candide, crédule et naïve, simple et sans prétention, très aimante, constante et délicieusement expansive dans ses affections, comme on le voit par sa correspondance ; aimant à être aimée, en ayant même un insatiable besoin, et dans le dernier degré de la stupéfaction quand elle ne rencontrait pas la sympathie qu'elle s'assurait qui lui était due. Scherer n'a pas eu tort de dire : « Il y a du Rousseau dans cet homme-là. »

De tels hommes paraissent toujours méchants, ce qu'ils ne sont aucunement, et ce dont ils sont le contraire. C'est qu'il est rare qu'ils ne soient pas irritables. Leur candeur est pour eux une source perpétuelle de déceptions, et leur besoin d'aimer une occasion d'incessantes meurtrissures, et, parce qu'ils s'aigrissent, ils ont l'air d'être nés aigris. Lamennais fut irritable d'assez bonne heure, et les luttes qu'il eut à subir en firent l'éternel exaspéré que l'on connaît. Notons du reste qu'il avait peut-être l'esprit naturellement satirique, ce qui est un commencement. C'est dans ses premières œuvres qu'on lit ce petit portrait, à la La Bruyère : « C'est bien le meilleur homme du monde que Physcon ; il n'a rien à lui, pas même sa conscience : tout est à ses amis et il a constamment eu le bonheur de compter parmi eux tous les gens au pouvoir. On le trouve dans leur cabinet, à leur table, d'où il sort le dernier, plein d'admirations pour ce qu'ils ont dit et pour ce qu'ils diront. Ce n'est pas qu'il soit flatteur, Dieu l'en garde ! Il hasardera même de montrer une opinion, ne fût-ce que pour l'abandonner ensuite à propos. Un « *je me trompais* » a souvent tant de grâce et peut conduire un homme si loin ! Ne croyez pas cependant que Physcon désire les emplois ; seulement il les accepte ; car enfin l'on doit se rendre utile... Membre d'une assemblée politique, il s'approche modestement du régulateur de sa raison législative : « Monseigneur, qu'est-ce qui est vrai aujourd'hui ? » Monseigneur le lui dit, et le voilà tranquille... »

Mais les deux traits essentiels de Lamennais, c'est qu'il était né Breton et orateur. — Le Breton est entêté, quand il n'est pas mêlé de Gascon, quand il est de race pure et intacte. On dit, pour se moquer de la théorie de la race, qu'il n'y a pas de ressemblances très saisissables entre Lesage, Duclos et Chateaubriand, et il faut confesser qu'on a raison. Cependant pour ce qui est de l'obstination, et de cela seul, remarquez que Chateaubriand, Duclos et Lesage ne sont pas sans se ressembler beaucoup. Les théories sont justes à les réduire à un minimum raisonnable. Lamennais était aussi entêté que possible, acharné dans la dispute, et d'une intrépidité de confiance en son opinion, que nul grain d'ironie ou de scepticisme appliqué à soi-même, ce qui veut peut-être dire de modestie, n'atténua jamais.

Et en même temps, il était né orateur, la plume à la main surtout, mais même quand il parlait. L'éloquence, qui, sans être précisément un défaut, est un des plus grands dangers qu'un homme puisse porter avec soi ; elle a des suites graves chez les entêtés. Le propre de l'orateur étant de croire invinciblement ce qu'il dit, à la différence des hommes du commun, qui disent ce qu'ils croient ; étant de faire une phrase d'abord et d'y adhérer ensuite, et de faire un discours et d'y attacher ensuite une croyance ; les magnifiques entraînements du tempérament oratoire chez un homme entêté lui donnent des entêtements successifs et des obstinations contradictoires.

Ils font plus : ils persuadent à l'homme aussi obstiné qu'éloquent et aussi éloquent qu'obstiné, que son entêtement d'hier est au fond exactement le même que son entêtement d'aujourd'hui, et pour peu que ce soit un peu vrai, comme ce l'est presque toujours, renforcent en lui l'obstination et l'intempérance dogmatique.

Et tel fut, en effet, Lamennais, dogmatique acharné de dogmes différents, trouvant dans son ardeur un moyen de ne pas apercevoir ces différences, et dans son éloquence un moyen de les voiler aux autres et à lui-même ; devenant ainsi, ce qui est un des états les plus curieux et les plus graves de l'esprit humain, très fréquent du reste, un sophiste sincère, le plus profondément sincère des sophistes, sophiste cependant, sans s'en être jamais douté et avec la plus grande horreur du sophisme, presque autant qu'on peut l'être ici-bas.

Ajoutez à cela une imagination très forte et très

sombre ; non point du tout cette imagination souple,
alerte et compréhensive de Chateaubriand, mélancolique au fond, mais capable d'embrasser et de refléter
et de créer tous les genres possibles de beauté ; mais
une imagination d'homme du Nord, très volontiers
amoureuse du funèbre, du lugubre, du macabre et
même de l'horrible, imagination de visionnaire échauffé
et bilieux, tout à fait dans le goût du premier romantisme, celui de 1825, et qui devait en rester à cette
mode et même l'accuser de plus en plus, parce que
pour Lamennais ce n'était nullement une mode, mais un
trait de sa complexion même. Ce trait, sans être sail-
lant encore, se distingue très bien dès le temps de sa
première manière. Voyez dans l'*Essai sur l'Indifférence*
ce tableau de l'Europe : «... Dans cette vieille terre de la
civilisation a succédé soudain une mobilité effrayante...;
cette même Europe est devenue comme une grande succession que des héritiers avides se disputent les armes
à la main, qu'ils dévastent, qu'ils déchirent, et dont ils
ensanglantent les lambeaux... »

Voyez cette page, très belle du reste, des *Réflexions
sur l'état de l'Église en France :* « Le dirai-je ? me par-
donnera-t-on de le rappeler ce cri, cet épouvantable cri :
Écrasons l'Infâme !... Grand Dieu ! Cette religion à qui
l'Europe doit ses lois, ses mœurs, sa civilisation ; cette
religion qui a aboli parmi nous l'esclavage, l'infanticide,
les sacrifices humains !... Ah ! je le dis à mon tour, je
le dis aux gouvernements instruits par l'expérience :
Écrasez l'Infâme ! écrasez cette philosophie destructive
qui a ravagé la France, qui ravagerait le monde
entier, si l'on n'arrêtait enfin ses progrès. Encore une
fois *Écrasez l'Infâme !* »

Ce n'est encore que de l'éloquence ; mais déjà l'imagination fougueuse se donne carrière, et déjà le tableau aux couleurs sombres et aux taches sanglantes commence à paraitre. Il ne faudra qu'un ébranlement nerveux de plus pour que le poète visionnaire, le mage ou le prophète d'Israël sorte brusquement du prêtre catholique où il était encore contenu et à demi réprimé.

Tel était le tempérament, le fond même de l'âme. Quelles étaient les tendances d'esprit ?

Né catholique, élevé chrétiennement, dans la province de France la plus chrétienne, ayant reçu la prêtrise sans enthousiasme, avec hésitation même et je ne sais quel pressentiment sourd où il eût été à souhaiter qu'il vît un avertissement, mais avec pleine sincérité cependant et conviction ; ce qu'il eut comme faculté maîtresse de son esprit fut un besoin profond, qui resta toujours invincible, de certitude absolue. Le doute est pour Lamennais une privation d'air respirable. Lamennais est croyant comme il est vivant et veut croire comme il veut vivre, et même beaucoup plus. Au fait, pour la plupart des hommes, la foi, de quelque sorte qu'elle soit, le besoin de certitude, soit religieuse, soit philosophique, soit scientifique, sur l'ensemble des choses, est une forme du vouloir vivre. Nous avons une certitude ou nous voulons en avoir une, parce que le doute est insupportable ; mais pourquoi le doute est-il insupportable ? Parce que l'homme a peur de mourir. Or il sent qu'il mourrait, si, très nettement à ses yeux, avec une pleine évidence, sa vie n'avait pas de but, par conséquent pas de règle, pas de loi, pas de direction. Elle serait une agitation si vaine dans le vide qu'elle lui semblerait un néant, qu'il paraîtrait à lui-même comme un pur rien, que sa volonté s'éteindrait, et avec sa volonté son existence même. — Et ce but, cette direction et cette règle, il est bien certain qu'il ne peut les trouver que dans une conception générale de tout l'univers, car il en dépend comme partie d'un tout, rouage de la grande machine, cellule du grand végétal, et, puisqu'il traverse l'univers, pour y avoir un but et une route, il faut qu'il sache ce que c'est que l'univers. De là ce besoin de certitude aussi fort que le besoin de vivre parce qu'il n'est pas, au fond, autre chose. Les hommes, en très petit nombre, n'y échappent que par le divertissement, toujours insuffisant, de quelque rare et haute qualité qu'il soit ; ou par certains biais, certains expédients, de peu d'efficace encore, qui consistent à se donner des buts rapprochés, des buts relatifs : en réalité des buts factices, qui trompent l'activité et qui l'amusent plus qu'ils ne la satisfont, mais qui au moins l'exercent. — Mais l'immense majorité des hommes, plus ou moins sourdement, a bien ce besoin de certitude générale qui n'est qu'une forme de leur besoin d'exister et de persévérer dans l'être.

Nul ne l'a eu plus fortement que Lamennais. Le doute l'épouvante comme une maladie mortelle : « Le pyrrhonisme parfait, s'il était possible d'y arriver, ne serait qu'une parfaite folie, une maladie destructive de l'espèce humaine. » Il a sur ce point de ces ravissements naïfs, dont la naïveté même prouve la conviction profonde de l'auteur, révèle le fond irréductible de sa nature morale : « Ce que la raison générale de l'humanité atteste être vrai est nécessairement vrai, et ce qu'elle atteste être faux est nécessairement faux ; autrement il n'existerait ni vérité, ni erreur pour l'homme. » — Autrement il n'existerait ni vérité, ni erreur, ce qui, bien entendu, est impossible, est l'impossible, l'absurdité devant laquelle on recule, la conclusion folle qu'il suffit d'énoncer pour faire accepter toute autre plutôt qu'elle.

Il raisonnait ainsi au début, dans son *Essai sur l'Indifférence* ; il ne raisonnera pas autrement à la fin, dans son *Esquisse d'une philosophie* : « Si le vrai n'était que relatif, n'était que l'acquiescement de la raison individuelle à ce qui lui paraît vrai, il n'y aurait (ce qui évidemment ne se peut pas), il n'y aurait plus rien de vrai ni de faux d'une manière immuable et universelle. »

Non seulement Lamennais est plein de ce sentiment de l'impossibilité du doute ; mais il en fait l'analyse avec beaucoup de sûreté et de pénétration. Il y rattache l'horreur même, l'horreur apparente, des hommes pour la vérité. Nous avons tous remarqué que les hommes qui ont une conviction et même une demi-conviction n'aiment point discuter ni qu'on discute devant eux. Qu'ont-ils à craindre cependant ? Que redoutent-ils, sinon la vérité qui peut sortir de la discussion ? Ils ont donc crainte et horreur de la vérité ? Non pas précisément. Ils ont peur, une fois ébranlés dans leur créance, et ne partageant pas encore celle de leur interlocuteur, une fois placés entre deux doctrines, l'une, la leur, exténuée, l'autre mal connue d'eux encore et où ils ne seront pas entrés pleinement, d'être dans cet état de doute qu'ils sentent à l'avance qui leur sera insupportable. — Ils ont peur, ajouterai-je, que la discussion de demain s'ajoutant à la discussion d'aujourd'hui, ils ne finissent par être placés, non entre deux doctrines, mais entre cent, ce qui leur paraît un état d'angoisse mortelle; ils ont peur que la recherche ne conduise qu'à la recherche, ce qui n'est pas loin d'être probable, et l'examen à l'examen, et le tout à l'incertitude, ce dont ils ne veulent absolument point. Il y a des religions qui sont fondées sur cette seule maxime : « On n'examinera plus. On ne recherchera plus la vérité. Il sera entendu qu'on la possède. » Elles répondent à un des instincts, à un des besoins les plus profonds de l'humanité. L'homme a l'air de redouter la vérité ; il redoute la perte de la certitude. Son horreur de la vérité n'est que l'horreur du scepticisme.

Cette horreur, personne ne l'a eue plus que Lamennais. Aussi fut-il toujours croyant. Il le fut de différentes manières, mais il le fut toujours. Ni le « pur pyrrhonisme », bien entendu ; — ni le demi-pyrrhonisme qui fait au doute « sa part », et qui la fait immense, mais qui estime qu'il y a des vérités relatives, des vérités prochaines, se rapportant à l'homme et à l'homme seul, bonnes pour lui, suffisamment certaines pour son usage et suffisant à le conduire, et qu'il peut tirer de l'étude de lui-même et de son histoire ; — ni le scepticisme progressiste, si je puis dire, le scepticisme mêlé de l'idée du progrès, qui suppose que la vérité n'existe pas, mais qu'elle devient, qu'elle se fait, que nous la faisons peu à peu, qu'elle existera peut-être un jour et que nous en jouissons, à l'aider à être, beaucoup plus, peut-être, que nous n'en jouirions à la posséder ; — aucune forme du scepticisme ne l'a jamais atteint, ni peut-être même effleuré. La vérité est toujours devant lui, pleine et éclatante, en lui pleine et jaillissante ; et elle est ce qu'il croit pour le moment et ce qu'il croit toujours comme s'il l'avait toujours cru, et ce qu'il est sûr d'avoir cru toujours.

Ce n'est pas orgueil ; ou ce n'est pas seulement orgueil ; c'est amour de la certitude devenu certitude même. Il est impossible que ce qu'on aime tant ne soit pas le vrai. Il a quelque part un mot profond, digne de

Pascal : « La vie est une sorte de mystère triste, dont la foi a le secret ». — Mystère et tristesse, c'est bien ce qu'il a vu dans la vie, seulement mystère et tristesse que le doute redoublerait, que la foi dissipe, une foi, celle de l'Église d'abord, celle de Lamennais ensuite, mais une foi toujours, une affirmation ardente, entêtée et fougueuse, seule capable, même orageuse, et si mêlée de tempêtes et si douloureuse qu'elle puisse être, d'arracher l'âme au tourment morne, à l'anxiété silencieuse, à l'effroi dans la nuit, où nous plongerait, où nous retiendrait l'incertitude.

De tout cela s'est formé d'abord un théocrate intransigeant, qui ne différait de De Maistre et de De Bonald que par la rigueur de logique qu'ils avaient et qu'il n'avait pas, et par la puissance d'éloquence que déjà il avait plus qu'eux. Dans cet *Essai sur l'Indifférence*, toutes les idées chères et familières à De Maistre et à De Bonald, et qu'il ne leur empruntait pas, écrivant en même temps qu'eux, se retrouvent à toutes les pages. Unité, continuité, signes, d'une part, de vérité dans une institution religieuse, comme aussi dans une institution politique ; nécessités, d'autre part, de tout établissement destiné à assurer le bonheur des hommes ; horreur de l'individualisme, besoin de ramasser, de contracter autour d'une idée et dans une discipline morale unique l'humanité qui se disperse et se dissémine comme en poussière ; ces idées, il faut bien savoir que, très éloignés les uns des autres, De Maistre, De Bonald et Lamennais les ont eues ensemble. Elles sont chez les trois grands catholiques le résultat naturel de leurs réflexions sur le XVIII° siècle et sur la Révolution française. Il y a, de 1810 à 1830 (De Maistre est mort en 1821 ; mais c'est à partir de sa mort que ses grands ouvrages ont été répandus), comme un triumvirat de philosophie catholique, dont les membres ne se voient point ou ne se voient guère, mais dont les manifestes et les actes sont presque en parfait accord.

Le rêve de Lamennais, comme de De Bonald et comme de De Maistre, c'est bien la domination universelle du catholicisme, et ses haines sont bien les mêmes ; surtout elles sont les mêmes que celles de Joseph de Maistre. Il déteste le protestantisme, le gallicanisme et le libéralisme, c'est-à-dire tout ce qui, en détachant les hommes de Rome, les détache les uns des autres, brise le lien, dissout la communauté, disperse la cité de Dieu, c'est-à-dire la cité humaine, n'y ayant de cité humaine que dans la cité divine. Le protestantisme a prouvé qu'il n'était en son fond que l'individualisme, que le désir de penser librement, c'est-à-dire, au vrai, le désir de ne pas penser comme son voisin. Le protestantisme fait appel à l'inspiration personnelle, compte sur elle et se confie à elle. Qu'est-ce que l'inspiration personnelle ? Quelle preuve a-t-elle de sa légitimité ? « La persuasion la plus invincible qu'on est réellement inspiré ne prouve rien, puisque tous les enthousiasmes ont cette persuasion. » L'inspiration vraie est une inspiration sociale, en quelque sorte ; la certitude, si elle est quelque part, doit être « dans la société, dépositaire des vérités que l'homme reçut de Dieu à l'origine. » — Inspiration particulière, sentiment religieux personnel, ce ne sont là que des synonymes de l'orgueil et de l'aberration. Le protestant est un fou qui commence, comme le déiste est un homme qui ne vit pas assez longtemps pour devenir athée. Car le fou, le maniaque, le monomane, n'est pas autre chose qu'un homme qui, contre le sentiment de tous les autres, affirme une opinion que tout le monde repousse, en prétendant qu'il suffit qu'il l'ait pour qu'elle soit vraie, et la chérit d'autant plus que tout le monde la conteste. Rousseau est un beau cas : « Quand tous les philosophes *prouveraient* que j'ai tort, si vous *sentez* que j'ai raison, n'en demandez pas davantage. » Il est sur la pente ; il va dire tout à l'heure : Quand tous les hommes prouveraient que j'ai tort, si je sens que j'ai raison je n'en veux pas plus. — Et c'est bien à peu près à cet état d'esprit qu'il est arrivé. Le sens propre, quand il s'exalte, en arrive toujours là, et il arrive rarement qu'il ne s'exalte pas.

Il est amusant, ou il est triste, selon l'humeur dont on est, de voir un homme raconter ainsi avec horreur une histoire qui tout à l'heure sera la sienne.

Le gallicanisme n'est pas très différent du protestantisme. Il est une sécession, aussi ; il est un catholicisme national, horrible contre-sens dans les termes, car cela veut dire un universel particulier. Le caractère même, précisément sacré, du catholicisme, et sa vertu la plus précieuse, le fait d'être universel, international, lien entre les nations, gouvernement spirituel planant au-dessus des gouvernements temporels et ne connaissant pas de frontières, c'est ce que le gallicanisme efface et c'est ce qu'il exténue. Œuvre indirecte du protestantisme. Le protestantisme, forcé, pour lutter contre Rome, de s'appuyer sur les gouvernements locaux, a forcé les églises catholiques à s'appuyer sur les gouvernements locaux pour lutter contre lui. Il les a obligées, en les combattant, à lui ressembler. Depuis lui, voici qu'en France, par exemple, une Eglise obéit au gouvernement politique, est dirigée par lui, conseillée, blâmée, censurée, approuvée quelquefois, protégée et comprimée toujours par lui. Il y a une Église du roi de France. L'Église est quelque part gouvernée par son fils aîné. Un gallican est un catholique qui est plein de condescendance pour le pape et d'obéissance pour le roi de France. On cherche à arranger cela dans la pratique, à marquer les limites d'une autorité et d'une autre. Au fond, et surtout depuis la Révolution et la perte des biens ecclésiastiques, l'Église est serve de qui la paie, et ne peut qu'échapper partiellement à ce servage ; le secouer, jamais.

Il en résulte des effets divers, tous désastreux. D'abord le noble caractère de l'Église est dégradé. On ne la sent pas supérieure, comme elle devrait l'être, au gouvernement temporel ; elle semble au moins, ce qui est blasphématoire, inspirée de lui ; le gouvernement s'habitue à considérer les prêtres comme étant au nombre de ses « fonctionnaires », il dira bientôt de ses agents ; il les tiendra bientôt pour des professeurs de la morale qu'il jugera la bonne ; l'Église de France sera bientôt, elle est déjà presque, une Université de France chargée particulièrement de l'enseignement moral, primaire, secondaire, et supérieur.

Ensuite la doctrine même est entamée, ou peut l'être. La doctrine catholique s'étend à toutes choses, puisque la religion est une explication générale des choses. Telle conséquence, telle application des principes généraux du catholicisme peut être contraire aux idées ou aux intérêts du gouvernement. Cette conséquence, il sera interdit au prêtre catholique de la tirer ; cette application, il sera interdit au prêtre catholique de la faire. C'est ce qui arrive déjà tous les jours. Voilà donc le gouvernement qui, au moins par voie de limitation, dicte sa doctrine à l'Église catholique en France, lui trace son programme, lui marque son enseignement. La Sorbonne d'autrefois est qualifiée par Mgr de Frayssinous de « Concile permanent des Gaules ». Le concile permanent des Gaules, aujourd'hui, c'est le ministère.

Et enfin, ce qui est, non pas le plus grave, mais le plus frappant, et qui fera peut-être le plus réfléchir les prêtres catholiques : ainsi liée au gouvernement de la France, l'Église de France suit sa fortune. Il y a même pis ; elle ne suit que son infortune. S'il est populaire, elle ne le sera pas nécessairement pour cela ; s'il est impopulaire, elle partagera son impopularité. C'est ce qui arrive sous la Restauration. C'est à la fois le signe bien frappant de cette dépendance de l'Église relativement au pouvoir, puisque la foule, ne s'y trompant pas, se défie des prêtres français comme elle se défie des fonctionnaires du roi, et au même titre ; et c'est le danger matériel le plus grand dont puisse être menacée l'Église de France. Récolter la désaffection qu'elle ne sème pas et que sème un gouvernement qui l'opprime, voilà un beau résultat ; et voilà un malheur que le gallicanisme nous vaut. Il n'y a pas d'erreur plus forte, à tous les points de vue, que les prétendues libertés de l'Église gallicane, libertés qui sont les chaînes les plus lourdes, les entraves les plus étroites, et des entraves qui conduiraient au précipice les pieds qu'elles enserrent.

Enfin, ce qu'on appelle libéralisme est une illusion assez singulière et un leurre d'un genre tout spécial. Il faut distinguer ; car il n'y a pas de mot plus vague que le mot liberté, et d'autre part, comme bien des doctrines, le libéralisme a fini, au cours de son évolution, par être exactement le contraire de ce qu'il était en son principe.

En son principe c'est une invention du christianisme ; c'est « le désir invincible de liberté inhérent aux nations chrétiennes qui ne sauraient supporter un pouvoir arbitraire ou purement humain ». Le christianisme est venu dire aux hommes : Tout en vous appartient à César, excepté votre conscience. Ne lui résistez jamais dans toute la vie civile. Quand il vous dira : Croyez à mon Dieu et non à Dieu, résistez-lui. — La liberté de conscience était inventée, et avec elle, car ce n'en sont que des conséquences et c'en sont des conséquences nécessaires, la liberté de la parole, la liberté des écritures, la liberté même des associations, au moins spirituelles. Le libéralisme est donc de l'essence même du christianisme ; le libéralisme est chrétien.

Seulement, en passant, pour ainsi parler, à travers le protestantisme, il a changé de caractère. Il est devenu la prétention pour chaque homme et dans chaque homme de penser par lui-même sans aucun contrôle, et presque, car c'est au moins la tendance, sans consulter personne. C'est séduisant, mais dangereux. Le libéralisme, à s'exagérer ainsi, se tue lui-même. Qu'il existe une association d'hommes qui ne soumettent point leur pensée aux pouvoirs politiques, mais qui la soumettent à eux-mêmes, la discutent entre eux par la voix de leurs représentants spirituels, la fixent ainsi, puis s'y tiennent pour pouvoir penser en commun, pour pouvoir être en communauté de pensée et en communion de sentiments, non seulement entre eux à tel point du temps, mais avec leurs frères du passé et leurs frères de l'avenir : voilà qui est liberté, puisque c'est pensée et croyance soustraites aux pouvoirs temporels ; mais voilà en même temps qui est force, puissance de résistance, barrière aux empiétements des pouvoirs humains, liberté en soi, force conservatrice de la liberté ensuite.

Mais la liberté individuelle de pensée et de croyances, elle est liberté, soit, mais où sera sa force ? Par quoi, comment résistera-t-elle ? Comment même se communiquera-t-elle, se répandra-t-elle d'âme à âme si le pouvoir temporel ne veut pas qu'elle se répande ? Je vois des millions de petites libertés enfermées dans des millions d'âmes, et chacune incapable de sortir de son âme et de s'appuyer sur une autre liberté, et d'en créer d'autres. Autant dire qu'elles n'existent pas, n'ayant pas la force de vivre. Ainsi poussé à l'extrême, le libéralisme disparaît dans son exagération. Il s'ôte la vie pour s'affirmer davantage. Le libéralisme moderne, c'est la liberté s'exaltant jusqu'au suicide. Il n'y a pas d'aberration comparable.

Donc il faut une croyance, il la faut générale, universelle, traditionnelle. Mais que faudra-t-il croire ? Quel sera le *critérium* de la certitude ?

Ici Lamennais se sépare de De Maistre et de De Bonald et invente une théorie dont il n'y a que des traces confuses, ce me semble, dans ceux qui l'ont précédé, et, dans De Maistre, que quelques traits épars. C'est la théorie du consentement universel.

Qui a raison ? Est-ce le sentiment, l'inspiration personnelle ? non ; nous avons répondu à cela. Est-ce la raison ? non : la raison, quand on ne prend pas le soin puéril d'en faire une abstraction et de l'écrire avec une majuscule, on s'aperçoit bien qu'elle est aussi individuelle que le sentiment, l'inspiration et

l'enthousiasme. Le raisonnement, chez la majorité des
hommes, est à peu près le même ; c'est lui qui, jusqu'à
un certain point, n'est pas individuel ; mais la raison
n'est pas le raisonnement ; la raison dans chaque
homme applique l'instrument du raisonnement à une
matière qui est faite de ses penchants d'abord, puis de
ses connaissances ; et penchants et connaissances
n'étant pas du tout les mêmes d'homme à homme, les
conclusions que dans chaque homme la raison tire,
après toutes les opérations où elle se livre, sont extrêmement différentes d'un homme à un autre. Et ce sont
pourtant ces conclusions que l'homme appelle sa
raison. « Ma raison me dit, ma raison m'affirme, ma
raison est arrivée à découvrir... » Il y a une logique à peu près universelle, il n'y a que des raisons
absolument individuelles. Il est aussi déraisonnable de
se fier à sa raison qu'à ses sentiments ou à ses sens.

Qui donc enfin a raison ? — Mais peut-être bien
tout le monde. Tout le monde, lui, est universel ; c'est
sans doute incontestable. Voilà une grande présomp-
tion en sa faveur. Croire ce que pense tout le monde,
c'est le vrai parti. Ce qui distingue pour le commun
des hommes, et même, après tout, pour le médecin,
le fou de l'homme sensé, c'est uniquement que le fou
affirme ce que personne n'affirme, sauf lui. Une hallucination est un témoignage des sens aussi irrécusable
et aussi net, et souvent plus net, que ce que nous appelons une sensation. Si elle est une erreur, si elle est
qualifiée d'hallucination, c'est uniquement parce que
les sensations des autres hommes ne concordent pas
avec elle. On ne dit pas (on devrait le dire) : un sentiment faux ; mais on dit : un sentiment pervers, une
perversion de sentiment, ce qui est à peu près la même

chose. Qu'entend-on par là, si ce n'est un sentiment que l'immense majorité des hommes n'éprouve pas ? Sans s'en rendre bien compte, les hommes n'ont pas d'autre critérium de la vérité que le consentement général. N'est-il pas frappant que pour dire qu'un homme est stupide on dise qu'il n'a pas le « sens commun » ? La vérité c'est donc ce que pense l'univers pensant.

Croyons donc ce que les hommes croient, informons-nous, lisons les journaux ; la vérité, c'est l'information. C'est très commode. — Pas le moins du monde ! Ce que pensent les hommes au temps où nous sommes, quand même ils penseraient tous exactement la même chose, ce ne serait encore qu'une opinion particulière, un jugement presque individuel, une brutade, une hallucination. Ce qu'il faut connaître, c'est ce que pense le genre humain, lequel est composé des hommes qui ne sont plus, des hommes qui sont et des hommes qui seront, immense foule relativement à laquelle le genre humain d'aujourd'hui peut être considéré comme un individu. Le jugement des hommes qui seront, nous ne pouvons le connaître que par induction, il est vrai ; mais nous pouvons le préjuger par le jugement des hommes qui ont été, et le jugement des hommes qui ont été, ne cherchez pas, c'est le christianisme ; ou cherchez longtemps, vous verrez que c'est le christianisme.

Et dès lors, voilà Lamennais engagé dans un immense effort pour prouver que le christianisme a toujours été la pensée de l'humanité ; car il s'agit de montrer que l'humanité a été chrétienne non seulement depuis le Christ, mais auparavant, ou tout le système tombe. Cette méthode d'apologie, qui a séduit deux grands esprits catholiques du XIXᵉ siècle, Lamennais et De Maistre, mais dont on ne trouve quelques traces, et presque indistinctes, que dans de très rares auteurs chrétiens antérieurs au XIXᵉ siècle comme Roger Bacon, Huet, Batteux, Bullet, Foucher, Mignot, commençait à s'introduire au temps de Lamennais ; et, chose curieuse, grâce précisément aux auteurs antichrétiens. Ceux-ci, pour prouver contre le christianisme, aimaient à montrer que les idées générales du christianisme étaient courantes dans le monde antérieur au Christ. Voltaire use de cet argument, Volney en abuse. Retournant l'argumentation : « Précisément ! disaient les catholiques ; cela prouve que le christianisme est d'origine primitive, s'est conservé sous une première forme, chez le peuple juif, s'est conservé même, sous une forme altérée et confuse, chez les païens, a été établi dans sa forme complète et définitive par le Christ, et, tout compte fait, est éternelle. » — De là le christianisme considéré comme un « paganisme nettoyé » dans De Maistre, et « l'universalité du christianisme » dans Lamennais ; de là, chez le même Lamennais, cette laborieuse enquête pour prouver que : Dieu unique, création, chute de l'homme, médiateur, réparateur, rédempteur, vestiges épars de la révélation primitive, promesses de la révélation définitive, se trouvaient dans toutes les religions antiques.

Cet argument à deux conclusions, très dangereux par conséquent, et cette vue parfaitement fausse à force d'être incomplète, du monde pré-chrétien et du monde extra-chrétien, ont été suspectés avec raison par l'Église catholique, et abandonnés par elle. Ils sont désapprouvés également par la science moderne et par le bon sens. Il est trop évident qu'à comparer le christianisme et les paganismes, les différences l'emportent tellement sur les ressemblances, que celles-ci peuvent être considérées comme fortuites, tenues pour négligeables ; et surtout prétendre établir sur elles la vérité du christianisme est une entreprise de l'imagination plus que de la raison et éminemment paradoxale.

Mais, s'il en est ainsi, que devient le système de Lamennais ? Il devient qu'il n'est pas prouvé, et que, du reste, en soi déjà, il était faux. Non, le consentement universel n'est nullement critérium de vérité. L'humanité entière a cru à des erreurs non seulement ridicules, mais monstrueuses, elle a cru à l'astrologie, à l'alchimie et à la sorcellerie ; sachons du reste reconnaitre qu'elle y croit encore ; l'humanité a été tout entière polythéiste, tout entière, y compris le peuple de Dieu, et ne soyons pas trop sûrs qu'elle ne le soit plus. L'argumentation parfaitement sophistique, quoique savante, de Lamennais a ceci d'effrayant qu'on sent à chaque demi-page que rien ne serait plus facile que de la retourner exactement, et de prouver, par sa méthode et par ses exemples à l'appui, que, si le consentement universel est le critérium de la vérité, nous devons être polythéistes, démonologues, à peu près fétichistes, sans compter que nous devrions être aussi théocrates, aristocrates et monarchistes.

Pour parler, non pas plus sérieusement, car ce qui précède est très exact, mais plus philosophiquement, de deux choses l'une, ce me semble : ou, en considérant le consentement universel, on procédera par synthèse, ou on procédera par élimination. Si l'on procède par synthèse, on tiendra compte de toutes les opinions qui ont été généralement admises, successivement, par l'humanité, de toutes les opinions considérables du

genre humain, et l'on se fera une opinion, une croyance,
mêlée, complexe, incohérente et parfaitement monstrueuse, où personne ne pourra se plaire, si ce n'est
l'homme que sans doute Lamennais déteste le plus, à
savoir une manière de dilettante avide et de sceptique
vorace, qui voudrait rassembler en lui, pour les goûter
toutes, les croyances les plus contradictoires de l'humanité. — Et si l'on procède par élimination, on écartera
chaque opinion humaine qui aura été fortement contre-
dite et aussi celle qui la contredit, ne reconnaissant ni
sur l'une ni sur l'autre le sceau du consentement universel ; et alors on repoussera exactement tout ce que
les hommes ont pensé ; on ne retiendra que leur manière de penser, la seule chose qui leur soit commune,
la seule chose qui soit la même chez tous les hommes,
et l'on arrivera à cette conclusion que la vérité, c'est
la logique. Seulement la logique réduite à elle-même
ne donne rien.

La considération du consentement universel ne mène
donc à aucun résultat sérieux ; elle est une méthode
parfaitement vaine et stérile ; et elle est même, à mon
avis, la marque, en soi, d'un esprit dénué de sens
philosophique. C'est précisément pour cela que Lamennais y donnait si pleinement. Car, homme d'action
surtout et voulant agir immédiatement, il cherchait
quelque chose avecquoi il pût agir. Or la considération
du consentement universel ne mène à la conquête
véritable d'aucune vérité ; ce n'est pas une méthode
philosophique ; mais c'est un expédient. Nous nous en
servons beaucoup, et légitimement, je crois, dans nos
sciences toutes conjecturales de sociologie et de
politique. Nous disons : « Observez que les nations ne
se sont jamais, presque jamais, organisées comme

vous dites ; ce serait donc aller contre la nature humaine elle-même que de tenter ce mode d'organisation ; observez que depuis quelques siècles les tendances générales des peuples vont dans tel sens ; la vérité politique d'aujourd'hui et de demain est donc dans ce sens-là ; ne la contrarions pas, sachons nous y accommoder... » — Quand nous parlons ainsi, c'est bien à une manière de consentement universel que nous en appelons. Mais qui ne voit les différences entre Lamennais et nous ? C'est la vérité absolue, c'est la vérité métaphysique et théologique qu'il veut tirer du consentement prétendu universel. Ce qu'il veut tirer de l'entente générale des hommes, c'est ce sur quoi les hommes se sont le moins entendus. La singulière maladresse consiste à voir pris un expédient de sagesse et de prudence pratique pour une méthode philosophique. Il y a un abîme entre ces deux ordres de conception.

Chose assez piquante, il fait juste, pour établir la certitude, ce que d'autres font pour la ruiner. Montaigne aussi, en ses moments de scepticisme, qui sont assez longs, il faut savoir le reconnaître, fait son enquête sur les opinions des hommes, et Pascal de même ; mais c'est pour montrer à quel point il est impossible de les ramener à l'unité, et il faut convenir qu'ils réussissent assez bien dans cette démonstration. Reprendre ce travail pour aboutir à la conclusion contraire n'est pas défendu, mais devient plus difficile qu'il n'eût été de leur temps, à mesure que, par suite des recherches historiques, plus d'opinions humaines nous sont connues ; et est un labeur très vain, parce que l'autorité a de l'influence sur les décisions, non sur les croyances. Faire une chose parce qu'elle a été faite n'est pas déraisonnable ; croire une chose parce qu'elle a été crue est irrationnel, paraît à l'esprit presque puéril, lui répugne comme une abdication et un suicide, et en vérité n'est pas autre chose.

Je dirai même que l'esprit trouve dans cette proposition qu'on lui fait une sorte, ou je ne sais quelle ombre, d'hypocrisie. Vous n'osez pas me dire : « Croyez parce qu'il faut croire, croyez parce que je le veux, croyez parce que *croyez* », qui est le vrai et franc langage de l'autorité. Vous appuyez l'autorité d'une autorité plus faible qu'elle, plus vague, sensiblement incertaine et incohérente, qui ne vous sert, au fond, qu'à voiler ce que l'autorité toute pure a de trop cru. Au lieu de dire : « Nous avons le dépôt de Dieu », vous dites : « Nous avons le dépôt de Dieu ; la preuve c'est que nous avons le dépôt de l'humanité ». C'est affaiblir l'absolu par le relatif, sous prétexte de le prouver, voilà pour le fond ; c'est chercher des moyens indirects de me séduire et masquer la majesté redoutable de la foi, sous les apparences d'une opinion humaine.plus accessible et plus familière ; voilà pour le procédé ; — et il y a là quelque chose qui a des apparences au moins d'habileté insidieuse.

Accordons tout ce que nous pouvons accorder. L'autorité humaine, l'autorité de la tradition, respectable dans l'ordre des faits, dans l'ordre des décisions à prendre, a, *même sur les croyances*, une certaine influence. Nous croyons volontiers ce qu'on croit et ce qu'on a cru. Mais cette influence est d'un caractère particulier. L'autorité, en matière de croyances, impose et ne convainc pas. Nous n'aimons pas à penser différemment des autres hommes ; mais nous ne croyons nullement être obligés à penser comme eux. Nous aimons à penser comme les autres hommes, par une certaine paresse d'esprit, par un certain respect pour nos semblables, et par une certaine peur d'être fous. Ce n'est pas malhabile sans doute, de se servir de ces ressources assez précieuses pour nous faire accepter ce que l'on croit être la vérité. Mais, au fond, c'est un appel à la nonchalance, au respect humain et à la peur. Donnez à tout cela des noms plus beaux, si vous voulez ; il restera toujours que c'est un appel à des sentiments. Donnez comme des preuves ce qui n'est qu'un appel au sentiment, c'est à quoi se réduit la théorie de Lamennais. Et donc ce n'est pas une démonstration. Nous nous en apercevons parfaitement, et résistons à un raisonnement auquel il manque d'être un raisonnement.

Où Lamennais s'est le plus trompé, c'est quand, s'apercevant que l'influence de l'autorité sur la croyance était un fait, il en a conclu que mettre ce fait en démonstration, serait un coup de partie. Point du tout. Oui, nous croyons beaucoup de choses parce qu'on les croit autour de nous ; mais précisément à la condition qu'on ne nous dise pas que nous avons raison de les croire pour cela. Car alors nous nous avisons que nous n'avons aucune raison de les croire, et que nous ne les croyons que par sentiment ; et tout de suite nous avons quelque pudeur à les croire encore, et quelque désir de ne les croire plus, et un commencement d'incroyance. L'influence de l'autorité sur nos opinions est comme une influence atmosphérique ; c'est un fait, il faut nous laisser dans ce fait si nous y sommes, et si l'on estime qu'il est bon que nous y soyons ; mais bien se garder de nous féliciter d'y être, et de nous dire que cela est très raisonnable ; car nous voyons à l'effort même qu'on fait pour transformer ce fait en une raison, qu'il n'en était pas une. — A tous les points de vue, la théorie du consentement universel est très irrationnelle et très dangereuse.

Quoi qu'il en soit, tel était l'état d'esprit de Lamennais de 1815 à 1830, depuis le premier volume de l'*Essai sur l'Indifférence* jusqu'à l'essai sur les *Progrès de la Révolution* (1829) : anti-protestant, anti-gallican, anti-libéral, anti-individualiste, catholique ultramontain, c'est-à-dire catholique international, c'est-à-dire catholique universel ; il voulait franchement un pouvoir spirituel unique, ami du peuple, des pauvres et des souffrants, maintenant l'unité morale du genre humain, servant la cause du progrès moral et intellectuel, et qui fût la papauté. — Et la nécessité de croire à ce qu'enseignait ce pouvoir spirituel, et la convenance de lui obéir, il essayait de les prouver en démontrant que l'enseignement dispensé par ce pouvoir était ce que l'humanité avait toujours cru.

II

La révolution de 1830 ne changea pas précisément le fond des idées de Lamennais ; elle en changea le cours et la direction. Au fond, remarquez-le, relativement au pouvoir politique il avait toujours été un révolté et un révolutionnaire. S'il est vrai, comme je le crois, et comme c'est très exact au moins pour Lamennais, qu'un homme soit plus précisément caractérisé par ses haines que par ses affections, Lamennais est déjà avant 1830 un révolutionnaire ; car, pour aller au secret des choses, il aime moins l'Église qu'il ne déteste le gouvernement.

Ce qu'est l'Église pour lui, ce qu'est ce grand pouvoir spirituel dont nous parlions tout à l'heure d'après lui, c'est une barrière aux empiéte-ments du pouvoir civil sur les âmes, sur les pensées, sur les libertés, et, à vrai dire, c'est une barrière opposée à toutes les prétentions de l'État, quelles qu'elles soient. Avant 1830 il disait déjà : « Le christianisme enseigne aux hommes qu'aucun autre homme n'a sur eux, par lui-même, d'empire légitime et naturel ; qu'à Dieu seul appartient la vraie souveraineté... Je consens à reconnaître César, comme dit Tertullien, pourvu qu'il n'exige rien de contraire aux droits de Celui dont il exerce l'autorité ; car du reste je suis libre, je n'ai d'autre maître que le Dieu tout-puissant, éternel, qui est aussi le maître de César... Qu'est-ce que gouverner arbitrairement ? C'est substituer à la loi de justice sa volonté propre, son caprice. Donc, pour se garantir de cet abus, il sera nécessaire d'opposer à la force qu'on appelle pouvoir, une autre force qui la réprime. Mais cette force sera-t-elle spirituelle ou matérielle ? Si elle est matérielle, comme il faudra qu'elle soit plus puissante que le pouvoir pour l'arrêter, elle sera elle-même le pouvoir ou la force dernière et prééminente. Si au contraire elle est spirituelle, nous re-tombons dans le système des deux puissances subor-données, c'est-à-dire dans le système chrétien. »

Personne ne savait mieux que lui, adversaire du gallicanisme, qu'il y a au moins deux façons d'être catholique. Pour les uns, le catholicisme est autorité ; il est bon surtout pour donner aux esprits l'habitude et comme le pli du respect de l'autorité. Le respect qu'il demande pour lui, l'obéissance qu'il réclame pour lui,

l'obéissance qu'il recommande, le non-examen ou
l'examen très timide qu'il prescrit, sont choses qu'il
aime sans doute pour son profit, pour le profit de sa
doctrine mais sont aussi des habitudes d'esprit qu'il
donne et dont bénéficient les gouvernements civils, et
dont il est permis de croire qu'il n'est pas mauvais
qu'ils bénéficient. Ainsi l'entend Bossuet, ainsi l'entendent tous ceux qui suivent l'esprit de Bossuet.

Pour d'autres, le catholicisme est autorité encore,
mais autorité seulement pour lui, et il est surtout autorité limitative d'une autre ; il est forteresse et retran-
chement contre une puissance d'un autre ordre ; il est
ressource, arme, arsenal et lieu de sécession contre
l'autorité civile ; et ceux qui l'aiment de cette façon
là, ce n'est pas tant qu'ils l'aiment, que ce n'est qu'ils
n'aiment pas le pouvoir temporel ; et ce n'est pas tant
qu'ils prennent plaisir à obéir à l'Église que ce n'est
qu'ils ont tendance à désobéir au gouvernement. —
De ces deux groupes, même avant 1830, on a parfaitement vu que c'est au second que Lamennais
appartenait.

Or, la Révolution de 1830 développa en lui le révolutionnaire ; et la désapprobation que ses idées révolutionnaires rencontrèrent à Rome tua en lui le catholique ;
et c'est toute l'histoire révolutionnaire de Lamennais,
laquelle, du reste, est si intéressante à suivre.

La Révolution de 1830 développa en lui le révolutionnaire, d'abord parce qu'elle était en France,
à la fois irréligieuse et bourgeoise ; ensuite parce
qu'elle était européenne.

Elle était en France bourgeoise, irréligieuse et voltai-
rienne. C'était la Révolution de Béranger. Elle mettait
au pouvoir cette bourgeoisie très défiante à l'égard de

l'Eglise catholique, toute nourrie de Paul-Louis Courier, qui devait, plus que toute autre classe dirigeante, souhaiter la subordination de l'Égli-e à l'État, tenir l'Église en tutelle, serrée de près et très surveillée. Le gouvernement devenait de plus en plus « gallican » dans le sens où l'entendait Lamennais, et s'il avait trouvé que la Restauration l'était trop, ce n'était pas pour estimer que le gouvernement de Juillet le fût discrètement. Il crut voir que décidément il fallait choisir entre la subordination de l'Église à l'État, et le divorce de l'Église avec l'État. De la subordination de l'Église à l'État, *a priori*, il n'en avait jamais voulu à aucun degré ; moins encore il pouvait s'y résigner après 1830. Voici pourquoi.

Avec une clairvoyance assez remarquable, il avait très bien vu ce que beaucoup ne voyaient point; à savoir que les catholiques en France devenaient une minorité. « Le nombre des communions pascales, qui s'élevait à Paris, sous l'Empire, à quatre-vingt mille, était réduit au quart vers la fin de la Restauration, et le même fait se reproduisait dans toute la France. » A quoi fallait-il attribuer cela ? A l'impopularité de la Restauration rejaillissant sur l'Église qui avait lié sa fortune à celle de la Restauration. Or le nouveau gourvernement ne sera pas plus populaire que l'ancien, étant, lui aussi, un gouvernement aristocratique. Il ne faut donc pas retomber dans la même faute. ; il ne faut pas rester lié au gouvernement. En tous les cas, du reste, quand on devient minorité, on a besoin de la liberté. Cela est si instinctif que toutes les oppositions sont libérales, et toutes les majorités autoritaires. Les catholiques seront forcés de se réclamer de la liberté, seront forcés d'être libéraux dans dix ans. Qu'ils le soient, — et c'est ici le trait de génie de Lamennais, — qu'ils le soient tout de suite, alors qu'ils ont encore l'air d'être la majorité, alors que leur libéralisme aura un caractère de dignité, de noblesse et de générosité, et ne paraîtra pas être un expédient de la défaite.

C'était très bien, c'était admirablement vu. C'était d'une si juste tactique qu'au premier regard, cela semble être de l'habileté. — Ce n'en était pas, ou ce n'en était que dans la mesure, que dans les conditions où l'habileté s'ajuste précisément aux principes toujours acceptés, toujours professés. Lamennais avait assez dit pendant toute la Restauration, que l'Église devait être indépendante de 'l'État, même pour le combattre au besoin, en tous cas pour le limiter. Il pouvait, après 1830, dire que, de plus, il était plus opportun que jamais que cette indépendance fût réelle et fût active. Il pouvait, après 1830, dire, comme il l'avait toujours dit, que le libéralisme, en son essence, était le christianisme même ; et ajouter, surtout faire entendre, que les chrétiens, devenus, devenant ou allant devenir minorité, n'avaient ou n'auraient bientôt plus rien à faire que d'être libéraux, que de se réclamer de la liberté et que d'en être, activement et vaillamment, les représentants mêmes.

De plus, la Révolution de 1830 était européenne : l'Italie s'agitait, la Belgique s'émancipait, la Pologne se soulevait, l'Irlande faisait entendre, plus douloureuse, sa plainte éternelle. Il y avait une émotion générale des peuples contre les gouvernements. Ceci d'abord réveillait le révolutionnaire latent qui avait toujours couvé en Lamennais, excitait sa pitié, troublait ses entrailles et son cœur ; sollicitait, il ne faut pas oublier ce point, son éloquence ; agitait sourdement le tribun visionnaire, Et puis, et certes c'est là le plus important, sa pensée s'intéressait dans la question, ses idées générales prenaient devant ce spectacle nouveau une direction nouvelle. Si la Révolution est européenne, ce qu'elle demande, ce qu'elle « indique », ce qu'il faut, en tout cas, pour la diriger, c'est un pouvoir spirituel européen.

Et c'est bien ici qu'on voit la supériorité comme pouvoir spirituel du catholicisme sur le protestantisme. Le protestantisme dirigerait, inspirerait une révolution locale et finirait du reste par mettre la révolution, même triomphante, sous la main d'un pouvoir temporel local. C'est ce qu'il fit jadis, c'est ce qu'il ferait encore. Le catholicisme peut prendre en sa main la cause de tous les peuples opprimés et à tous donner un point d'appui central, extérieur à eux, et les soutenir les uns par les autres et les réunir dans une action commune.

Et c'est bien ici, encore, que l'on voit le véritable caractère de l'Église universelle. Ame de tous les peuples, ils la retrouvent dans leurs besoins pour les soutenir, les animer, les contenir aussi, les diriger en un mot dans leur lutte légitime contre leurs souverains d'un jour, et donner à cette lutte à la fois son centre, et son aliment spirituel, et son caractère noble, et généreux et élevé. Elle justifie les revendications populaires en les consacrant, et en ne consacrant que celles qui sont honorables et dans la mesure où elles le sont. Ajoutez, ce qui se sous-entend, qu'elle reçoit de cet office une augmentation de force, de majesté et de grandeur. Tel fut son rôle au moyen âge ; les événements indiquent que tel doit être son rôle encore aux temps modernes. Et un programme magnifique, infiniment séduisant pour l'imagination du théocrate-tribun, se trace dans toute son étendue, qui est immense, devant les yeux de Lamennais.

Seulement, notez ce point, nous avons perdu bien du temps. Voilà bien des années que le catholicisme n'est plus, en vérité, un pouvoir spirituel. Il ne suffit pas d'être en soi la vérité, pour agir efficacement sur l'esprit et le cœur des hommes. Il faut s'inquiéter de ce que les hommes pensent, pour faire rentrer, en quelque sorte, leurs pensées, leurs conceptions et leurs inventions et leurs imaginations dans cette vérité générale que l'on possède. Il n'est pas, on peut le dire, a *priori*, une idée moderne juste, une idée moderne importante, durable, qui ne puisse et ne doive rentrer dans le christianisme comme une vérité particulière dans une vérité générale. Le christianisme étant l'explication véritable de l'ensemble des choses, toute pensée humaine, en ce qu'elle a de juste, peut et doit être embrassée par lui et absorbée en lui pour s'y purifier et s'y fortifier ; et tout fait, aussi, tout fait considérable, doit être accepté par lui pour recevoir de lui sa véritable signification, son juste caractère, et sa portée légitime et salutaire.

Or le catholicisme, non seulement s'est immobilisé, mais s'est isolé. Il n'a pas voulu faire attention à ce que les hommes pensaient autour de lui. Il y a eu un mouvement intellectuel et un mouvement social dont il ne s'est préoccupé que pour les craindre et nullement pour les comprendre. Ce mouvement intellectuel, c'est le progrès scientifique ; ce mouvement social, c'est l'avènement de la démocratie. Le progrès scientifique a paru contraire aux doctrines chrétiennes, le catholicisme l'a regardé de mauvais œil et s'en est tenu là.

Qu'est-il arrivé ? Une chose assez curieuse : c'est que l'instinct de crédulité qui est dans l'homme s'est transporté, pour ainsi parler, de la religion à la science : « A cette époque où l'on cherche le dogme dans la science, la foule reçoit aveuglément, sans aucun examen, des décisions, et le nom seul de savant lui inspire une révérence superstitieuse. » Il suffisait donc que le prêtre fût savant, au courant de la science au moins, pour qu'il retînt à lui cette crédulité qui lui échappe et dont le savant va profiter. C'est à quoi il n'a pas du tout songé.

Il n'a pas ouvert les yeux davantage sur le mouvement démocratique qui s'est produit. Il n'y croit pas. En 1830, il ne voit pas que la France est en République. Lamennais le voit, et, en cela, a parfaitement raison. On est en République en 1830, parce que le gouvernement n'a pas de droit en lui-même, et n'emprunte son droit d'un jour qu'au consentement populaire plus ou moins nettement exprimé ; on est en République et l'on tend à une République purement démocratique. — Le rôle de l'Église en présence de ce fait considérable ? Le même qui a toujours été le sien en présence des grands événements historiques : le connaître, d'abord, et avant les autres, gouverner étant prévoir ; et puis l'accepter ; et puis le diriger. Le catholicisme devra donc désormais être scientifique, libéral, démocratique. L'union de la science et de la foi, la revendication pour lui et pour tous des libertés essentielles, l'union de l'Église et du peuple, voilà le catholicisme du XIXe siècle. — Ce n'est pas un « nouveau christianisme », comme quelques-uns disent ; ce n'est pas même un christianisme évolutif. C'est le christianisme tel qu'il a toujours été, expliquant aux hommes ce qu'ils

pensent et le leur rendant plus précis, et entouré,
pénétré d'une lumière nouvelle ; expliquant aux hommes
les faits par lesquels ils passent et leur indiquant la
manière vraie et sûre d'y marcher.

Le programme était beau ; Lamennais n'était pas
assez muni pour le remplir complètement. Il l'a un
peu rempli de phrases. Il faut bien chercher pour
trouver quelque chose d'un peu précis, écrit par lui,
sur l'union de la science et de la foi. Il dit souvent
que le clergé catholique n'est pas assez instruit, et il a
peut-être raison, et l'on doit toujours dire aux hommes
qu'ils ne sont pas assez instruits ; mais comment se
devront concilier les doctrines de l'Église et les
découvertes de la science, c'est ce qu'il n'indique
guère avec netteté : « Pour que le catholicisme rede-
vienne ce qu'il fut, en s'identifiant à la nature humaine
tout entière, il faut que les deux éléments essentiels de
l'intelligence, actuellement séparés, la science et la
foi, s'unissent de nouveau ; et cette union, qui l'opé-
rera, sinon la liberté, qui, laissant à chacun de ses éléments son action propre, tend à les ramener l'un vers
l'autre, parce que ni l'un ni l'autre ne peut subsister
seul ? Ainsi partout où s'est établie la liberté de penser
et d'écrire, il se manifeste une tendance visible de la foi
vers la science et de la science vers la foi, tandis
qu'ailleurs elles vont se divisant de plus en plus. »
— L'union de la foi et de la science dans la liberté,
c'est une belle formule ; mais ce n'est qu'une formule, et
Lamennais s'est toujours gardé d'entrer dans le détail,
c'est-à-dire dans le vif du débat. Sans y entrer nous-
mêmes, nous nous bornerons à rappeler qu'il n'y a
pas là seulement, comme Lamennais semble le croire,
le divorce de deux « éléments intellectuels », mais

l'antagonisme de deux principes. Toute religion est l'explication des choses par le surnaturel, toute science est exclusive du surnaturel dans ses recherches ; et toute philosophie scientifique, même élémentaire, a l'élimination du surnaturel à la fois pour point de départ et pour but. Que ces deux principes soient conciliables, il se peut, et je ne le recherche pas ici ; mais Lamennais n'a pas même cherché à les concilier ; il se borne à les inviter à vivre ensemble. Il a simplement passé sans la voir, ou peut-être en reculant devant elle, devant la plus grande question du siècle et même des temps modernes.

Pour ce qui est de la conciliation du catholicisme et de la liberté, il est bien plus net, et, au contraire, a ici une magnifique et vénérable franchise. Il accepte tout le libéralisme et le réclame pour lui, pour son Église, pour les ennemis de son Église, pour tous. Liberté de conscience, liberté de penser, liberté de parole, liberté d'écritures, liberté de propagande, liberté d'association, liberté d'enseignement, il revendique à la fois et il accorde tous les droits de l'homme ; c'est-à-dire, car il ne faut pas se payer de mots, et ici il ne s'en paye pas, toutes les expansions de l'intelligence et de l'activité humaine dans l'état social comme elles se produiraient dans l'état naturel, se limitant seulement, naturellement, les unes par les autres, et l'État social ayant pour devoir de s'en accommoder, sans nul droit de les restreindre.

Ayant le courage de sa logique, qui est un courage assez rare, il demande et veut les libertés favorables à son Église, et aussi celles qui lui sont défavorables. Ainsi la liberté d'enseignement est favorable à l'Église catholique : il la réclame ; mais la liberté de la presse, l'Église étant encore protégée contre les outrages par des lois, est ou semble être l'Église désarmée et découverte : il réclame la liberté de la presse. Bien plus, comprenant, comme il l'a toujours dit, que l'Église et l'État unis, par quelque lien que ce soit, c'est l'Église assujettie ou l'État subordonné, il veut énergiquement la séparation de l'Église d'avec l'État. — Mais la subvention de l'État à l'Église ? De quelque nom qu'on l'appelle, et sans vouloir même savoir si cette subvention est une indemnité, eu égard à des propriétés confisquées jadis, cette subvention est toujours un paiement, donc une chaîne. Il faut que l'Église ait le courage de la répudier. On ne peut pas être libre et payé : on ne peut pas être soldé par un camp et soldat d'un autre. Or l'Église et l'État ne sont pas nécessairement deux camps opposés et il n'est pas à souhaiter qu'ils le soient ; mais ils peuvent l'être. Il est dans leur nature qu'ils le soient quelquefois ; il est bon qu'à un moment donné ils le soient; l'Église, encore un coup quoiqu'elle soit autre chose, étant, d'essence première et de rôle primitif, une borne placée devant les empiétements de l'État sur les libertés personnelles. Et s'il peut y avoir lutte, si très légitimement et pour le bien de l'humanité il doit quelquefois y avoir conflit, il n'est pas possible qu'on soit payé par son adversaire ; il ne faut pas qu'on soit payé par son adversaire possible.

Enfin le catholicisme sera démocratique. Il le sera, ores et déjà, en s'occupant, comme c'est son office naturel, des misères du peuple et des moyens de les soulager ; il le sera pour l'avenir en aidant et en hâtant l'avènement de la démocratie. Lamennais est démocrate profondément. Il l'est par sentiment d'abord, par cha-

rité d'apôtre. Le mysticisme révolutionnaire qu'il si-
gnalait et qu'il condamnait avec colère en 1818,
montrant Damesnil et Mme de Krüdener réclamant l'a-
bolition de la propriété au nom de Jésus-Christ, n'a pas
laissé de finir par l'atteindre. Sans avoir jamais été
communiste, ni même égalitaire au point de vue de la
distribution des biens de la fortune, la richesse l'irrite et
va lui arracher, dans les *Paroles d'un croyant*, les plus
éloquentes de ses déclamations. — Mais il est démocrate
aussi par raisonnement et de sens froid. Il a compris,
ce dont il me semble que bien peu se sont doutés de
1830 à 1848 (1), que le suffrage universel serait conservateur : « Le besoin de l'ordre n'existe nulle part,
excepté quelques courts instants de folie, à un aussi haut
degré que dans les masses *et particulièrement dans la
population des campagnes...* Appelez donc les masses à
partager le droit électoral ; mais qu'il s'exerce sous des
formes simples, qui n'exigent pas une longue étude
pour être comprises : autrement les habiles, c'est-à-
dire les coteries, et selon les temps, les factions, dis-
poseraient des choix. »

Lamennais a ainsi, quelquefois, des intuitions politiques où la bonne fortune est peut-être pour quelque
chose, mais où il est impossible que l'intelligence ne
soit pour rien. Ici il a parfaitement raison vingt ans
à l'avance. De 1815 à 1830, on a abaissé le cens
politique, et, à mesure qu'on l'abaissait, comme on
constatait que le « pays légal » devenait plus agité et
plus hasardeux, on en concluait que si l'on descendait
jusqu'au suffrage universel on aurait affaire à un
corps électoral absolument révolutionnaire. C'était

_____

(1) Saint-Simon l'avait dit.

une erreur. C'était l'entre-deux qui était révolutionnaire, ou au moins étourdiment novateur et inquiet.
C'était l'adjonction des capacités par exemple qui
eût renversé le gouvernement de Juillet, et c'était
le suffrage universel qui l'eût conservé. Et, comme le
remarque très bien Lamennais, si l'on a peur en 1830
du suffrage universel, c'est que le peuple, pour les
hommes politiques de 1830, ce sont les ouvriers des
villes ; on ne se doutait pas du paysan avant 1848.
Toutes les discussions sur l'extension du droit électoral de 1815 à 1848 ont porté sur un malentendu.

Je ferai remarquer de plus que l'avertissement de
Lamennais sur « les formes simples » de suffrage et
l'influence des coteries, qu'il faudrait trouver un moyen
d'éviter, montre que non seulement il connaît le suffrage
universel à l'avance avec son caractère essentiel, mais
qu'à l'avance aussi, il en connaît les défauts. Lamennais se montre parfois d'une clairvoyance inattendue
dont il faut tenir compte quand on parle de lui.

Catholicisme scientifique, catholicisme libéral, catholicisme démocratique avec vagues tendances socialistes,
séparation des Églises d'avec l'État, suppression du
budget des cultes : tel était donc le programme que
Lamennais expliquait éloquemment avec ses amis
dans le journal *l'Avenir*, du 16 octobre 1830 au 10
octobre 1831. M. Spuller remarque avec raison que
Lamennais a presque inventé et a défini mieux qu'un
autre, successivement, toutes les formes du catholicisme au XIX° siècle : c'est à savoir le catholicisme
ultramontain, le catholicisme libéral et le catholicisme
socialiste. Je ferai remarquer de plus que tout son
programme de 1830 n'était qu'un développement imprévu de lui-même, mais assez logique, de sa pensée

première. On ne change jamais, parce que les premiers principes d'un homme sont des tours non seulement de son esprit, mais de son tempérament ; seulement on se développe, logiquement encore, naturellement encore, dans un sens ou dans un autre, selon la poussée des circonstances et la pression des obstacles. Il y avait du Lamennais de 1830 dans le Lamennais de 1815, et beaucoup. — S'il est libéral en 1830, c'est qu'il a toujours tenu en méfiance l'État, le pouvoir temporel, le gouvernement civil ; sur ceci aucun doute. S'il est démocrate, c'est qu'il a toujours vu dans l'Église une protectrice naturelle des humbles contre les forts : ce qui s'agitait sourdement dans son esprit en 1820, c'était une théocratie démocratique. — S'il est socialiste enfin, c'est qu'il a toujours été ennemi des pouvoirs temporels, qu'ils fussent monarchie, despotisme ou aristocratie, et qu'il ne lui est pas difficile de voir qu'un nouveau pouvoir temporel, qui tout à l'heure sera le seul, comme il est toujours le seul dans les démocraties, s'élève avec une effrayante rapidité, c'est à savoir le pouvoir de l'argent ; et c'est cette aristocratie naissante, cette aristocratie de l'avenir qu'il voudrait étouffer avant qu'elle se développât, sans, du reste, en bien voir ni bien en chercher les moyens.

Il n'y a pas jusqu'à sa théorie du consentement universel qui tout à l'heure ne doive reparaître transformée et agrandie, mais la même au fond. D'abord elle est la racine même de la doctrine démocratique ; elle est la raison des préférences de Lamennais pour le suffrage universel ; ensuite elle va devenir, d'une façon assez vague, il est vrai, quelque chose d'analogue au culte de l'humanité chez Auguste Comte : « Le droit que possède chaque nation de choisir librement sa constitution politique n'est qu'une conséquence de la participation de chaque homme et de chaque agrégation d'hommes à la *souveraineté du genre humain*..., sans quoi la souveraineté proprement nationale, manquant de base, manquerait également de droit, ne serait qu'une fiction mensongère, une tyrannie. Qu'est-ce, en effet, qu'une souveraineté, soit nationale, soit individuelle, substituée à la *souveraineté*, divine dans sa source, *du peuple ou du genre humain* ? Une pensée, une loi, une volonté particulière, armée de la force, opposée à la volonté, à la loi, à la pensée universelle, *à la raison et à la conscience de l'humanité*, proclamant le droit, le devoir, le vrai et le bien. » Souveraineté du genre humain, c'était « le consentement universel » de Lamennais en 1820 ; — raison et conscience de l'humanité, humanité proclamant le devoir, humanité obligeant l'homme, sorte de Dieu immanent aux commandements de qui l'homme doit obéir : voilà le Lamennais nouveau, déjà presque aussi loin que possible du catholicisme ; mais, s'il est infidèle à son Église, fidèle encore à lui-même, détaché du catholicisme, mais se rattachant encore à la base sur laquelle naguère il s'efforçait de l'établir.

III

Et que disait l'Église à tout cela ? Sans entrer dans tout le détail des discussions de Lamennais avec Rome, rappelons brièvement que les principales doctrines de *l'Avenir* sur les libertés nécessaires ayant été blâmées dans une encyclique, Lamennais ayant suspendu la publication de *l'Avenir* pour aller soumettre personnellement ses idées au Saint-Père, ayant été formellement condamné et s'étant soumis, on ne se contenta pas de cette soumission ; mais on voulut une adhésion explicite à l'encyclique même. Lamennais la donna avec réserve, fut de nouveau condamné sous diverses formes, puis, ayant laissé publier les *Paroles d'un croyant*, fut décidément proscrit, et cessa de se considérer lui-même comme prêtre et comme catholique. Tout cela était inévitable, et il était impossible qu'il n'arrivât point. Lamennais était le seul qui pût s'étonner de ne point rester catholique quand il pensait comme il pensait depuis 1830.

Sans doute, il ne repoussait, il ne contredisait, il n'altérait même, ce me semble, aucun dogme de l'Église catholique. Et sans doute, aussi, comme je l'ai dit, il était habile sans le savoir au profit de l'Église catholique en voulant en faire une Église de « minorité », en voulant que, puisqu'elle n'était plus ni religion d'État, ni, en réalité, religion de la majorité des Français, elle eût les avantages d'une religion libre, non liée au pouvoir, populaire, usant de toutes les libertés ; forcée par là, ne fût-ce que par la loyauté, et ç'aurait toujours été par la nécessité des choses, de les réclamer pour tous, et agissant ainsi en pleine indépendance sur les esprits et les volontés des masses. Cette transformation, non du fond, mais du rôle du catholicisme semblait tellement commandée par les événements et la marche des choses, que ç'a été cent fois, depuis lors, la tentation des catholiques les plus sincères et les plus distingués, avec, seulement, des différences de degré qui ne sont guère que des différences de tempérament.

Seulement, si Lamennais, d'une part, semblait bien trouver pour le catholicisme la tactique à suivre désormais, d'autre part ne heurtait aucun dogme du catholicisme ; il en contredisait absolument l'esprit. Une religion n'est pas seulement un ensemble de dogmes et de doctrines, elle est une réunion d'hommes ayant les mêmes tendances générales de conscience, d'intelligence, de volonté et même de complexion. Or, depuis des siècles, l'Église catholique était pour elle-même autoritaire, et, de plus, soutenait d'ordinaire les autorités établies, autres qu'elle. Elle aimait à dire que tout pouvoir vient de Dieu, le sien d'abord, ensuite ceux qui par leur durée, et quelle que fût leur origine, prouvaient qu'ils étaient un établissement véritable, tout humain sans doute, mais approuvé de Dieu. — Il en résultait tout simplement qu'étaient catholiques, restaient avec plaisir dans cette Église, ou y rentraient, ou la voyaient d'un œil favorable et étaient comme des demi-catholiques, tous les esprits autoritaires, conservateurs, misonéistes, tous, ou à bien peu près. Il en résultait que l'Église catholique, abstraction faite de ses dogmes, était la réunion des tempéraments autoritaires. L'homme à nouveautés, le libéral, l'émancipateur, surtout le révolutionnaire, devenait tout naturellement un protestant hétérodoxe quelquefois, un libre penseur souvent, le plus souvent un catholique infidèle n'ayant plus de catholique que le nom.

A quoi Lamennais conviait donc l'Église catholique, c'était à renoncer d'abord à sa tradition historique, ensuite à ce qui était le fort, le vivace, le dévoué et le gros de son troupeau. C'est à quoi une église, pas plus qu'un parti, ne renonce. Elle est liée par son histoire et par ce qui la compose, parce que c'est son

histoire et ce qui la compose qui font son esprit général.
Je ne songe pas à dire qu'elle renoncerait plutôt
à ses dogmes qu'à son esprit général ; mais elle
laisserait plutôt, sinon attaquer, du moins discuter,
pourvu que ce fût discrètement et indirectement,
quelqu'un de ses dogmes que son esprit. Dans le
premier cas elle pourrait à demi fermer les yeux ; on
la force dans le second à les ouvrir. L'Église catholique,
composée d'esprits autoritaires, devînt-elle décidément
minorité partout, n'en continuera pas moins à soutenir
partout les autorités établies et à recommander le
respect à leur égard, sans s'embarrasser beaucoup de
savoir si les autorités qu'elle soutient, ici, sont monarchiques et là sont républicaines. Quelque chose est plus
haut pour elle : la stabilité des institutions temporelles, concordant, plus ou moins, avec la stabilité de
l'institution spirituelle ; mais bonne en elle-même,
et surtout répondant aux désirs, au tour d'esprit
et de caractère des fidèles qui sont la force de
l'Église.

Une objection du Père Ventura à Lamennais est
très frappante : Vous êtes démocrate, lui dit-il ; mais
« la souveraineté du peuple en politique mène à la
souveraineté des fidèles en religion ! » Logiquement,
elle n'y mène pas du tout : on peut être fidèle catholique et ne vouloir, comme gouvernement « temporel »,
qu'un pouvoir à la nomination duquel on participe.
Mais comme, au fond, c'est vrai cependant ! Comme
seront tout naturellement, sauf exceptions, nombreuses
si l'on veut, indépendants en religion, ceux qui n'ad-
mettront en politique que l'autorité qu'ils auront con-
sentie ! Comme ils seront cela, de la même tendance
générale d'esprit et de caractère qu'ils sont ceci ! Voilà

ce que le gouvernement de l'Église catholique avait
parfaitement compris.

Pourquoi Lamennais ne l'avait-il pas compris lui-
même ? Parce qu'il était poète, orateur, assez bon
logicien et même assez bon philosophe, mais très peu
historien et très peu psychologue. Il n'avait ni assez
étudié, ni assez médité l'histoire de l'Église, et il
n'avait pas vu à quelle tradition historique elle était
liée, qui lui rendait, sinon impossible, du moins extrêmement difficile, le revirement, l'évolution et
presque la révolution qu'il lui conseillait. Il ne connaissait pas assez, d'autre part, le tempérament d'un
catholique. Il ne connaissait que le sien, qui n'était
pas le tempérament ordinaire d'un catholique, et qui,
à bien des égards, était le contraire, et c'est ainsi que,
de la meilleure foi du monde, il proposa à l'Église
catholique de se renoncer pour se renouveler.

A certains égards, ce qu'il projetait était une révolution plus profonde que la Réforme. La Réforme
était un retour violent à l'Église primitive ou à l'idée
que se faisaient les réformés de la primitive Église, et
une répudiation de la tradition. Ce que proposait
Lamennais était cela aussi, mais c'était le retour à une
primitive Église plus éloignée et la répudiation d'une
tradition plus longue ; et cela proposé à qui ? à ceux
que, à cause de leur tournure d'esprit, de leur tempérament et de leur race, la première réformation n'avait
pas tentés. Et à quelle époque ? Non plus à l'époque où
les libertés locales, les autonomies municipales, les divisions territoriales multiples, l'Europe partagée en cent
nations diverses atténuaient dans les esprits le principe
d'autorité, rendaient relativement facile l'esprit d'indépendance et d'autonomie spirituelles ; mais après trois

siècles de centralisation, toujours plus forte, qui avaient
plié les esprits politiquement à céder à l'autorité centrale, ce qui les dirigeait naturellement à se reposer
aussi, au point de vue religieux, sur l'autorité.

Et, sans doute, l'individualisme, Lamennais le savait
bien, et nous ne l'oublions pas, avait fait cependant
d'immenses progrès, mais c'était à ceux qui n'en étaient
pas atteints, c'était aux esprits autoritaires que Lamennais proposait sa réforme ! Il ne pouvait plaire qu'aux
révolutionnaires, et ceux-ci étaient hors de sa prise,
étant déjà sortis du catholicisme.

Aussi se trouva-t-il à peu près seul ; et c'est alors,
alors seulement, qu'il vit le chemin parcouru par lui,
et c'est alors, alors seulement, qu'il fut vraiment en
contradiction avec ses premiers écrits et son premier
système. Il avait dit que le protestantisme était l'individualisme spirituel, l'inspiration personnelle, laquelle
n'a aucune preuve de sa légitimité. Or du moment qu'il
n'était pas approuvé de son église, ou il devait renoncer
à son inspiration qui n'était plus que personnelle, ou,
s'il s'y tenait, elle n'avait plus aucune preuve de sa
légitimité, et il devenait protestant. Il avait dit que le
libéralisme était la prétention dans chaque homme de
penser par lui-même sans aucun contrôle et de préférer
sa raison à la raison commune, et que c'est là un commencement de folie ; car la raison individuelle n'existe
pas et la raison commune existe seule ; et il était réduit
à sa raison personnelle, et la préférait décidément à l
raison commune.

Il avait dit que la vérité, c'était le consentement universel, et il se trouvait privé du consentement universel,
penseur isolé, destitué du point d'appui qu'il avait donné
pour base à la religion même. Il dut réfléchir souvent

au portrait qu'il avait jadis tracé de Nicole, et qui, par une ironie de la destinée, se trouvait trait pour trait devenu celui de Lamennais : « Personne n'a jamais mieux que M. Nicole montré la faiblesse et l'inconséquence de l'homme, et personne ne fut jamais plus inconséquent. Lisez ses traités contre les protestants et vous admirerez avec quelle force de raisonnement il prouve qu'on doit se soumettre sans balancer aux décisions des pasteurs de l'Église qui sont faites sous l'autorité de leurs chefs, parce que l'Église seule peut nous ouvrir un sentier de lumière à travers le labyrinthe des opinions humaines. Eh bien, ce même homme a été rebelle pendant toute sa vie à l'autorité qu'il avait si laborieusement défendue et il a résisté jusqu'au dernier soupir aux jugements prononcés par le souverain pontife, et adoptés par presque tous les évêques... »

Le nouveau Nicole passa toute la seconde partie de sa vie à réfuter la première, ou il avait passé la première à réfuter d'avance la seconde. A chacune de ses assertions on pouvait lui dire : « Quel fondement a la vérité que vous nous annoncez, puisqu'elle n'a pas celui du consentement universel, et puisque le consentement universel constitue seul la vérité ? »

C'est que les uns disent : « Mon devoir de croyant est de ne pas croire en moi. Pour que ma foi ait un caractère religieux, il faut qu'elle me soit donnée. Si elle me venait de moi, elle ne serait qu'une suggestion de ma personnalité, qui n'est rien du tout. Elle ne serait pas une foi, elle serait une opinion, comme celle que j'ai sur la dernière comédie. Elle n'est religieuse qu'à la condition d'être impersonnelle » ; et ceux-ci sont catholiques.

Les autres disent : « Mon devoir est de me former

une croyance. Pour que ma foi ait un caractère religieux, il faut que ce soit moi qui croie, et pour que ce soit moi qui croie, il faut que je considère et que je choisisse. Si ma foi vient d'autrui, c'est quelque chose en moi qui n'est senti que par un autre. Ma foi n'est religieuse qu'à la condition d'abord qu'elle soit mienne » ; et ceux-ci sont protestants et peut-être plus éloignés encore du catholicisme que les protestants.

Lamennais avait passé de longues années dans le premier état d'esprit : condamné par Rome, et n'acceptant pas sa condamnation, il se réveilla brusquement dans le second.

Il en fut toujours gêné et comme étourdi ; car ce n'étaient pas là simples contradictions, comme en rencontrent en eux-mêmes tous les penseurs, à ce point même qu'il n'y a pour n'en point connaître que ceux qui ne pensent pas ; c'étaient deux âmes très différentes l'une de l'autre qu'il avait eues successivement, et le passage de l'une à l'autre n'avait pas été sans d'affreuses luttes et des déchirements incroyables, et jamais il ne s'établit très paisiblement ni très sûrement dans la seconde. Jamais il ne renonça complètement à ses anciennes répulsions contre l'individualisme ni à son amour pour l'unité. Mais désormais comment échapper à l'individualisme ? Et l'unité, comment se constituera-t-elle ? Je n'ai pas l'habitude de citer d'un auteur les passages inintelligibles ; mais il s'agit de montrer l'état d'esprit dernier de Lamennais ; et l'extrême vague, la quasi-incohérence de cette page de ses *Œuvres posthumes* est caractéristique de la confusion qui régnait dans ses pensées générales à la fin de sa carrière et de l'impossibilité radicale où il était de trouver désormais un point fixe :

« La grande lutte de ce monde est la lutte de l'individualité contre l'unité, de l'individualité de doctrine
contre l'unité de doctrine, de l'individualité d'amour
ou égoïsme contre l'unité d'amour ou charité, de
l'individualité d'action contre l'unité d'action ou du
désordre contre l'ordre. Le vrai étant un, ou n'étant
point, la lutte de l'individualité de doctrine contre
l'unité de doctrine est la lutte de l'erreur contre la
vérité ; l'amour étant un, ou n'étant point, la lutte
de l'individualité d'amour contre l'unité d'amour est la
lutte de la haine contre la sympathie et la loi vitale du
dévouement ; la lutte de l'individualité d'action contre
l'unité d'action n'est qu'un continuel effort pour réaliser
l'erreur et la haine, en opposition avec tout ce qui tend
à réaliser l'amour et la vérité. »

Voilà qui est presque clair encore, et c'est un
résumé du premier état d'esprit de Lamennais, que
l'on voit qu'il ne veut pas encore abandonner ; mais
comment, dans le second, où il est, donnera-t-il encore
satisfaction au premier ? Voici comment il y tâche,
et rien de plus obscur et vertigineux que sa solution :
« L'unité véritable ne se formera jamais que par la
liberté ; l'unité de doctrine par la conviction qu'engendre la discussion libre ; l'unité d'amour ou l'unité
de vie par le dévouement libre, le don volontaire de
soi aux autres ; l'unité d'action ou l'ordre social que
réalise la force éclairée et réglée par le développement
de ce qui l'éclaire et la règle, c'est-à-dire par les conditions de l'unité de doctrine et de l'unité d'amour
qui constituent la loi du vrai et du bien. »

En d'autre termes, Lamennais ne se résignait pas à
être un simple individualiste et ne savait absolument
pas de quelle manière, par quel biais forcé, par quelle

contorsion d'argumentation et par quel prestige de
galimatias il pourrait échapper à l'être. Les deux
Lamennais se battaient en lui dans une mêlée confuse,
obscure et anxieuse, où tout son être violent et tendre
se tourmentait douloureusement.

IV

N'importe ; et il n'en est que plus instructif comme
individu représentatif de l'évolution de tout le siècle.
Les hommes aiment à penser en commun, et ils
aiment à penser librement. Ils aiment à penser en commun, parce que, forcés de vivre en société, ils sentent
qu'ils leur faut agir en commun, et qu'ils sentent confusément aussi que, les actes étant des pensées qui
marchent et les pensées des actes qui se mettent en
route, celui qui doit agir en commun est à peu près
obligé de penser en commun tout de même ; ou que,
sinon, les actes ne seront plus des pensées, n'auront
plus rien d'intellectuel, seront un je ne sais quoi
déterminé par les circonstances, où l'entendement
humain n'interviendra point, et marqueront une dégradation de l'humanité.

Et les hommes aiment à penser librement, parce
qu'ils sentent que l'essence même de la pensée est d'être
libre, et qu'une pensée qui n'est pas spontanée, quelque
rares qualités qu'elle puisse avoir d'ailleurs, a ce seul
défaut et ce seul manque qu'elle n'est pas une pensée.

Cela forme une antinomie. L'humanité pensante se

partage, elle est toujours partagée plus ou moins inégalement entre ces deux tendances légitimes, raisonnables et nécessaires. Mais, selon les temps, la majorité passe de l'une de ces deux tendances à l'autre. Il y
a eu un temps où, surtout en apparence, mais aussi en
réalité, l'humanité avait pris le parti de penser en commun. Depuis quelques siècles la tendance contraire a
pris force de plus en plus ; au XIX° siècle, elle a fini par
prévaloir, à tel point, remarquons-le, que la concession
faite, qui était grande, que la latitude donnée, qui était
considérable, par le protestantisme à la liberté de penser, pour un grand nombre, pour un nombre de plus
en plus grand d'esprits, n'a pas paru suffisante.

Ce stade du siècle, Lamennais l'a parcouru, et la
ligne brisée de sa pensée en est la représentation
exacte.

Il a été pour la pensée en commun jusqu'à chercher
l'unanimité du genre humain, non seulement à une
époque, mais à toutes les époques, et à croire l'avoir
trouvée. Il a été comme forcé d'avoir une pensée personnelle, seulement pour avoir voulu tenir compte de
l'état vrai des esprits aux temps modernes, seulement
pour avoir pris conscience d'une société humaine, celle
où nous sommes, où presque tout est pensée personnelle et où l'individualité intellectuelle est comme la
loi même des intelligences. Cette pensée personnelle
une fois en lui, ne pouvant pas en faire la pensée
commune de son Église, et ne pouvant pas y renoncer, c'est à l'Église qu'il renonça, et il se trouva le
penseur solitaire qu'il avait en horreur d'être. — Et il
chercha, comme tous les penseurs solitaires, une autre
communauté, une autre association, une autre collectivité, une autre organisation spirituelle qui vécût de sa

pensée à lui et donnât à cette pensée la force d'action, la vertu de propagation et de fécondité. Et il ne la trouva point ni ne la créa, image, encore, et plus que jamais, de son siècle, qui fut à la fois le plus ardent à penser, et le plus radicalement incapable de fonder un pouvoir spirituel ou seulement une organisation intellectuelle.

La tristesse de Lamennais vieillissant, c'est la tristesse de ce siècle qui après avoir beaucoup pensé, avec plus de contention et surtout avec plus de loyauté et de sincérité qu'aucun autre, finit en constatant que, par défaut de convergence dans les efforts intellectuels, tant de labeur mental n'a peut-être eu sur les faits, sur les actes et gestes de l'humanité, qu'une influence insignifiante.

BALLANCHE

La renaissance religieuse, — ou la réaction religieuse : car qu'importent les mots dont la polémique
fait usage, et acceptons-les tous pour abréger, — la
renaissance ou la réaction religieuse du commencement de ce siècle intéresse beaucoup le siècle finissant.
Il l'étudie, la questionne, quelquefois tâche à l'imiter.
Le néo-christianisme est une mode ; l'effort religieux
est plus qu'une mode, et semble un besoin, à tout le
moins une inquiétude. Cela ramène l'attention vers
les efforts ou les inquiétudes du même genre qui se sont
montrés il y a quatre-vingts ans sous diverses formes.
Quiconque voudra étudier le mouvement religieux
au XIX° siècle devra ne pas oublier Ballanche. Moins
éclatant, mais beaucoup plus convaincu que Chateaubriand, pour ne pas dire plus sérieux, il a certainement
séduit beaucoup moins d'imaginations, et sollicité
beaucoup plus d'âmes. Absolument indemne de l'esprit
du XVIII° siècle, dont j'ai cru voir et montrer que les
De Maistre et les De Bonald sont encore très pénétrés, quoi qu'ils en aient, il n'a rien de leur allure ba-
tailleuse, impérieuse et tranchante, et il a dû pénétrer plus mollement, plus intimement et plus pro-

fondément dans les cœurs. La réputation de cet homme, qu'on ne lit pas depuis soixante ans, indique bien l'influence secrète et sourde qu'il a exercée sur nos pères. D'après les dates, on peut le tenir pour le premier qui ait essayé de sonner le réveil religieux dans notre pays ; par sa nature, essentiellement original, solitaire, et creusant patiemment son puits, comme il a dit lui-même, il est de ceux qui n'obéissent guère à un engouement, et qui quelquefois contribuent à en former un. Tout ce qui a été, en notre siècle, mêlé de mysticisme, ou simplement religieux avec une certaine profondeur, peut donc être rattaché à lui, ou du moins tient à lui par certaines affinités. C'est une des personnes morales les plus curieuses à étudier, et les moins connues du reste, de tout notre siècle. Je voudrais en fixer ici les principaux traits.

I

Il était Lyonnais, et s'en est toujours souvenu avec plaisir et avec fierté, comme tous les Lyonnais. Dès son premier ouvrage il veut qu'on le sache, et *date* son livre, en quelque sorte, par les lignes suivantes : « Rians Ménales de Sainte-Foy, grottes de Fonten-cières, rochers romantiques de l'île Barbe, amou-reuses Tempés d'Ecully et de Roche-Cardon, rives si magnifiques et si sentimentales de la Saône... » Plus tard, en 1818, en 1828, le Lyonnais se retrouve dans certaines comparaisons qui ne viendraient à l'esprit ni d'un Parisien ni d'un Provençal : « Les opinions humaines ne ressemblent donc point à la pièce de toile

que le tisserand commence et achève. Elles se croisent
et se feutrent, pour ainsi dire : la *trame* est de tous les
jours, la *chaîne* est éternelle. » — « La fragile na-
celle d'Orphée fendait les flots comme une navette qui
court le long de la trame du tisserand. »

Il était Lyonnais. Tous ces Lyonnais sont volontiers rêveurs, imaginatifs, *irréels* et mystiques. Ce sont
nos Allemands. Poètes, de Maurice Scève à Laprade,
ils sont symbolistes ; penseurs, d'Antoine Favre à Edgar
Quinet, ils sont abstraits de tout leur cœur, amoureux
des mythes et des figures. Quels qu'ils soient, l'obscurité
des idées ne les effraie pas, si l'on ne peut pas dire
qu'elle les attire et les retient. Ils sont graves et lents,
et d'une très forte vie intérieure. La clarté et la viva-
cité françaises ne leur agréent jamais qu'à moitié.
Très intelligents et infiniment amoureux des idées, ce
sont des intelligences à seconde vue, à qui manque
quelquefois la première. Ballanche est le type du
Lyonnais, jusqu'à en être parfois un commencement
de parodie. Ce caractère en lui fut persistant, ineffaçable. Il traversa Paris, le plus beau Paris, le monde, et
le plus beau monde, et en fut aimé, sans cesser de
rester provincial, ce qui n'est pas mauvais du tout, et
de sa province, ce qui est peut-être moins bon. Il
resta abstrait, renfermé et doux, ne laissant pas d'être
aimable quelquefois, sans y songer, par une distrac-
tion de plus. Il était de ceux qui ne vivent point en
ce monde, ce qui n'est pas à dire, et au contraire, qu'ils
n'y soient pas à l'aise ; car ils n'y gênent personne, et
par personne n'y sont gênés. Qu'il n'est pas habitant
de cette terre, il le sait très bien, et avec cette emphase
naïve, très familière aux rêveurs et qui chez eux ne
déplaît pas, il dit, — je traduis d'avance, pour qu'on

comprenne, — il dit d'une jeune personne qui n'avait pas voulu l'épouser : « 14 août 1825, date bien funeste, que j'ai longtemps ignorée, et dont je n'ai jamais été averti par aucun pressentiment ; du moins, si une corde de ma lyre a rendu un son funèbre, le mouvement du monde m'a empêché de l'entendre ; le 14 août, une belle et noble créature qui m'était jadis apparue et qui habitait loin des lieux où j'habitais moi-même, une belle et noble créature, jeune fille alors, à qui j'avais demandé toutes les promesses d'un si riche avenir, est allée visiter à mon insu *les régions de la vie réelle et immuable,* après avoir refusé de parcourir avec moi celles de la vie d'illusions et de changement. » — En vérité, cette jeune fille, il le sent, en partant pour un autre monde, était allée le rejoindre.

Ballanche est, de plus, un Lyonnais qui a vingt-cinq ans en 1801. Il a vu la Révolution, affreuse partout, épouvantable, comme on sait, à Lyon, et il a gardé de ces scènes horribles, un souvenir que l'on retrouve à peu près dans tous ses ouvrages. Son imagination en a été ébranlée pour toujours. La vision du meurtre mêlé à l'histoire, et en faisant partie intégrante, nécessaire peut-être, ayant un sens par conséquent, et un sens qu'il s'agit de comprendre et d'interpréter, deviendra peu à peu chez lui tout un système, confus, mais tout un système de philosophie historique. Remarquez-vous comme les hommes de ce temps sont obsédés de l'idée du meurtre ? De Maistre imagine le caractère providentiel du sang versé, et en fait toute une théorie rébarbative à l'appui de son système. De Bonald, dans un chef-d'œuvre de périphrase, demande « qu'on envoie le sacrilège devant son juge naturel ». Chateaubriand, dans ses œuvres politiques, a plus d'une phrase féroce.

Ces gens-là ont vu tuer. Cela donne des idées aux hommes d'imagination. Des *Soirées de Saint-Pétersbourg* au *Prêtre de Némi* on pourrait trouver toute une littérature contenant les diverses philosophies du meurtre politique et religieux. Le doux Ballanche en a fourni un chapitre, et non pas, comme nous le verrons, le moins curieux. Il s'est demandé pendant sa jeunesse : « Pourquoi les hommes se massacrent-ils au nom des idées qu'ils croient avoir? Il doit y avoir à cela une raison ; mais une raison élevée, une raison philosophique, une raison qui se rattache au plan du monde, une belle raison. » Il a essayé de la trouver, dans son âge mûr.

Enfin, il faut savoir quelle a été l'éducation intellectuelle de Ballanche. Elle n'est pas très variée. Il me semble qu'il a peu lu. Mais ses lectures étaient originales. Il était curieux. Il ne lisait pas ce que lisait tout le monde. Il se dirigeait d'instinct vers les penseurs un peu abstraits, quelquefois excentriques, et se laissait peu aller aux engouements littéraires d'alentour. Il faut qu'il ait peu lu Chateaubriand ou l'ait peu goûté, pour avoir dit en 1818 : « Le sceptre de l'imagination est à prendre. » Mais il a lu Charles Bonnet, à qui il emprunte le terme de *Palingénésie* et que plus d'une fois il loue très fort. Il a lu Boulanger ; il a lu ce singulier et curieux Fabre d'Olivet ; il a lu De Bonald ; il a lu De Maistre, qu'il n'aime pas, et qu'il apprécie assez bien : « Je dirai volontiers à M. De Maistre et à ses disciples : vous êtes les juifs de l'ancienne loi, et nous sommes les chrétiens de la loi de grâce. » Surtout il a lu Vico, avant Michelet, je crois, et à coup sûr en même temps que lui, et il est tout pénétré de la pensée du philosophe napolitain, à une époque où cette pensée était presque absolument inconnue en France. Cent fois il rend à Vico le plus solennel hommage. On peut dire que Vico est son maître par excellence. C'est chez lui qu'il a pris : 1° cette idée qu'il y a une philosophie de l'histoire ; 2° que cette philosophie de l'histoire doit être cherchée plus qu'ailleurs dans les traditions les plus anciennes, c'est-à-dire sous les voiles des mythes préhistoriques ; 3° que cette philosophie de l'histoire démontre que le *progrès* existe ; 4° qu'elle s'accommode au dogme de la Providence, à la religion chrétienne et catholique ; et que par conséquent le progrès est providentiel, et qu'il peut être et doit être chrétien.

On peut en effet trouver tout cela dans Vico sans le trahir ; et Ballanche, chrétien de foi, mais très enclin à l'idée de progrès, dut trouver en Vico une occasion et une autorité confusément souhaitée pour s'écarter de « l'immobile Bossuet », et s'attacher à un *providentialisme* sérieux, mais large et aisé, et à un christianisme sincère, mais susceptible d'évolution et de renouvellement. — Car Vico, comme Bossuet, a prétendu donner « une démonstration historique de la Providence ; mais Vico est un Bossuet essentiellement laïque, qui semble placer la Providence au centre et au sein de l'humanité, au lieu de la placer, impérieuse, bien au-dessus d'elle ; d'où il suit que sa Providence paraît suivre l'humanité dans ses démarches plutôt que les diriger. Cela fait de grandes différences, mais qui n'étaient point pour déplaire à Ballanche. Il était, ou voulait être, très moderne, en même temps qu'il était très réactionnaire. Il trouva dans Vico, ou crut y trouver, de quoi satisfaire à ces deux instincts.

Telles furent les sources diverses de la philosophie

de Ballanche. Suivons-le maintenant dans le développement successif, très incertain, mais finalement assez original et assez intéressant de son esprit.

II

Il fut d'abord un simple « réacteur », très irrité contre la Révolution, les révolutionnaires et les philosophes du XVIII° siècle, et cherchant un principe à opposer aux principes de la génération précédente. Les hommes du XVIII° siècle avaient intronisé la raison ; l'effort de Ballanche en 1801 (*Du sentiment considéré dans ses rapports avec la littérature et les arts*) fut de substituer le sentiment à la raison : « Nous sommes quelquefois déçus par le sentiment, dit-il, mais qu'ont de comparable les erreurs de sentiment avec les écarts de la raison ! » Il développait cette idée avec une certaine verve juvénile, des souvenirs de Rousseau, des réminiscences de Bernardin de Saint-Pierre, peu de logique et une extrême innocence. On prévoit que le « sentiment » n'est là que pour servir d'une transition aisée au « sentiment religieux » et à la religion proprement dite. Ce premier livre de Ballanche est tout simplement un manifeste catholique C'est en cela, à cause de la date, qu'il est très intéressant. C'est un *Génie du christianisme* enfantin : mais qui a paru avant le *Génie du christianisme*. Nous y trouvons déjà toutes les idées favorites de Chateaubriand. L'homme est un animal religieux. La raison lui suffit dans la vie pratique, le trompe et surtout le désenchante et le décourage dès qu'il veut s'élever au-dessus de la terre ; et s'élever au-dessus de la terre lui est un besoin. Toutes les grandes pensées humaines ont pour origines les idées religieuses : « La coupole de Saint-Pierre, l'*Athalie* de Racine, l'*Histoire universelle* de Bossuet, ont été inspirées par la religion.» Le jour où la religion disparaîtrait de la terre, l'homme aurait supprimé la forme élevée et noble de son inquiétude éternelle, et il ne lui resterait que l'inquiétude vulgaire et misérable, et comme une impatience maladive et ridicule de changer de place. Le beau est un besoin de l'homme, et le beau est religieux. L'esthétique est une religion qui se cherche, le beau est une religion qui s'est trouvée.

Voilà du Chateaubriand. En toutes lettres, ajouterai-je, et à s'y méprendre : « L'asile d'une hospitalité chrétienne au milieu d'un désert, ou parmi les glaces du mont Saint-Bernard ; des chaumières groupées autour d'un clocher de hameau ; une sainte Vierge tenant un enfant dans ses bras sculptés, à l'angle de deux chemins, sont des images pittoresques qui vivifient un paysage. » — Et la conclusion, c'est que « cette même religion qui a détruit les autels de la superstition est encore le principe fécondateur de tous nos succès dans la littérature et dans les arts. »

Ce petit livre passa inaperçu au milieu des acclamations que, l'année suivante, le *Génie du christianisme* souleva. Il ne doit pas être oublié de nous. Il prouve que le *Génie du christianisme* ne fut pas isolé, et qu'il répondait à un besoin, à une sollicitation de l'opinion publique, déjà exprimée çà et là. La réaction religieuse de 1800 ne fut pas faite par Chateaubriand. Elle existait, il en profita. Elle fut plus qu'une mode littéraire.

Elle fut d'abord une réaction ; ce qui suffirait à l'expliquer, une génération ayant toujours, sans qu'il y soit besoin d'une autre cause, un vif besoin de penser autrement que la génération qui la précède. — Elle fut ensuite une sorte de recueillement, très analogue à cette sorte de stoïcisme, plus ou moins chrétien chez les uns, plus ou moins païen chez les autres, qui fut essayé vers la fin du XVI° siècle, par Guillaume du Vair et quelques-uns de ses contemporains. — Elle fut assez forte, très mêlée et trop mêlée de rancunes ou d'espérances politiques, mais vraiment sérieuse et réfléchie. En 1801 il est bien vrai que le XVIII° siècle, je ne dis pas est fini, mais tourne une borne de son stade. Comment dirais-je ? Il se déclasse, en quelque manière. Des hautes classes il passe aux classes inférieures, que jusque-là il avait peu atteintes ; là il s'installe, et poursuit son évolution qui durera très longtemps encore, et qui n'est pas terminée à l'heure où nous sommes. 1801-1802 est une date très considérable dans son histoire.

L'*Antigone* de Ballanche parut en 1814. Ce n'est qu'un *Télémaque* très prétentieux. On n'y trouve point, ce qui surprend, la théorie de l'expiation qui devint plus tard si familière et si chère à Ballanche. Le dessein moral du livre nous est révélé par quelques lignes de l'épilogue. Cette histoire d'Œdipe est l'histoire de l'homme « roi de l'énigme, puissant pour avoir compris, misérable pour avoir compris davantage. » La leçon d'humilité contenue en effet dans le mythe d'Œdipe, et qui s'accommode très bien aux méditations habituelles d'un chrétien, semble avoir été comprise par Ballanche un peu après coup. Il est regrettable qu'il n'en ait pas tiré un meilleur parti. C'est ici la partie du christianisme, — si essentielle qu'elle en est presque le fond, — que nos

néo-chrétiens de 1800, qu'ils s'appellent du reste de
Maistre, de Bonald, de Chateaubriand ou Benjamin
Constant, ont le moins comprise, et le moins remise en
lumière. Il convenait au modeste et charmant Ballanche
d'aller plus loin qu'à seulement s'en apercevoir.

A cette première période de la vie intellectuelle de
Ballanche, je rattache encore son troisième livre : *Essai
sur les institutions sociales dans leurs rapports avec les
idées nouvelles*. Ce n'est pas encore un livre très original.
Il est très fort inspiré de De Bonald et de De Maistre ;
mais il semble déjà l'être de Vico, ce qui est très intéressant en 1818, et l'on y trouve les germes des idées
maîtresses de Ballanche qui doivent se développer plus
tard. Ce qui est de De Bonald, c'est tout ce qui concerne
l'origine de la parole humaine, l'objet, comme l'on sait,
de discussions interminables à cette époque. Comme De
Bonald, mais sans rattacher cette idée à toute une théorie
de la radicale impuissance de l'homme, Ballanche croit
que la parole humaine est d'origine et de création divines, qu'elle est une communication du *verbe*, et une
participation, humble et mesurée au *verbe ;* que nous
pensons en Dieu et ce que Dieu a voulu que nous pen-
sions, avec une certaine liberté relative d'association et
de combinaison ; que nous *concevons* des idées qui ont
été déposées en nous par le langage, qu'en un mot
nous sommes non les créateurs, mais *les mères de nos
idées*.

Ce qui est de De Bonald encore, c'est un effort très
grand et continu pour éloigner le plus possible l'homme
des animaux. On sait assez que ç'avait été un penchant,
plus ou moins avoué et plus ou moins satisfait chez la
plupart des philosophes du XVIIIe siècle, de faire plus
courte, qu'on ne voulait précédemment la voir, la dis-

tance entre l'homme et la bête. Buffon seul, avec le plus grand soin, et la plus vive insistance, nullement chrétien, mais très décidément spiritualiste en cela, avait creusé à nouveau le fossé jusqu'à en faire un abîme, et replacé l'homme sur un piédestal, que, non sans emphase, il fait admirer, et qu'il ne semble jamais trouver assez haut. — Vico, là-bas, dans sa solitude, avait, par une suite naturelle de ses idées générales, dit quelques mots dans le même sens que Buffon. — De Bonald chargeait dans la même direction avec la rectitude violente, la fougue, la « suite enragée » et l'absolue ignorance des nuances et des détours, qu'on lui connaît. Ballanche insiste encore, et accumule les différences essentielles qu'il faut qu'on reconnaisse entre les animaux et les hommes. C'est, pêle-mêle, le fer qu'il a trouvé, le feu qu'il a inventé, et l'amour, et la pudeur, et l'esthétique, et le pouvoir qu'il a de changer certaines choses dans l'état de la planète (déboisement, reboisement, humidité, aridité, — idées de Buffon) et le patriotisme, et surtout la religion.

On peut dire qu'en toute cette partie de son œuvre Ballanche côtoie De Bonald, et se tient à une certaine distance de lui, sans savoir au juste s'il le surveille comme un auxiliaire ou comme un adversaire. De Bonald a une idée, qui est d'éloigner l'homme des animaux pour le rapprocher de Dieu et, une fois là, pour le confondre en Dieu comme l'esclave en son maître, la chose en son possesseur, l'instrument en son agent éternel : il ne l'élève que pour l'abaisser, ou plutôt pour l'annuler d'un seul coup. Ballanche éloigne l'homme des animaux, avec un secret dessein, ce me semble, de le laisser ensuite à une très grande distance de Dieu et dans une grande indépendance de Dieu. Car, revenant à la question de la parole humaine, après avoir reconnu que la parole est d'invention céleste, on le voit s'efforcer de prouver que cette origine ne constitue pas pour l'homme un asservissement indéfini au verbe éternel, que l'homme, après avoir bien longtemps pensé en Dieu s'est « émancipé des liens de la parole », a fini par penser personnellement, à ses risques et périls, s'est affranchi de la pensée traditionnelle, et que cela constitue une nouvelle période dans l'histoire de l'humanité. Cela est encore bien confus dans le livre de 1818, mais est à noter, parce que c'est le point de départ d'une pensée dernière par où Ballanche s'écartera décidement des « réacteurs » purs et simples de 1815, et se placera, à distance à peu près égale des conservateurs et des novateurs, dans une sorte de tiers-parti où il fut longtemps à peu près seul, mais qui eut dans la suite ses destinées.

Ce qui fait songer à Vico dans ce livre un peu disparate, mais attachant, c'est un essai d'histoire générale de l'humanité par grandes lignes et grandes périodes. Déjà Ballanche songe à organiser l'histoire, ce qui sera, sous l'influence de Vico et de Herder, la grande œuvre, cent fois essayée et reprise, de notre audacieux XIX° siècle. Déjà il aime à considérer les sociétés comme des personnes qui ont une régulière évolution, proportionnée à leurs forces premières. « L'esprit humain est toujours en marche. » Les sociétés naissent, vivent et meurent comme les individus. « Déjà, ce qui est plus significatif, étant tout à fait, sinon de l'école, du moins dans l'esprit de Vico, il s'inquiète des premières traditions de l'humanité, conservées, nonobstant les altérations, dans les œuvres des poètes. » Je cite plus volontiers les poètes que les politiques, parce que je regarde les poètes comme les véritables annalistes du

genre humain. » — Enfin il essaie de tracer, comme
il la comprend pour le moment, la marche générale
de l'humanité à travers les âges.

Trois carrières : l'antiquité, le moyen âge, les temps
modernes ; et ce sont trois *émancipations* successives.
Au commencement, l'homme était bien ce que De
Bonald croit qu'il est encore, la chose de Dieu. La
créature ne s'était détachée ni pour son bien ni pour
son mal de son créateur. Cependant il avait en lui,
à la condition encore que Dieu voulût l'aider en cela,
de quoi de conquérir une liberté relative de pensée,
de parole et d'acte. La liberté n'est pas primitive en
l'homme ; il n'a que la force secrète de la conquérir ;
mais il la conquiert. Une première émancipation, permise par Dieu, a eu lieu dans les temps antiques.
Les temps antiques ont été la période de l'*imagination*. L'homme a émancipé alors sa faculté d'imaginer.
Il a peuplé le monde de fantômes et de mensonges.
Il s'exerçait, comme l'enfant, à être quelqu'un, par
des fables qui émanaient de lui et dont il s'environnait
jusqu'à en avoir peur. Cette émancipation l'amusait
et lui donnait l'habitude de la liberté de penser.

Une seconde émancipation, aidée par Dieu, fut l'é-
mancipation morale qu'on appelle le christianisme. Une
partie de la personne humaine fut affranchie de la société,
retirée de sa prise, proclamée indépendante. L'homme,
en tant qu'être moral, dépendit d'une société spirituelle,
non de l'État. Ce fut une *émancipation morale*.

Enfin, dans les temps modernes, l'homme s'affranchit de la tradition, il émancipe sa pensée de la pensée des siècles antérieurs, « il se dégage des liens
de la parole ; » et il y a là un fait d'immenses conséquences : l'*émancipation intellectuelle*.

Et voilà les trois grands âges de l'humanité.

Et l'on trouvera que cela ne signifie rien du tout ; et je reconnais qu'en effet il n'y a pas de système plus superficiel. Mais, pour la suite de la pensée de Ballanche, c'est important. Ce que nous avons ici, c'est l'idée du progrès, s'insinuant dans l'esprit de ce penseur très timide, mais qui ne s'affranchissait pas, qui ne *s'émancipait* pas d'une pensée, dès le moment qu'elle s'était introduite en lui. Nous verrons que, désormais, concilier l'idée du progrès avec toutes les idées religieuses, chrétiennes et anti-philosophiques, dont il avait vécu antérieurement, fut sa grande préoccupation et son grand effort.

Jusqu'à présent, Ballanche n'est à nos yeux, comme il le fut sans doute au regard de ses contemporains, qu'un philosophe théologien assez nuageux et inconsistant, remuant assez péniblement les idées disparates qui lui venaient des différents points de l'horizon, et plus capable de faire penser, par suggestion insensible, que de penser lui-même. Nous arrivons au temps où, sans jamais être arrivé à la clarté d'esprit, à la maîtrise de sa pensée, il est pourtant un philosophe original et devient enfin quelqu'un.

III

De 1819 à 1832, Ballanche publia *le Vieillard et le Jeune homme*, *l'Homme sans nom*, *la Palingénésie sociale*, *Orphée*, *la Ville des expiations* et *la Vision d'Hébal*. Ce sont tantôt, comme *Orphée* et *la Vision d'Hébal*, des livres symboliques destinés à montrer, sous une forme romanesque ou pseudo-historique, la pensée de l'auteur ; tantôt, comme *le Vieillard et le Jeune homme* et *l'Homme sans nom*, des dissertations philosophiques sous forme de dialogue ; tantôt, comme *la Palingénésie sociale*, des dissertations proprement dites, où l'auteur parle en son nom.

Le dessein est toujours le même : retrouver la philosophie de l'histoire pour éclairer les hommes de notre temps sur la voie où ils sont et le point vers lequel ils tendent ; trouver le secret de la marche de l'humanité pour enseigner au siècle son dessein et sa démarche. La méthode est toujours ou presque toujours la même ; interroger les mythes, interpréter les traditions poétiques, considérées comme le dépôt de la conscience de l'humanité, dépouiller les symboles et leur arracher leur secret, c'est-à-dire leur faire dire ce que l'on souhaite qu'ils disent en effet.

Cette méthode, pour nous en occuper d'abord, c'était l'esprit même de Ballanche. Il vivait dans le symbolisme comme dans son élément propre ; il pensait lui-même par symboles, et ses poèmes en prose, *Antigone*, *Orphée*, *Hébal*, sont des paraboles. De plus, il courait au symbole partout où il le flairait, comme à sa proie. Il l'interprétait avec une sorte d'ivresse là où il était. Il l'inventait là où, très probablement, il n'était pas. Il dépasse Vico dans l'art de trouver des lumières et de longues avenues là où il n'y a probablement que des cas fortuits et insignifiants. Remarquez-vous *Sons* et *Insons* ? Il faut remarquer cela. C'est une révélation. *Sons* est le simple et le primitif, *Insons* est le composé et le postérieur. Cela prouve le péché originel. — Tirésias a été successivement homme et femme. Cela veut dire qu'il a connu les lois et les conditions des différentes classes. Car, dans toute l'antiquité, la femme étant tenue pour inférieure et mineure, les classes inférieures sont assimilées aux femmes. On les appelle *mulieres*. L'enlèvement des Sabines n'est pas autre chose que le rapt, fait par les Romulides dans la campagne romaine, d'hommes désarmés qui devenaient esclaves et donnèrent naissance à toute la classe des plébéiens. — On remarquera aussi l'importance de la figue. Il doit y avoir dans l'idée de la figue un mythe perdu dont il importerait de retrouver le sens. Certains chants scandinaves font l'éloge de la figue, et « il ne faut pas trop mépriser cette petite induction ; l'on sait combien les Athéniens furent jaloux des figues que produisait l'Attique. » — De vues quelquefois ingénieuses, encore que toujours aventureuses, à de véritables puérilités, il va ainsi, guettant les vieilles fables et les interprétant à sa guise, prenant à la pipée les vieux mots et leur attribuant des sens inattendus, symbolisant à outrance, entrelaçant et brochant mythes sur symboles et symboles sur mythes, et prodigieusement à l'aise, et souverainement convaincu au milieu de tout cela. C'est un oracle. Il est né pythie. Il en a l'obscurité, la subtilité et l'assurance. Il ne fût pas descendu seulement dans l'antre de Trophonius ; il y eût vécu toute sa vie avec délices. Cela veut dire qu'il a de l'imagination et l'inintelligence absolue de la notion du ridicule. Ce sont les deux qualités essentielles du poète lyrique.

De cette méthode poétique, voyons quelle philosophie de l'histoire est sortie.

Ballanche est chrétien ; Vico, et, un peu, le monde intellectuel de 1820 lui ont donné l'idée du *progrès* ; la haine et l'effroi de la Révolution française persistent chez lui : il faudra que tout cela se retrouve, mais en s'accommodant dans son système historique.

Peu à peu, voici comment tout cela, en effet, s'est ajusté. Le christianisme a raison : l'homme est un être déchu. Les « mythes généraux de l'humanité » sont là-dessus d'accord. Partout vous retrouvez : punition d'une première faute, travail imposé à l'homme après une période de bonheur dans l'oisiveté, science acquise au prix du malheur. Partout vous retrouvez l'être supérieur qui subit la mort, un autre être supérieur cherchant çà et là et recueillant les membres dispersés de cette victime (mythes de l'Inde, mythes égyptiens, mythe orphique, mythes chrétiens). Partout vous retrouvez : tache originelle, travail imposé, expiation. Voilà le commencement des choses et voilà le commencement de la philosophie éthique.

Mais poursuivons. Ce travail imposé, c'est une punition, sans doute, mais c'est une expiation aussi. Qui dit expiation dit réhabilitation. Interrogez les mythes encore : ils vous diront tous que l'être qui expie s'épure, se sanctifie, se divinise. Le christianisme ne l'a pas dit peut-être assez clairement ; mais on peut le lui faire dire. Et c'est ici qu'intervient l'idée du progrès. Le progrès, c'est expiation, purification, relèvement. L'homme n'en aurait pas l'idée s'il n'avait celle d'une nécessité de s'amender. Il ne cherche à *s'élever* que pour obéir à un besoin de se *relever*. S'il n'était pas tombé, il ne ferait pas d'efforts vers un *plus haut*. Progressiste qui constatez le besoin du progrès invincible chez l'homme, c'est à ce point initial que vous balbutiez. D'où est né ce besoin ? Vous répondez : l'homme est fait ainsi, et peut-être tout ce qui est tend à un mieux ; une première impulsion, un premier mouvement est né de cette tendance, et le progrès a commencé. De tout ce qui est, sauf l'homme, ceci est simplement faux. La loi du monde est persévérance dans l'être tel qu'il est, par indéfinie reproduction, c'est-à-dire que la loi du monde, sauf l'homme, est répétition. La loi de l'homme est progrès. Pourquoi ? Parce qu'il a à remonter ; parce qu'il sent en lui le souvenir d'une chute, ce qui lui donne l'instinct de relèvement ; le souvenir d'un abaissement, ce qui lui donne l'instinct d'un redressement ; le souvenir d'une perte, ce qui lui donne l'idée d'une récupération. Dans tous les sens du mot, quand il progresse, il *répare*.

Ses mauvais instincts aussi bien que ses bons s'expliquent par cette doctrine. Le progrès a quelquefois l'apparence ou l'attitude d'une révolte contre Dieu. Il l'est en un sens, il l'est dans certains esprits. L'être abaissé travaille pour expier, s'il est bon ; il travaille pour montrer sa force et s'en targuer en face de Dieu, s'il est orgueilleux et mauvais. Le progrès est donc extrêmement lié à la chute, comme l'effet à sa cause. La chute l'explique, et il démontre la chute. Sans elle, il ne se comprendrait pas et ne serait pas ; sans lui, elle serait inique, trop dure du moins, et n'aurait pas d'effet, ce qui revient à dire, en bonne logique, qu'elle ne serait pas. Si progrès et chute sont connexes, théorie de la chute et théorie du progrès n'en font qu'une ; progressisme et christianisme ne sont pas contradictoires ou étrangers l'un à l'autre ; ils sont complémentaires. La conscience de Ballanche est désormais à l'aise.

Maintenant, ce progrès, comment s'accomplit-il ?

Quelles en sont les lois? Comme le principe du progrès a un caractère théologique, les lois aussi en sont mystérieuses. Elles se résument toutes en ces deux mots : expiation, réhabilitation. L'homme expie pour lui-même ou pour d'autres, comme l'a dit De Maistre. « L'expiation est due par tous parce que l'essence humaine, une et souillée du même opprobre, a besoin d'être relevée tout entière. L'homme a besoin d'expier « même ses bonnes actions » quand elles n'étaient pas dictées par le besoin d'expiation, « car le motif seulement peut donner du prix aux œuvres. » — Le bienfait même « a besoin d'être expié par l'auteur du bienfait ; Apollon a dû expier le meurtre du serpent Python. » Mais toute expiation est une épreuve et toute épreuve une *initiation*, c'est-à-dire un pas de plus dans la voie du relèvement et du progrès. Toute épreuve est une lumière nouvelle et un degré gravi. C'est le sens de l'antique parabole de la science acquise au prix du malheur. L'humanité souffre à la fois pour expier, pour savoir, pour s'élever. Son malheur est à la fois expiation, acquisition et réhabilitation. Chaque souffrance est une réparation et une conquête.

De là dérive une grande loi du progrès qu'on n'a pas toujours comprise. Le progrès procède par révolution, c'est-à-dire par sang versé, c'est-à-dire par crimes. Ce n'est pas une iniquité, c'est une nécessité. Si le progrès n'était pas douloureux, il ne serait pas épreuve ; s'il n'était pas épreuve, il ne serait pas expiation ; s'il n'était pas expiation, il ne se rattacherait pas à la chute, et le système serait faux, ce qui est impossible. Mais le système est vrai, et toujours le progrès s'accomplit au prix de souffrances. Commela femme enfante dans la douleur, l'humanité enfante dans le deuil. Les mythes sont là qui nous donnent les preuves. Ouranos tue son père Acmon ; Saturne son père Ouranos ; Jupiter mutile son père Saturne ; Jupiter sera tué par son fils Bacchus ; Evandre tue son père. Tout fondateur d'empire est tué, depuis Remus et Romulus jusqu'à Alexandre. Les mythes anciens disaient que, pour accomplir l'initiation, l'initié devait tuer l'initiateur... c'est l'expression mythique, symbole d'un fait social. Le prêtre de Némi est l'image, un peu cruelle, du progrès humain.

Le christianisme ne s'est pas dérobé à cette loi, ce qui prouve assez qu'elle est divine. « Le christianisme a accompli l'initiation générale par la mort volontaire de l'initiateur » et par les mille morts, également volontaires, des martyrs. Celui-ci, ceux-ci savaient la loi, et que tout progrès doit être acheté par le sang. Peut-être même faut-il mesurer la grandeur du progrès à la quantité de sang versé, à sa pureté aussi. Louis XVI, comme Évandre, comme Remus, doit être « tenu pour la victime mystique d'une transformation sociale; » et quant aux autres meurtres de la période révolutionnaire, ils s'expliquent par la grandeur de l'œuvre, ou doivent induire à la supposer : « L'horreur et l'immensité de la crise révolutionnaire prouveraient plutôt la grandeur et l'importance de l'ouvrage que devait accomplir la Révolution. Hommes doux et pacifiques, ne frémissez pas ; mais qu'il me soit permis de le dire à présent : si cette crise horrible n'eût point été nécessaire, elle n'aurait pas eu lieu. Rien d'inutile ne s'accomplit dans ce monde des épreuves, des expiations, du progrès. »

On voit assez, comme je l'avais annoncé, l'impres-

sion profonde que la Révolution avait laissée dans
l'esprit de Ballanche, et comment son système est né
en partie du souvenir de la Révolution, et du besoin
de donner à celle-ci un sens, et un sens finalement
rassurant. D'abord un sentiment d'horreur et d'effroi ;
ce sentiment d'effroi et d'horreur, l'optimisme intime
de Ballanche le prend, le manie, le retourne, le force à
entrer dans une conception générale du monde, ou peut-
être bâtit une conception générale du monde autour
de lui, et finit par le transformer en une pensée
optimiste, et presque en un sentiment de respect et
de gratitude.

Ce qui fait l'homme roi de l'histoire et du monde,
c'est que dans l'une et dans l'autre, avec un peu d'esprit
et de raisonnement, il voit juste ce qu'il veut voir.

Quoi qu'il en soit, voilà le système en sa loi générale.
L'humanité, une fois tombée par une première faute,
est obligée au progrès. Elle y marche par les catastro-
phes, par les sacrifices, par les crimes, mais incessamment et sans retour, chaque douleur étant une épreuve,
chaque épreuve une initiation.

Mais dans ce *progrès*, je ne vois qu'une *marche* ;
pour que je dise *progrès* il faut que je voie le but. Quel
est le but de cette évolution si douloureuse ? De quoi
sort l'humanité et vers quoi va-t-elle ? C'est à ces
questions que Ballanche a cru pouvoir répondre.

IV

Ballanche est un Vico éclairé par la Révolution
française. — Vico croyait, en sa qualité de savant,
mais aussi en sa qualité d'Italien du XVIII° siècle, que

la marche de l'humanité est celle-ci : 1° barbarie
(après la chute) ; 2° théocratie ; 3" aristocratie,
patriciat ; 4° luttes du plébéianisme contre l'aristocratie ; 5° démocratie ; 6° comme remède aux misères démocratiques, monarchie. — Ballanche, qui
vient de voir la démocratie sortir de la monarchie
ruinée, croit que la marche de l'humanité est celle-ci :
1° barbarie (après la chute) ; 2° théocratie ; 3° aristocratie ; 4° lente ascension du plébéianisme ; 5° triomphe du plébéianisme, démocratie. — Pour lui, le plébéianisme, c'est l'humanité elle-même, l'humanité tombée jadis, forcée, comme punition, expiation et rachat,
de passer par les *épreuves* salutaires de la théocratie, de
l'aristocratie, de la lutte contre ces deux oppressions ;
s'élevant peu à peu à la conscience d'elle-même, au
respect d'elle-même, et enfin à la maîtrise de soi :
« L'évolution plébéienne est l'évolution de l'humanité
elle-même. »

L'initiation de l'humanité, à partir de la chute,
est la grande affaire de Dieu. Le genre humain, dès les
premiers temps, a été partagé en initiés et en initiateurs, et « ce partage entre initiateurs et initiés est
une idée dérivée d'un dogme caché dans toutes les
cosmogonies, le dogme identique de la déchéance et de
la réhabilitation. » Partagé ainsi, il a été déchiré, c'est-
à-dire éprouvé par de longues luttes, ce qui était juste
pour que l'expiation se fît. Initiateurs et initiés étaient
également dans les desseins de la Providence. Les initiateurs étaient providentiels, et providentiels les initiés. Les initiateurs travaillaient contre eux-mêmes,
sans le savoir, agents inconscients de celui qui prévoit ; les initiés finissaient par tuer les initiateurs,
ce qui était juste, les initiateurs étant hommes et

ayant aussi besoin d'expier, et, ce qui était dans l'ordre, étant pour l'exécution du grand dessein. Les initiateurs disparaissaient dans leur gloire et récompensés par le souvenir qu'ils laissaient dans le monde au moment juste où leur rôle était fini et leur fécondité d'initiation épuisée.

Et le peuple, c'est-à-dire l'humanité, s'élevait par la science, par la conscience, par l'honneur. Remarquez cette phrase de Florus : *Plebs appetebat nunc libertatem, nunc pudicitiam, nunc natalium dignitatem, nunc honorum decora et insignia.* Cela veut dire que le peuple aspirait à être une personne. Il conquérait parcelle par parcelle une personnalité. Il voulait être et devenait peu à peu en effet un homme qui a une volonté, qui se marie légalement et solennellement, qui a une famille, qui a une dignité et un honneur personnels, qui a une dignité et un honneur de famille, qui a une dignité et des honneurs sociaux. Désormais il est un homme, désormais aussi il est responsable : « La responsabilité est une promotion ; » toute promotion aussi augmente la responsabilité, crée une responsabilité nouvelle. Le plébéianisme, c'est l'humanité qui a subi l'épreuve, qui mérite l'émancipation, qui s'initie, qui veut être. La démocratie, c'est l'humanité qui a subi l'épreuve, qui a mérité l'émancipation, qui s'est initiée, qui s'est instruite, qui a voulu être, qui est ; mais qui, aussi, est responsable, a des devoirs, puisqu'elle a des droits, a tout entière à l'égard d'elle tout entière les devoirs d'initiation que l'aristocratie avait jadis à l'égard du plébéianisme.

Car l'initiation est éternelle et ne change que de forme. Si elle cessait, la barbarie reprendrait ses droits,

et le cycle que nous connaissons devrait être parcouru à nouveau. L'initiation allait autrefois de haut
en bas ; elle doit maintenant rayonner dans tous les
sens, de mille centres à mille circonférences. De
patriarcale, elle doit devenir fraternelle, et être mutuelle au lieu d'être magistrale.

C'est pour cela, remarquez-le, car tout est providentiel, que de nos jours il y a moins de génies et plus
de talents. Il y a une vulgarisation de la science et du
mérite, comme il y a une vulgarisation de la responsabilité, de l'imputabilité, de la personnalité sociale :
— « Moins d'hommes ont des facultés immenses,
parce que plus d'hommes ont des facultés dont ils
peuvent user. » — L'intelligence humaine elle-
même devient peuple. Il y a une démocratie de la
gloire : « La renommée n'a point assez de places pour
tous ceux qui sont appelés à ses solennités. » — Le
dessein providentiel est accompli. Le christianisme a
créé l'égalité morale entre les hommes ; la démocratie,
suite naturelle et providentielle du christianisme,
deuxième pas décisif dans le progrès, deuxième solution de l'initiation progressive, a créé une sorte d'égalité intellectuelle, en ce sens que ce ne sont plus des
multitudes qui vivent de la science et s'appuient sur la
conscience de quelques-uns, mais tous qui vivent
de la science acquise par tous et que tous continuent
d'acquérir, et tous qui se sentent, animés et soutenus,
et obligés aussi, par une conscience universelle.

A la vérité, cette période où nous sommes est
encore une période de transition. Elle a ceci de remarquable, qui, du reste, doit avoir été toujours observé
à chaque époque de renouvellement social un peu brusque, que les mœurs sont en retard sur les opinions.

Les mœurs sont traditionnelles, les idées sont novatrices et créatrices à leur tour de nouvelles mœurs. Il arrive, dans les périodes de calme, que les idées ne sont que la traduction des mœurs, la mise en système des coutumes observées par les hommes, une sorte de contemplation admirative et respectueuse de ces coutumes. Il arrive, dans les périodes troublées, ou qui suivent les grands troubles, que les mœurs continuent d'être, et que les opinions commencent à être, et qu'il y a entre les unes et les autres une antinomie. Par exemple, en 1820, le divorce est dans les opinions, et il est repoussé par les mœurs, le duel est dans les mœurs, et il est repoussé par les opinions ; la liberté de la presse est dans les opinions, et les mœurs la trouvent insupportable ; le jury est dans les opinions et non pas dans les mœurs ; les opinions veulent l'égalité et les mœurs s'y opposent ; les opinions sont protestantes et les mœurs catholiques, ou plutôt les mœurs sont restées religieuses et les opinions sont devenues indépendantes des religions. — Qu'est-ce à dire? Qu'un grand mouvement d'idées s'est produit, qui a dépassé, comme d'un bond, les coutumes établies et les sentiments hérités, que l'initiation a été d'un train rapide et qu'il faut lui laisser le temps de pénétrer peu à peu jusqu'au domaine intime des consciences.

Mais on ne remonte pas. Tout étant providentiel, tout devient légitime avec la consécration du temps. Il n'y a plus d'initiateurs : mais il y a encore des interprètes de l'initiation mutuelle par lesquels les peuples avancent dans leur voie éternellement tracée. La tâche de ces interprètes, c'est de concilier les sentiments anciens avec les tendances nouvelles, les mœurs avec les opinions, les idées d'hier, progrès anciens, avec les

idées d'aujourd'hui, progrès nouveaux, la démocratie,
suite inattendue mais véritable du christianisme, avec
le christianisme. source lointaine, mais véritable de la
démocratie. Telle est la tâche des sociologues modernes, et c'est à cette tâche que Ballanche ne faillira
pas.

V

Pour n'y point faillir, il faut offrir au monde un
christianisme moderne et démocratique. C'est à quoi
Ballanche met tout son dernier effort.

Il est besoin d'un grand effort ; car l'objection est
puissante :

1° Le christianisme n'a pas prévu la démocratie, ni
la libre pensée plébéienne, ou la libre interprétation
plébéienne de ses dogmes. Il est essentiellement une
religion d'initiateurs. Il est théocratique et théo-aris-
tocratique. Il a, au moins autant qu'une autre religion, conçu l'humanité comme une multitude de
clients autour de patrons et de disciples dociles autour
de maîtres inspirés.

2° Il est immobile. Il a bien des fois prouvé qu'il
se ruine à se transformer; qu'il se tue à se démentir ;
et qu'il se dément à recevoir une interprétation nouvelle.

Ce sont les deux affirmations précédentes que Ballanche essaie d'ébranler et d'atténuer. D'abord, selon
lui, le christianisme est déjà démocratique en son
principe et en son commencement historique. Aristocratique par rapport à nous, peut-être, il est extrêmement démocratique par rapport à ce qui l'a précédé.

Il y a un fait moral immense dans l'antiquité, et dont l'éloignement seul nous dissimule ou nous fait oublier à quel point il est considérable : c'est que la religion était une propriété aristocratique, un domaine patricien. Plébéiens et patriciens n'avaient pas les mêmes dieux, n'avaient pas de dieux communs. Initiation, sans doute ; il y avait initiation ; il y a toujours eu initiation ; mais initiation partielle en quelque sorte, et initiation à distance respectueuse. Le prêtre, le patricien sacerdotal antique ne communique pas son dieu à la foule, il le lui montre. Il n'adore pas son dieu avec la foule, il le lui fait adorer. La religion est possession pour lui, pour le peuple aspiration et désir, en sorte que le peuple est, à l'égard de la religion, partagé entre le bonheur d'y être appelé et le regret et l'humiliation d'en être exclu : « La multitude était sous le poids d'une excommunication religieuse... Les vaincus perdaient leurs dieux. »

Le christianisme a établi un Dieu universel, un Dieu qui ne connaît ni vaincus ni vainqueurs, ni plébéiens ni patriciens, ni riches ni pauvres ; la religion est patrimoine commun. Cela n'est pas autre chose qu'un nouveau droit introduit dans le monde, qu'une conception nouvelle de l'humanité. « Par cela seul qu'il a donné à tous le même Dieu, *le christianisme a fondé un nouveau droit des gens.* »

Et ce droit des gens est démocratique en son essence. Il n'admet la conquête qu'à la condition qu'on respecte le religion du peuple vaincu, si le peuple vaincu est chrétien ; qu'on fasse chrétien le peuple vaincu si le peuple vaincu est hors la foi. En d'autres termes, la conquête, qui autrefois ôtait au vaincu ses dieux, maintenant, ou leur laisse Dieu, ou leur donne le Dieu *qui ne s'en va pas*, et qui fait le vaincu spirituellement égal au vainqueur. Dans les deux cas, elle ne frappe que les corps et laisse libres ou rend libres les âmes.

D'autre part, à l'intérieur de l'État, le christianisme est démocratique en ce qu'il abolit le patriciat théocratique. La religion n'est plus possession du prêtre, parce qu'elle n'est plus possession héréditaire du prêtre. Il n'y a de vraie propriété que la propriété qui se transmet de père en fils ; une chose n'est à vous que si vous la pouvez donner ; de ce que vous possédez sans l'avoir hérité et sans pouvoir le transmettre, vous n'avez que l'usufruit. Le sacerdoce est une fonction, il n'est plus une propriété, d'où il suit qu'il n'y a plus de caste sacerdotale que par un abus de mot et une impropriété de langage. Le clergé élu d'abord, le clergé célibataire ensuite, signes différents, mais également sensibles que le christianisme n'a plus voulu de temple, mais une église, n'a plus voulu de caste sacerdol le, mais un clergé.

Voilà les différences essentielles, au point de vue social, entre les religions antiques, l'hébraïsme compris, et les religions modernes ; voilà en quoi le christianisme, même dans son principe et dès ses commencements, est profondément démocratique. A la vérité, il reste encore, non pas une caste, mais une classe d'initiateurs et une classe d'initiés, mais celles-ci, sinon confondues, du moins tellement voisines l'une de l'autre, et l'une se recrutant elle-même et se puisant si continuellement dans l'autre, que la distance qui séparait autrefois ceux qui recevaient la religion de ceux qui la dispensaient a pour ainsi dire disparu. Une pareille religion introduite dans le monde, c'est une première

démocratie qui en annonce, qui en promet et qui en
prépare une plus complète.

Mais elle n'est pas évolutive, et ce progrès qu'elle a
réalisé sur les religions antiques, c'est tout le progrès
qu'elle peut admettre ; elle n'est point pour se plier aux
nouvelles idées, ni aux nouvelles mœurs ; elle n'est
point pour s'accommoder d'interprétations nouvelles
ou de tempéraments ; elle est fixée dans ses dogmes et
arrêtée dans ses traditions ; tout penseur nouveau lui
est un adversaire, et, comme a dit Bossuet, « l'hérétique est celui qui a une opinion. » Comment concilierez-
vous le christianisme avec les idées modernes que vous
adoptez et qu'il ne peut admettre, par cette seule raison,
indiscutable pour lui, qu'il ne les a pas annoncées ?

Ici, Ballanche franchit le pas. Il le franchit sans
audace et sans jactance ; il le franchit en ayant l'air de le
contourner ; il le franchit sans presque s'en apercevoir ;
mais il le franchit ; il rompt avec les « prophètes du
passé, » avec De Bonald, avec De Maistre. Il dit d'eux :
« L'époque récente, que l'on peut trouver analogue au
retour d'Esdras, a été marquée par l'apparition d'une
haute philosophie religieuse... Malheureusement, elle
s'est revêtue de formes réactionnaires et imprimait un
mouvement de rétroactivité. » — Enfin, il dit presque
nettement que le christianisme n'a pas été évolutif jusqu'à nos jours, mais qu'il doit le devenir. La religion
doit être progressive comme tout au monde. Elle a,
comme la société, ses moments de repos, d'établissement
ferme dans une doctrine, dans une résistance ou dans un
triomphe ; mais elle doit avoir, et elle a, quoi qu'elle
fasse, ses périodes de renouvellement, de renaissance,
de palingénésie. On n'est pas hérétique pour parler
ainsi ; car à des hommes bornés Dieu ne peut don-

ner sa parole que successivement, selon leur capacité de comprendre et selon leur progrès dans l'intelligence des choses supérieures. Bossuet est « immobile ; » mais il a reconnu que Dieu ne l'est pas, quand il a dit « que Dieu n'a pas voulu livrer chez les Hébreux le dogme de l'immortalité de l'âme aux grossières interprétations d'une multitude trop charnelle. »

Voilà l'indication. La vérité, immuable dans le sein de Dieu, parce qu'elle y est complète, est mobile et progressive dans la communication que l'homme en obtient, parce qu'il ne la reçoit que proportionnée à ses forces, comme aussi à ses mérites : « La religion faite pour l'homme dans le temps est sujette à la loi du progrès et de la succession. Elle *se manifeste successivement*. Lorsque Dieu a parlé dans le temps, il a parlé la langue de l'homme et du temps. L'esprit contenu dans la lettre se développe ; et la lettre est abolie. »

Voilà le pas franchi. Ballanche admet qu'il peut y avoir un christianisme nouveau, un christianisme moderne, que de nouveaux interprètes peuvent abolir la lettre et dégager l'esprit, c'est-à-dire faire dire au christianisme tout ce qu'ils voudront ; et du moment qu'il l'admet, c'est naturellement qu'il le désire. Ballanche est désormais un chrétien libre, disciple de Jésus comme on est disciple de Socrate ou d'Épictète. Cela est permis ; mais ce n'est plus au Ballanche de 1801 ou de 1815 que nous avons affaire, et il a fait beaucoup de chemin.

Il l'a fait insensiblement et sans bien s'en apercevoir, d'une progression douce et lente, d'une initiation solitaire, d'une auto-initiation, si l'on veut me permettre ce mot, sourde, à demi consciente, et surtout obscure, comme il arrive à ces hommes qui s'envelop-pent volontiers de brumes propices et aiment à marcher dans la douceur paisible et dangereuse des crépuscules. Il a été amené où il est maintenant, par sa théorie du progrès qu'il embrassait d'une foi aussi vive que sa religion même ; par les idées démocratiques qui circu-laient autour de lui ; par la fascination aussi que la Ré-volution française a exercée sur lui, jointe à cette idée qu'un grand fait est nécessairement une grande idée, et que vingt-cinq ans de bouleversements européens doivent être le signal providentiel d'une nouvelle façon de penser ; par son orgueil de philosophe enfin, orgueil doux, mais profond, qui peu à peu lui persuadait qu'il était appelé à être un des grands interprètes ici-bas de la parole de Dieu, un *initiateur*, l'Orphée ou le Tirésias du xix° siècle.

Car tout à l'heure il côtoyait l'hérésie ; voici qu'il va parler, discrètement et obscurément, comme tou-jours, mais voici qu'il va parler, en fondateur de reli-gion. On ne quitte une religion que pour en fonder une ; on ne quitte la ruche que pour essaimer. Ceci est l'idée la plus originale et la plus nette de Ballanche, qui, du reste, n'a pas eu d'idées nettes ; mais c'est ici, du moins, qu'il a fait le pas le plus ferme vers une direction nouvelle, et que sa tendance, au moins, a quelque chose de précis et de décisif. Il a eu l'idée, à peu près, d'un néo-christianisme, d'un christianisme laïque, d'un christianisme ésotérique et populaire, et il a cru que ce christianisme nouveau *n'était pas à faire, qu'il était fait;* que le christianisme, au moment où il écrivait, était déjà sorti du temple, répandu dans la foule, compris et pratiqué par elle, mieux peut-être que par les hommes du temple, et qu'il régnait ; et que la Révolution française, malgré ses horreurs, et que la démocratie, malgré ses erreurs, en étaient précisément l'expression.

Il est frappé, ce qui peut surprendre de la part d'un homme qui écrit au lendemain de la Révolution et de l'Empire, du grand sentiment « d'humanité » qui s'est emparé depuis quelque temps des esprits et des cœurs. Ne croyez point à une légère influence des idées et surtout des prétentions du XVIIIe siècle sur Ballanche. Ne croyez point qu'il veuille dire, comme quelques-uns, que le XVIIIe siècle a inventé l'humanité et la bienfaisance. Il précise, lui qui précise rarement. Il dit : *depuis quelques années.* « C'est depuis quelques années surtout que ce sentiment d'humanité s'est répandu. » Avant la génération de 1800, ces vertus étaient des vertus ecclésiastiques, depuis elles sont devenues des vertus sociales. « Avant nous, ces sentiments n'existaient que par la religion ; depuis, ils sont entrés dans la société. » Or ces sentiments d'humanité, c'est le christianisme même, mais le christianisme devenu populaire, le christianisme, non plus enseigné par ceux qui le possèdent et pratiqué sans être compris par ceux qui le reçoivent, mais possédé directement en son essence par la foule elle-même ; c'est le christianisme qui n'est plus une religion d'initiés, mais une conscience universelle de l'humanité. L'initiation, à force d'être exercée, et répandue, a imprégné tout le monde (et, sans doute, rend désormais inutiles les initiateurs). Ainsi considéré, le christianisme est tout nouveau. Il date d'hier ; mais il est indestructible sous cette nouvelle forme, étant la pensée de tous.

Peu importe même, semble dire Ballanche, que les individus soient ou semblent être sans religion.

Ils sont chrétiens sans le savoir ; ils le sont en tant que membres d'une société qui est profondément chrétienne : « Vous n'êtes pas sans religion, vous êtes sans culte... Mais la société est plus religieuse que les individus. » Il suffit ; car nous vivons de la pensée commune beaucoup plus que de ce que nous croyons être notre pensée propre ; surtout nous agissons beaucoup plus conformément à la coutume sociale que conformément à nos idées. Nous pensons, nous penserons comme nous pourrons ; nous agissons, nous agirons chrétiennement, de plus en plus, parce que la société où nous sommes comme engagés et engrenés est chrétienne. « *Le génie chrétien est devenu le génie social.* »

Telle est la pensée religieuse où Ballanche semble s'être arrêté. Elle est très conforme à ses idées générales. Sa théorie de l'initiation devait l'y mener. Il devait arriver à considérer le christianisme comme un orphisme supérieur, qui répand un certain nombre de bienfaits sur l'humanité, mais qui lui aussi fait son temps, et est effacé par une religion nouvelle plus ouverte et plus large. Cette religion n'est que lui-même, sans doute, lui-même élargi et agrandi, mais c'est cependant une religion nouvelle, capable d'admettre, de recueillir et de féconder toutes les idées modernes, et de suivre et de diriger le progrès. Ballanche a caressé cette conception avec tendresse et avec timidité. Il ne l'a jamais formellement déclarée. Il avait trop de modestie mêlée à son orgueil et trop de douceur d'âme à travers les fugitives audaces de sa pensée. C'était un fondateur de religion sans énergie, sans mépris de l'adversaire, et sans acharnement dans ses idées. Ce n'était pas un fondateur de religion. Mais il en avait pourtant quelques traits. Il avait de l'onction, de la tendresse et de la subtilité. Il a esquissé une conception du christianisme accommodé au siècle, qui sera reprise après lui. Il a laissé à cet égard une trace dans les esprits, beaucoup plus forte peut-être qu'on ne croit.

VI

Tel fut à peu près cet homme singulier, qui est un curieux spécimen de la génération de 1800. C'était un esprit spécieux et inconsistant, une très belle imagination et un très bon cœur. Par suite de quoi il a voulu, ou a inconsciemment désiré, concilier toutes choses. Il fut éminemment conciliateur ; christianisme, progrès, liberté et démocratie, étant idées qui circulaient dans le monde en son temps, se sont donné rendez-vous dans son esprit et dans ses œuvres, cherchant à s'ajuster les unes aux autres, prenant chacune plus ou moins de place selon les temps et les circonstances, mais ne s'excluant jamais les unes les autres, et semblant toujours à ses yeux sur le point de s'accorder pour jamais dans une synthèse définitive et triomphante. Il n'est point négateur, comme les Chateaubriand, les De Maistre et les De Bonald, il n'est point, comme eux, ni taquin, ni insolent, ni superbe. Profondément optimiste, ce qu'il croit, en bon sens quotidien, c'est que tout finira bien par s'arranger sans qu'on ait rien de précieux ni de cher à sacrifier. Cela devient, en méditations solennelles et théories d'apparat, la doctrine de la fusion du christianisme et de la libre pensée dans la palingénésie morale, sociale et religieuse. Il écrit à la première page d'un de ses livres : « Je veux exprimer la grande pensée de mon siècle... » *Exprimer* est impropre, et *la grande pensée* n'est pas juste. Il aurait dû écrire : « Je vais *brouiller toutes les grandes pensées* de mon siècle dans un seul livre très séduisant. »

Il y trouvait son plaisir et la satisfaction de sa conscience. Son plaisir était de penser en commun avec tous les hommes de son temps, quels qu'ils fussent ; la sécurité de sa conscience consistait en ce qu'il ne croyait point rompre avec un passé qu'il chérissait et vénérait. Au fond, il n'avait point tort, et, s'il n'exprimait pas la grande pensée de son siècle, il représentait très bien l'état de pensée général en son temps. Ce qu'il cherchait à concilier logiquement dans son esprit était concilié par juxtaposition dans l'esprit de ses contemporains. Un peu de christianisme, un peu de liberté de pensée, et un peu de démocratie, un peu de progrès, un peu de haine et un peu de vénération pour le moyen âge, un peu d'horreur et un peu de respect pour la Révolution, c'était de quoi était faite la pensée de beaucoup d'hommes de cette époque, et c'est de quoi était faite la sienne ; il n'y joignait qu'un grand effort pour se retrouver dans tout cela, peine dont les autres s'affranchissaient.

Il dut plaire ; et il plut beaucoup. Il ne fut pas pris fort au sérieux ; mais il fut aimé. On lui était reconnaissant de tant de bonne volonté dans une candeur, du reste, parfaite.

Il fut aidé, d'ailleurs, dans sa tâche, par une qualité qu'il possédait à un degré surnaturel. Il était obscur au delà de tout ce qu'on peut imaginer. Les conciliateurs doivent être obscurs. C'est quand on précise qu'on se rend compte, c'est quand on précise qu'on se comprend, c'est quand on se comprend qu'on ne s'entend plus. A lire Ballanche, on devait s'entendre. Il rendait le service à ses lecteurs de voir dans ses livres à peu près tout ce qu'ils voulaient. Rien n'est difficile, rien n'est impossible, et je viens de m'en apercevoir, comme de ramasser Ballanche en quelques idées générales approximativement intelligibles. Je ne crains pas de l'avoir trahi ; je suis sûr que je l'ai trahi ; je suis sûr que je l'ai faussé, seulement à vouloir m'en rendre raison ; tout au moins je l'ai certainement dénaturé ; car sa nature est d'être insaisissable. Il fuit à la prise et glisse au lien. Il s'échappe à lui-même. A chaque instant, il nous en prévient avec la loyauté qui le rend si aimable : « Ceci n'est pas clair ; mais je ne puis pas tout dire à la fois ; cela s'expliquera plus tard. » Et cela ne s'explique jamais. Comme tous les esprits obscurs, en y ajoutant les malins qui le font exprès, il procède toujours par digression. « Mon livre est un jardin anglais, » dit-il. Il n'a pas osé dire un labyrinthe. Cela séduisit. On n'était pas sûr d'avoir compris ; mais on s'était promené à travers beaucoup d'idées, de souvenirs, de mythes et de symboles ; et chacun avait rencontré quelques-unes des idées qui lui étaient chères, et tous s'en allaient avec l'espérance d'une belle et consolante conciliation.

A distance, Ballanche paraît tout aussi aimable et sympathique, mais bien décevant. Son système religieux n'est guère qu'un souhait, une aspiration. Il désire un christianisme démocratique, dit qu'il viendra, dit qu'il est venu, et rien de plus. Il était peu soucieux et je crois incapable de dire en quoi ce christianisme

consistait ou devait consister. Son système ou plutôt
sa pensée historique manque de bases solides. Remarquez-vous de quoi elle se compose ? D'une part, de
mythes antiques plus ou moins arbitrairement inter-
prétés, d'autre part, de souvenirs et impressions de la
Révolution française. Les mythes sont trop loin, la Révolution est trop près. Il y a un égal danger pour le
penseur qui veut « tracer la marche de l'humanité », à
prendre son point de vue à une trop grande distance ou
à une trop courte distance de lui. L'histoire mythique
est susceptible de tant d'interprétations diverses, elle
apparaît, du reste, par si grandes masses et par si
vastes périodes, que, si intéressante qu'elle puisse
être, elle n'est presque d'aucune utilité pour le politique. Elle le trompe sur le temps qu'il faut aux
grandes évolutions historiques pour s'accomplir : elle
présente en un raccourci spécieux des monceaux
d'années et de siècles ; elle montre l'humanité marchant droit, ce qui est douteux, et marchant vite,
ce qui est faux, d'un point très précis à un point
très fixe. Rien ne défigure l'histoire comme cela,
et rien n'empêche autant de la reconnaître quand
on est véritablement en face d'elle.

D'autre part, l'histoire trop proche de nous nous
trompe aussi. Elle nous paraît trop considérable et
trop énorme. L'événement qui a précédé notre entrée
dans le monde nous paraît le plus grand événement de
l'histoire de l'humanité, une date comme il n'y en a
pas trois dans les annales de la civilisation, un fait
marqué de Dieu, et nous en tirons toute une philosophie historique, quelquefois toute une philosophie.
Nous autres, hommes de 1892, pour avoir vu les
événements de 1864-1870, nous sommes très enclins

à croire et à dire que le droit n'est rien et que la force est tout dans l'histoire du monde, et cela est probable, mais n'est peut-être pas vrai. De même Ballanche était obsédé de l'histoire de la Révolution française tout autant que des mythes de l'ancienne Grèce, de l'ancienne Égypte et de l'Inde ancienne. La Révolution française est certainement un événement considérable ; mais il est douteux qu'elle le soit autant que le christianisme, l'invasion des Barbares ou la Réforme. A Ballanche, elle paraît d'autant et de plus de conséquence peut-être que le christianisme. Il y puise au moins la moitié de ses théories et de ses doctrines. Il lui trouve un sens historique, un sens social et un sens mystique. Il y voit une parole de Dieu au monde. En cela très différent de ceux de ses contemporains qui l'ont vue quand ils avaient l'âge d'homme. Les Benjamin Constant, les Staël, les Royer-Collard, envisagent la Révolution avec attention, mais tranquillement. Ils n'en sont pas étonnés et étourdis. Avec Ballanche, nous entrons dans cette génération d'hommes qui ont été ébranlés jusqu'au fond de leur imagination par le drame révolutionnaire, et qui, chacun selon sa tournure d'esprit, en garderont je ne sais quelle tendance à une forme ou à une autre de mysticisme. Ce n'est pas tant l'événement auquel nous avons assisté qui nous fascine, c'est l'événement qui nous a immédiatement précédés, et qui est pour nous doublement formidable comme déjà légendaire et encore voisin.

Quoi qu'il en soit, toutes les fois qu'il pense en historien ou en moraliste politique, c'est sur l'histoire mythique et sur l'histoire d'hier que Ballanche s'appuie, interprétant l'histoire mythique en homme pénétré et un peu effaré de l'histoire d'hier, interprétant l'histoire d'hier en mythologue, en mythographe et en visionnaire. Il ne raisonne que sur la préhistoire et sur l'histoire contemporaine : entre les deux il y a *l'histoire*, qu'il ne connaît pas, et j'ajoute qu'il ne pouvait pas connaître. Elle devait lui répugner comme chose où l'imagination n'est pas très à l'aise et n'a pas tout son espace et toute sa liberté de jeu. La préhistoire et l'histoire contemporaine sont inégalement, mais toutes les deux très favorables à l'homme d'imagination. L'une est vague comme un passé peu connu, l'autre est vague comme l'avenir dont elle n'est que le commencement et dont elle a besoin pour se compléter dans l'esprit et pour prendre forme systématique. Il entre donc à peu près autant d'inconnu, et il est besoin d'à peu près autant d'hypothèses dans l'une que dans l'autre. C'est où l'homme d'imagination triomphe pleinement ; c'est au moins où il se plaît et d'où il n'aime pas à sortir. L'une et l'autre sont jeu très dangereux, doublement dangereux, sans doute, quand on mêle l'une à l'autre et quand on prétend éclairer les indications obscures de celle-ci par les lumières douteuses de celle-là.

Il est donc difficile de voir en Ballanche autre chose qu'un romancier érudit et un poète philosophe, beaucoup plus séduisant que sûr et plus fait pour amuser l'imagination que pour fortifier la pensée et nourrir l'esprit. Il est suggestif cependant, comme on dit aujourd'hui, et incline le lecteur aux méditations sérieuses. Remarquez qu'il y a en lui le germe de trois choses qui auront une place extrêmement considérable dans la pensée du XIX° siècle : la philosophie de l'histoire, la philosophie des mythes et le catholicisme libéral. Les sceptiques diront que voilà le mérite de Ballanche ramené à avoir été le promoteur de trois égarements de l'esprit humain. Ce n'est pas sûr, et, quand il serait vrai, c'est quelque chose que de mettre l'esprit humain dans une voie même périlleuse. Il est probable que l'essentiel est de penser, loyalement et consciencieusement, et qu'il en reste toujours un profit général. Or il n'est pas douteux que Ballanche, avant Michelet, avant Cousin, étudiant Vico, signalant Herder, a donné à ses contemporains l'idée de la philosophie de l'histoire. Quand je dirais que je crois peu à cette science lorsqu'elle prétend mener à des résultats et à des conclusions très précis, il importerait bien peu. Sans doute, on sent bien qu'elle élimine trop le hasard de l'histoire, et qu'elle la montre trop comme un organisme régulier et assuré ; mais si elle écarte le hasard de l'histoire, c'est pour y mettre de l'intelligence, et cela au moins apprend sinon à *la* comprendre, du moins à comprendre ; cela est un très beau, et par conséquent très salutaire exercice de l'esprit. En tout cas, notre siècle s'y est jeté de tout son cœur, de grandes œuvres ont été inspirées par cet esprit, et Ballanche a été le premier instigateur de ce mouvement intellectuel.

De même il a cherché le sens des mythes, et il a envisagé l'histoire à un point de vue mystique. Le premier soin était excellent, et, quand, après lui, plus précisément, plus modestement, et sans prétendre tout embrasser, on a creusé au même sillon, c'est toute une science, qui restera toujours hypothétique, mais qui jette beaucoup de lumières dans l'étude de l'esprit humain et dans la connaissance des choses morales, qui finira par être instituée.

La seconde tendance était plus dangereuse ; mais un critique littéraire ne peut en vouloir à Ballanche d'avoir eu une certaine influence sur des hommes, qui, poètes autant qu'historiens, ont donné à l'histoire la grâce captivante, l'intérêt passionné et la grandeur mystérieuse des plus beaux poèmes. Il y a beaucoup moins d'âmes qu'on ne croit dans le monde ; les historiens à penchants mystiques en mettent plus qu'il n'y en a ; ils arrivent à représenter l'humanité elle-même tout entière comme une grande âme en peine qui cherche son chemin et se cherche elle-même. Tout cela est douteux, et tout cela est charmant. Cela fait aimer l'histoire et aimer l'humanité. Le mal n'est pas grand. Que, de temps en temps, l'histoire devienne une grande poésie, c'est profit, au moins pour l'art. N'est-ce point Vico qui a dit que Dante était le plus grand historien des temps modernes? Nous avons eu des historiens dans le genre de Dante. Nous n'en sommes pas humiliés. Ce n'est pas Ballanche qui les a fait naître ; mais on peut dire qu'il n'y a pas nui.

Enfin Ballanche n'a pas seulement inspiré, il a bien vraiment créé le catholicisme libéral. Le mot seul a été inventé après lui. Le catholicisme libéral, c'est la pensée même de Ballanche ; c'aurait été sa formule, s'il avait été capable d'avoir une formule précise. Ce fut une belle intuition de sa part et un bel effort de la part de ses successeurs. Il y avait là une immense bonne volonté, et, ne l'oublions pas, une touchante préoccupation patriotique. Il s'agissait de réconcilier la France traditionnelle et la France novatrice, au prix, à ce qu'il me semble, de beaucoup d'inconséquences, et à la faveur, je crois, de beaucoup d'équivoques ; mais il s'agissait cependant de faire cette réconciliation entre les deux Frances, en s'adressant à ce qu'il y avait de plus généreux, de plus pur et de plus désintéressé dans chacune d'elles. Il s'agissait de ne rien perdre du passé et de ne point trop contrarier et repousser le présent. Il s'agissait de persuader aux générations nouvelles de n'avoir point le mépris des générations anciennes, mépris funeste, et absolument destructeur, quand il est violent, de l'idée de patrie. Ce fut une œuvre d'amour, de charité, et, si l'on y tient, d'innocence. Infiniment respectable à ces trois titres, Ballanche en a eu l'idée. On peut même dire que, sans qu'il s'en soit peut-être très nettement rendu compte, ç'a été l'idée directrice de toute sa vie. Il a pu se dire en mourant (1847) que, s'il n'avait pas toujours, s'il n'avait pas été souvent compris dans sa vie, il voyait autour de lui, avant de disparaître, des successeurs que l'on comprenait du moins, si on ne les suivait pas, et qui tenaient une assez grande place dans le monde intellectuel.

Le nom de Ballanche restera attaché à ces trois ou quatre tendances ou essais de la pensée du XIX° siècle. Il y avait beaucoup de passé et beaucoup d'avenir dans son esprit. C'est qu'il y avait beaucoup d'amplitude et de compréhension dans sa pensée. Il reste très sympathique à la postérité, d'une puissance de séduction, même, très singulière et un peu inquiétante, sur certains esprits. C'est qu'il aimait, qu'il espérait, et qu'il n'était pas lumineux. Il offre ainsi un refuge encore cherché, encore chéri, encore jalousement défendu, à certaines âmes très tendres, qui aiment à aimer, qui aiment à rêver de choses douces et pacificatrices, à l'écart de la lumière crue et offensante des idées nettes.

EDGAR QUINET

I

Edgar Quinet, lyonnais, comme Pierre Valdo, comme Ballanche et un peu comme Chalier, et prédestiné au mysticisme, au symbolisme et à l'éloquence, est né à Bourg en 1808. Le Bressan n'est pas lyonnais, ou l'est moins quand il est de la Bresse montagneuse, suisse ou savoyarde, qui commence à l'est de l'Ain. Il l'est très nettement, sauf mélange de sangs, quand il est originaire de la vaste plaine, Bresse proprement dite, qui va de la Saône au Revermont, plus encore s'il est de la Dombes, ce pays stagnant, brumeux, fiévreux et mélancolique, tout en marais, en terres détrempées et molles, en végétation grasse, en grandes flaques luisant sous le soleil de midi, ou fumant sous le soleil du matin, tout plein de langueurs et tout peuplé des hallucinations de la fièvre. Quinet, homme mûr, a chanté ce pays avec transport ; enfant, il l'a adoré. Il a redit souvent les vacances à Certines, en pleine Dombes, dans la maison paternelle, dans la compagnie des faucheurs, des pêcheurs et des paludiers, le long des ruisseaux lents et des marais immobiles d'où se dressaient les profils graves des hérons, d'où s'enlevaient lourdement les sarcelles, où glissaient entre les feuilles plates les gros serpents d'eau au col bleu. Toute sa jeunesse « a été embrassée, enveloppée de cette influence d'une nature primitive, qui n'était pas encore domptée, réglée, asservie par l'homme. Elle agissait sur *lui* en souveraine... Elle *l'*obsédait de ses plaintes, de ses sanglots, de ses misères, de ses impénétrables, contagieuses désolations. Elle *le* plongeait dans une atmosphère où les hommes ont peine à vivre, toute pleine d'aspirations sans but, d'espérances sans corps, d'êtres imaginaires qui ne sont plus possibles dans le milieu actuel. »

Le jeune Quinet était rêveur avec de dangereuses délices, de bonne heure concentré et silencieux, semblant choisir pour camarade favori ce jeune homme dont il parle à sa mère, qui, pendant trois heures de promenades, ne lui adresse pas une parole. Avec cela une sensibilité précoce, sensibilité toute de rêves et d'aspirations poétiques. A seize ans, sa vie passionnelle se partage entre la musique, les psaumes de David, et ses lettres à sa mère, qui sont trop belles, trop bien écrites pour cet âge. L'influence maternelle fut très grande sur lui, celle de son père absolument nulle. Sa mère, protestante convaincue, tout en lui laissant faire sa première communion catholique, nourrit discrètement, mais constamment et d'instinct, d'autant plus fortement par conséquent, cette avide jeune âme de religion grave, triste et énergique. Le jeune Quinet est sérieux, réservé, un peu timide et ambitieux de grandeurs morales. « Ses sentiments sont sérieux et pénétrants. » Il déteste la petite vie de salon des villes de province, c'est-à-dire jeux niais, riens de conversations et commérages. Il lui faut des conversations sentimentales ou des entretiens religieux.

On le met aux mathématiques, ce qui était très bien fait. Il travaille ferme. Sa première année de mathématiques spéciales fut une chose rude. Il est admissible à l'École polytechnique. Mais une seconde année, c'eût été trop. Il y renonce, glisse à la pente de son instinct, lit, rêve, médite, roule dans son esprit une histoire symbolique de l'humanité qui sera plus tard *Ahasvérus*, apprend l'allemand, lit de l'allemand, s'occupe de la pensée allemande, dont Cousin commence à enivrer les esprits.

C'est sa seconde patrie qu'il découvre là. Nous en avons tous plusieurs. La plus forte est la première ; mais les autres, que la vie nous donne, ou contrarient la première, ou la confirment et renforcent. L'Allemagne, pour Quinet était bien le complément de la Dombes, second pays du rêve, de l'abstraction qui s'enivre d'elle-même, de la pensée solitaire qui elle-même se poursuit indéfiniment, comme une promenade patiente et chercheuse dans de grands espaces silencieux. Il ne se contenta pas d'en rêver ; il y alla. Et il alla à l'Allemagne modeste, douce et humble, non pas à l'Allemagne des grandes villes, mais à l'Allemagne exclusivement scolaire, familiale et patriarcale, et très tendre et pieuse, à Heidelberg, le joli village savant, la grande université dans la petite ville pittoresque, le μουσεῖον discret et calme, où l'on fait de l'érudition toute la journée, et le soir, selon la saison, de si bonne musique ou de si fraîches promenades. Ce fut là vraie patrie de son âme. Il ne tarit pas sur le charme, la douceur insinuante, l'enveloppement tiède et doux dont il y est vite et pour jamais possédé, sur le rafraî-

chissement qu'il y trouve après sa vie tant de Paris
que de province. Certines lui-même est vaincu, quoique regretté encore par moments. Il n'y a rien de si
beau et de si bon au monde que de causer symbolique
avec Creuzer en se promenant au bord du Neckar et
de traduire Herder en très bon français en le com-
mentant avec une séduisante imagination.

Je n'y contredis point, et voilà qui est bien ; mais
remarquez comme tout concorde et conspire. Avant
d'aller en Allemagne, notre lyonnais était bien déjà le
plus Allemand des Français. Quel devait-il en revenir,
après Heidelberg, Herder, Creuzer, le Neckar, et
Minna, qu'il ne faut pas oublier, puisqu'il ne l'oublia
point, et, après de longues fiançailles, tout allemandes
encore, l'associa à sa vie ? Il en revint tout pénétré
de mysticisme, de symbolisme, de gravité pieuse, de
candeur aussi, d'aptitude extraordinaire et presque
dangereuse à être pleinement convaincu, de cette douceur apostolique, si profonde ou si tendre, qui ne
devient un peu féroce que quand on la contrarie, n'y
ayant rien de plus doux que l'huile et de plus dangereux
que l'huile bouillante, d'un penchant désormais décidé
à méditer, à prier, à prêcher, à psalmodier, à dogma-
tiser, et, le cas échéant, à exorciser. Il en revint aussi,
traducteur et commentateur de Herder, féru d'histoire
« vue par les grands côtés, » contemplateur de grands
espaces et de grandes périodes, très dévot à cette idole
de notre siècle qui s'appela la philosophie de l'histoire,
aimant à passer en revue l'humanité, convoquant
volontiers les générations dans une Josaphat de son
invention, toutes choses qui, à l'onction sacerdotale,
ajoutent le grand regard circulaire de l'inspiré et com-
pliquent l'apôtre d'un poète épique.

II

Il fut l'un et l'autre, tout de suite, mais rien de plus, dans sa première manière, de 1830 à 1843, après la période d'éducation et avant la période de vie fiévreuse et des grandes batailles. Ce qu'il est à cette époque, c'est un historien philosophe qui cherche dans l'histoire le développement de la pensée de Dieu. En d'autres termes, il recommence Herder, il recommence Ballanche, il recommence Vico, il recommence Bossuet. Car la philosophie de l'histoire, depuis ceux qui l'ont créée jusqu'à ceux, exclusivement, qui semblent y avoir renoncé, n'a jamais été que la pensée de Bossuet reprise, remaniée, pétrie à nouveau par des cerveaux moins fermes que le sien ; ç'a toujours été une pensée religieuse, le projet de retrouver et l'effort pour retracer le dessein de Dieu sur le monde. Vico, Herder le proclament formellement ; Ballanche le laisse entendre ; Quinet ne le cache pas. L'axiome qui est au principe de la philosophie de l'histoire, c'est que Dieu existe et que Dieu a une intention relativement à l'humanité. La philosophie de l'histoire est une forme savante du providentialisme, et l'histoire, selon la philosophie de l'histoire, c'est l'histoire de la Providence. C'est du Bossuet tout pur, avec cette différence, au désavantage de Bossuet, que le philosophe-historien moderne cherche le secret de Dieu, tandis que Bossuet a la foi qu'il le connaît, ce qui ôte à Bossuet et donne à l'autre des mérites supérieurs de belle invention.

De tous les philosophes-historiens, tout autant que Bossuet, mais avec sa manière propre, Quinet est certainement celui qui, le plus, se place aussi près que possible de Dieu comme centre. Il ne le quitte point. Il assiste à son conseil et le suit dans toutes ses voies. Pour lui, non seulement il y a dans l'homme un instinct mystique permanent, mais il semble qu'il n'y ait que cela ; non seulement il y a toujours de la religion dans l'histoire, mais il n'y a pas autre chose. Dieu, c'est tout l'homme ; l'histoire religieuse, c'est toute l'histoire.

C'est l'instinct religieux qui crée les sociétés : « Si vous ne placez quelque divin instinct dans le cœur des peuples au berceau, tout demeure inexplicable. Quand la société a-t-elle commencé ? Je viens de le dire. Elle est née le jour où, d'une manière quelconque, la pensée de la Divinité a jailli de l'esprit de l'homme... En ce moment à la famille a succédé l'état, à l'homme l'humanité. » — C'est l'instinct religieux qui modèle les sociétés et leur donne leurs formes diverses et leurs formes successives. A telle religion tel peuple, non point parce que tel peuple se crée telle religion, théorie positiviste qu'il faut laisser à Montesquieu, mais parce que telle religion crée tel peuple, lui donne l'existence, puis le modèle exactement sur elle, en tout le détail, le conduit, l'anime, le pousse, décroît et le fait décroître, l'abandonne et fait qu'il tombe, disparaît et fait qu'il meurt.

Cette théorie es' la façon même de voir de Quinet, c'est son esprit même. Il ne peut pas penser autrement. Quand il n'a pas une pensée religieuse, il ne pense pas. Ce n'est pas une théorie ; c'est, il n'y a pas

d'autre mot, une vision en Dieu. « Si les Indiens sont
divisés en castes, c'est que le Dieu indien se compose de parties subordonnées les unes aux autres, et,
comme en s'incarnant dans le monde physique le Dieu
indien est tombé de chute en chute dans les formes
les plus infimes de la nature, *il fallait*, par analogie,
qu'il se trouvât une échelle, un abîme de dégradations
continues dans la genèse sociale. » Ce n'est pas l'état
social qui s'est reflété dans la religion, c'est l'idée de
Dieu qui a constitué l'état social et qui l'a arrêté dans
ses formes fixes et sa hiérarchie rigoureuse. L'Inde,
c'est Brahma rendu sensible.

Si l'Indien est polygame, c'est aussi que Brahma
est le polygame universel, et la famille indienne n'est
que l'image de l'union multiple de Dieu avec la nature ;
et si, encore, dans la famille indienne le chef de famille
est tout et le reste n'est rien, c'est que, dans le mariage
de Dieu avec la nature, Dieu est seul réel, et le reste
fiction, apparence et néant.

Si l'Hébreu ne connaît point de castes (ce qui est
contestable), c'est que son Dieu n'est pas divisé,
n'est pas fractionné, n'est pas hiérarchisé. Dieu un
et indivisible, peuple un et égalitaire. — Si les païens
ont été esclavagistes, c'est parce qu'ils ne pouvaient
pas être païens sans être esclavagistes. Point de polythéisme sans esclavage. L'Olympe est une hiérarchie de
grands seigneurs, de moindres seigneurs, de vassaux,
d'esclaves, d'esclaves d'esclaves. Tel Olympe, telle terre,
tel Dieu, tels hommes. C'est Mercure qui a créé
Dave, et le cyclope l'esclave des mines. D'où est sorti
le moyen âge ? Tout entier du dogme de la prédesti-
nation : « Je crois voir le moyen âge tout entier *naître*
du seul dogme de l'inégalité de l'amour divin, le petit

nombre des élus former une sorte d'oligarchie céleste,
sanction de la féodalité terrestre, et la grâce donnée
sans mérite ni démérite appeler le règne du bon plaisir sur la terre comme dans le ciel[1]. »

Voilà l'histoire du monde ; elle n'est rien autre
chose que l'histoire de Dieu. Elle naît de l'idée de
Dieu par une sorte d'incarnation, de génération plutôt ;
l'idée, quand elle est religieuse, et uniquement quand
elle est telle, créant immédiatement le fait, la série de
faits conformes à elle, calqués sur elle et qui la réalisent.
— Aussi une idée religieuse, si mince et peut-être
puérile qu'elle vous paraisse, au milieu des événements
les plus redoutables, se moque des événements, n'en
tient compte, et elle a bien raison de les mépriser.
L'univers tremble sous les pas des barbares. De quoi
s'occupe l'Église ? De décider si le Dieu homme a une
double volonté, l'une divine, l'autre humaine. Cela seul
l'intéresse, « elle ferme l'oreille à tout autre bruit ; elle
a dit la première le mot de la Convention : Périsse
l'Univers plutôt qu'un principe ! » Ne souriez pas : elle
a raison. Cette idée peut mépriser les barbares ; car
« elle va porter pendant mille ans tout le monde social. »
En effet, « sitôt que le concile a établi deux natures et
deux volontés dans le Dieu chrétien, il arrive que le
monde social, *se formant sur ce plan*, se partage en deux
volontés, en deux natures : l'une divine, qui est l'Église ;
l'autre humaine, qui est l'État. Voilà la constitution
du genre humain changée par cette seule déclaration
qui, tout à l'heure, paraissait stérile. »

Et ne voyez-vous pas qu'aussi bien c'est Dieu qui
mène le monde qui s'agite, non pas seulement par l'intermédiaire, pour ainsi parler, de cette idée que les
hommes se font de lui et d'où toute organisation sociale

dérive immédiatement et pleinement ; mais qu'il le
mène directement et par la main, par l'effet de sa
volonté propre sans cesse agissante, de sa providence
sans cesse éveillée ? Waterloo est une décision de
Dieu : « Il est bien évident que ce jour-là nous avons
reçu le coup d'en haut. Ces trois armées qui se succèdent quand l'une est lasse, de Wellington, de
Bulow, de Blücher, et ce dernier qui débouche de la
forêt en un clin d'œil, sans être aperçu, tout cela
marque une stratégie que l'homme n'a pas faite. »

Ne voyez-vous pas encore, comme déjà l'avait montré Ballanche (que peut-être Quinet n'a pas lu), que
les évolutions du monde sont gouvernées par la loi
essentiellement mystique, essentiellement divine, inexplicable sans la Providence, de l'inventeur expiant
l'invention, du bienfaiteur expiant le bienfait ? Pourquoi Waterloo ? Pourquoi 1815 ? Parce que, « comme
tous les grands inventeurs.... comme Prométhée,...
comme Christophe Colomb,... la France devait donner
la Révolution au monde et payer son bienfait par un
jour de mort. »

Telles sont les idées historiques d'Edgar Quinet.
Elles sont tellement dominées par ses idées religieuses
qu'elles se confondent avec elles. Jamais, depuis Bossuet, Dieu à travers l'histoire, ou bien plutôt l'histoire vue à travers Dieu, n'avait occupé, maîtrisé,
possédé un esprit humain avec une telle puissance et
une telle suite. Et, certes, il y a des vues pénétran-
tes et profondes dans ces livres qui s'appellent le *Génie
des religions* et aussi *le Christianisme et la Révolution
française*. Mieux que Ballanche, Quinet a montré, par
exemple, le caractère foncièrement égalitaire, malgré
tout, et comme malgré elle, de l'Église chrétienne.

La nouveauté de l'Église chrétienne, ce n'est pas toute sa constitution démocratique primitive, qui devait se perdre, c'est l'admissibilité de tous les chrétiens aux fonctions de l'Église ; c'est que l'Église n'est pas une caste. Ni confondue avec l'État comme en Grèce et à Rome, ni caste fermée et héréditaire, comme en Orient et en Judée, l'Église est une aristocratie ouverte ; c'est même le modèle des aristocraties ouvertes ; car elle ne juxtapose pas, comme les autres aristocraties ouvertes, l'hérédité et la cooptation. Elle n'admet que la cooptation seule. Elle répugne à être caste, à ce point qu'elle répugne non seulement à être héréditaire, mais à ce que ses membres, individuellement, aient une famille. Chose curieuse, et que Quinet déclarerait providentielle, à quoi je ne m'oppose point, que, dans le temps même où l'Église a cessé d'être égalitaire par l'élection des évêque, selle le soit devenue autant et plus par le célibat ecclésiastique, par la nécessité, désormais inévitable, pour l'Église, de se renouveler sans cesse par cooptation à travers toutes les classes de la société, sans jamais pouvoir transmettre et accumuler et amoindrir aussi sa puissance par la voie périlleuse de l'hérédité.

Mieux que personne encore, ou tout au moins avant d'autres, Quinet a déviné les raisons du monothéisme juif et arabe. « Le désert est monothéiste. » Le mot n'est pas de Quinet, il est de Renan ; mais l'idée est de Quinet, et avant lui n'avait pas été exprimée, à ce qu'il me semble : « C'est là qu'éloigné du monde sensible, séquestré en quelque sorte, loin de toute forme, de tout signe et presque de toute créature, l'homme s'élèvera presque nécessairement à l'idée pure du Dieu-Esprit. Trois cultes sont nés, ont grandi dans le désert...

Jéhovah, le Christ, Allah, trois dieux sans corps,
sans simulacres, sans idoles, sans figures palpables.
Le désert nu, incorruptible, est le premier temple de
l'esprit. »

A la vérité, ceci, dans Quinet, est une manière de
contradiction. Ce qu'il vient de nous montrer, c'est le
désert créant Jéhovah, et voilà une théorie qui fait
dépendre l'idée religieuse des choses, et non les choses
de l'idée religieuse ; dans son système ordinaire, c'est
Jéhovah qui devrait nécessiter le désert. Mais l'idée
n'en est pas moins belle, et peut-être en est elle plus
juste.

Je sais peu de choses, encore, aussi nettement démêlées
et aussi probables, eu égard surtout au temps (1841)
où le passage a été écrit, que ce que j'appellerai la loi
d'évolution religieuse dans Edgar Quinet. La religion
est crainte, — adoration, — méditation ; elle commence par la peur, continue par la prière, finit par
l'abstraction philosophique ; on tremble ; puis on adore ;
puis on cherche à expliquer. De là divisions et subdivisions successives ; car s'il n'y a qu'une manière d'a-
voir peur, il y en a plusieurs d'adorer, il y en a infiniment d'expliquer les choses. Donc grandes religions
vagues dans le principe, religions successivement plus
nombreuses et plus variées dans le cours des temps ; et
religions impersonnelles, pour ainsi parler, dans les
commencements, et religions de plus en plus individuelles dans la suite, jusqu'à ce qu'elles perdent en
vérité le caractère de communions, de religions proprement dites, et laissent place libre et matière prête à
une nouvelle religion, primitive à sa manière, élémentaire, sentimentale, par où la réflexion n'a point passé,
ni l'esprit philosophique, ni le système.

En cela, comme en autres choses, la raison est organisatrice d'abord, destructrice ensuite (et par suite) de l'élément primitif fécond, qui est fait de sentiment et de foi.

Cela n'est pas aussi formellement exprimé dans Edgar Quinet que je le donne ici ; mais il a bien eu cette idée, et c'est par elle qu'il commence (1). C'est qu'aussi Quinet est un très bon théoricien religieux et très bon critique des choses religieuses ; et ce n'est que quand il veut faire rentrer toute l'histoire civile dans l'histoire religieuse qu'il est singulièrement hasardeux.

A la vérité, il le veut toujours ; et c'est en cela qu'il est étrange, et guide très dangereux. D'abord, il multiplie trop complaisamment et arbitrairement les concordances entre l'histoire religieuse et l'histoire civile ; il les multiplie et il les crée jusqu'à donner l'apparence d'une espèce de monomanie. Ensuite, la concordance admise, il veut toujours que ce soit le fait religieux qui soit la cause et le fait civil qui soit l'effet, ce qu'il ne sait pas, ni nous, ni personne ; et non jamais que ce soit l'inverse, ce que nous ne savons pas non plus, mais ce qui est possible ; et non jamais que ce soient effets parallèles de profondes causes communes, ayant entre eux rapport de parentage, non rapports d'effet à cause, ce qui est parfaitement possible encore. — On sent qu'il lui est impossible de concevoir même cette dernière hypothèse, ou la précédente. Il est si profondément déiste qu'il ne saurait admettre, non seulement que le divin soit d'invention humaine, ce n'est plus déisme, mais même que quoi que ce soit

____

(1) *Génie des religions*, III.

qui touche au divin, que quoi que ce soit qui a un caractère religieux, soit chose du même ordre qu'un fait civil. Sitôt qu'une idée a un caractère religieux, elle a tout de suite à ses yeux une prééminence extraordinaire, et il faut que tous les faits civils qui l'entourent ou qui la suivent sortent d'elle.

Le bon sens s'étonne un peu. Il lui semble que l'instinct mystique est un instinct humain, très profond, très universel, éternel probablement, mais enfin que ce n'en est qu'un ; que beaucoup de choses humaines doivent avoir d'autres causes que celle-là, que l'histoire est bien loin d'avoir la rigidité qu'elle devrait avoir si elle tenait tout entière dans le développement du sentiment religieux et n'était qu'un prolongement de ce sentiment unique ; que l'histoire est bien souple, au contraire, et bien fuyante et bien complexe ; que l'histoire n'est pas hiératique, et que de tous les qualificatifs c'est celui peut-être qui lui convient le moins. Il semble excessif de considérer la religion, non seulement comme cause unique dans les choses humaines, mais même comme cause permanente.

L'instinct religieux sans doute (et je dis l'instinct religieux parce que ce ne serait peut-être pas vrai de l'instinct mystique proprement dit) est éternel, et je veux bien, comme l'a écrit Fustel de Coulanges, que l'homme soit « porté à se faire une religion de tout ce qui emplit son âme ; » mais en vérité cet instinct religieux, surtout en la forme mystique, est quelquefois très fort et quelquefois très faible. Sans que l'humanité disparaisse, il s'atténue et semble quelquefois disparaître presque. Il est des siècles où il est une cause, et très puissante ; il en est où il n'est qu'un prétexte ; il en est où il n'est qu'un souvenir. Les reli-

gions sont des crises, très puissantes, très profondes,
probablement très salutaires ; mais ce sont des crises
dans l'histoire de l'humanité ; et après avoir été des
crises, elles deviennent des habitudes, chose d'une
valeur morale assez faible ; et après avoir été des
habitudes, elles deviennent des conventions, puis des
convenances, choses qui n'ont certes pas la puissance
de créer l'ordre civil, ni même de le soutenir.

L'erreur de Quinet, c'est de mettre tout cela sur le
même plan. Il le faut bien dans son système, puisque,
n'y ayant pour *créer continûment* la société humaine que
la religion, si la religion subissait des éclipses, la société
humaine aurait des intermittences ; mais c'est précisément ce qui prouve que le système n'est pas très juste.
L'homme a des raisons d'être et de durer dont une est
certainement l'instinct religieux, et quand cet instinct est fort, l'homme existe certainement plus qu'à
l'ordinaire ; mais il a d'autres raisons d'être aussi,
qu'il faut connaître et dont il faut tenir compte. Le
système historique de Quinet est manifestement incomplet.

Mais ce qui est bien plus intéressant que de le réfuter, c'est de remarquer combien est curieux le cas d'un
homme du XIX⁰ siècle en qui la pensée religieuse, en qui
l'idée de Dieu est le fond et comme le tout, qui est
comme constitué de religion ainsi que le serait un ascète
indien, un chrétien du IV⁰ siècle ou un janséniste du
XVII⁰. Et quand on songe qu'après tout, comme nous
le verrons par la suite, Quinet n'est point un esprit im-
perméable, qu'au contraire il subit assez facilement les
influences successives, il me semble qu'il en faut conclure que le mouvement religieux du XIX⁰ siècle n'a pas
laissé d'être assez fort, de 1820 à 1850 environ, à ce

qu'il me semble. Car c'est au milieu de philosophes et
d'esprits libres qu'écrit Edgar Quinet, c'est à un public
essentiellement laïque qu'il s'adresse ; lui-même se croit
parfaitement libre penseur, et, dans le sens vrai du mot,
il l'est ; et c'est l'esprit le plus foncièrement, le plus
pleinement, le plus invinciblement mystique qui puisse
être, jusque-là que la vision en Dieu n'est plus chez lui
une théorie, mais est bien autre chose, une habitude, et
une fatalité de son intelligence. Et il n'a point étonné ;
il a paru naturel, peut-être seulement un peu sublime
dans son naturel. Imaginez l'effet qu'il eût produit au
milieu du XVIII°, et par là mesurez les distances. Il y a
des philosophes déistes au XVIII° siècle ; mais ils le
sont en ce qu'ils s'élèvent à l'idée de Dieu et y aboutis-
sent. Quinet en part ; elle est son principe, elle est au
commencement de tout raisonnement qu'il fait, et de
toute idée, quelle qu'elle soit, qu'il puisse avoir. Voilà
la différence, qui est immense comme de tout à rien.
Voilà la distance parcourue dans le flux et le reflux des
idées, et voilà qui prouve qu'on revient de loin. Cela
peut permettre aux positivistes de nos jours la modestie,
et aux religieux la confiance.

III

Ce n'est point un autre Quinet que je vais essayer de
peindre ; c'est le même, mais jeté dans l'action, et forcé
par elle à décider et à conclure. Il avait un mysticisme
vague, dont pouvaient s'accommoder et se réjouir toutes
les âmes religieuses, à quelque culte qu'elles appar-
tinssent, et qu'il promenait à travers l'histoire univer-

selle, en y admirant partout l'empreinte de la main divine, quelque nom, du reste, que portât Dieu. Jeté dans l'action, il faudra qu'il dise, et un peu qu'il sache, avec qui il est dans la grande mêlée des partis, religieux et philosophiques. Il faudra qu'il se réduise pour se préciser. Ce travail se fit en lui entre 1841 et 1843, entre son cours de la Faculté de Lyon et son cours du Collège de France, entre le *Génie des religions* et *les Jésuites*. Il était déiste dans l'âme, religieux et convaincu de la nécessité d'une religion pleinement, chrétien avec complaisance ; d'autre part, très individualiste, très passionné pour la liberté de penser, très réfractaire à l'autorité en affaires intellectuelles. Il était individualiste en choses religieuses, comme l'est assez naturellement un inventeur en choses religieuses. Il se sentait plus que prêtre, il se sentait un peu fondateur de religion, tant il était bon et spécieux interprète des dieux, *sacer interpresque deorum*. Chrétien individualiste, chrétien libre, fils de protestante du reste, et ayant beaucoup vécu, vivant encore de la vie morale de sa mère, il ne pouvait devenir que protestant.

Il le devint, sans affiliation formelle, très nettement. La France protestante fut son rêve, plus ou moins avoué, quoi qu'il en ait dit même parfois, mais persistant, depuis 1842 jusqu'à la fin presque de sa vie. C'est l'idée qui domine, même quand il s'en défend, dans *les Jésuites, le Christianisme et la Révolution française, l'Enseignement du peuple, la Révolution*. Il s'y sent toujours ramené et comme acculé et par tous ses désirs et par toutes ses répugnances.

Point de catholicisme : il a comme fermé l'esprit humain ; il a, par la rigidité d'un dogme fixé et irréparable, arrêté les essors possibles de l'intelligence, surtout arrêté la faculté de produire de nouvelles idées religieuses et de nouvelles formes religieuses, et de nouveaux états d'âme religieux, interdiction et empêchement qui sont évidemment pour Quinet les plus sensibles et les plus insupportables rigueurs ; il a, pour cette cause, stérilisé intellectuellement, et même d'autre sorte, les pays restés sous son influence: Italie, Espagne, France même, n'était qu'elle a à demi échappé à son autorité par la liberté de penser ; il a, sous sa forme dernière, le jésuitisme, proscrit presque, non plus seulement la pensée religieuse indépendante, mais la pensée même, montrant une défiance significative pour tout ce qui est un véritable acte intellectuel, et une condescendance, significative tout autant, pour tout ce qui est simple amusement de l'esprit.

Point de catholicisme donc ; et pourtant il faut une religion ; la société ne peut pas se passer d'esprit religieux ni de sentiment religieux ; il y a péril de mort à ce qu'une religion disparaisse sans être remplacée par une autre. Reste donc que la France devienne protestante ? Jamais Quinet ne veut le dire formellement. Mais ce qu'il dit toujours, c'est qu'il est extrêmement regrettable que la révolution religieuse n'ait pas réussi en France au xvi° siècle, et même plus tard ; et ce qu'il répète toujours, c'est que la France périra par le catholicisme ou ne sera sauvée que par une révolution ayant un caractère religieux, et fondant une religion.

Cette révolution est nécessaire ; l'histoire y tend ; l'histoire universelle n'est que la préface du christianisme défisnitif de demain. Demain c'est le *Credo* de Nicée complété. Nicée a décrété « la déclaration des droits de Dieu ; le moyen âge a travaillé à la déclaration de l'église ; l'Assemblée Constituante a ajouté à l'antique *Credo* la déclaration des droits du genre humain. Ces professions semblent d'abord se contredire et se heurter, quoiqu'elles soient nées les unes des autres. Qui rassemblera dans un symbole nouveau ces fragments de la législation divine et humaine ? » Voilà le travail de l'avenir.

Mais il faut se hâter. On a perdu beaucoup de temps. Les nations protestantes ont fait l'essentiel de cette révolution en gardant le christianisme et en répudiant le catholicisme. Elles n'ont plus qu'à améliorer. Nous, nous avons tout à faire. Nous avons tout à faire parce que nous avons fait une révolution en 1789, en oubliant cette idée essentielle, cette idée unique, car il n'y en a pas d'autre dans l'esprit d'Edgar Quinet, que toute révolution est religieuse, ou n'est pas. — Pourquoi la Révolution française a avorté ? Parce qu'elle n'a pas existé. Elle n'a pas été une révolution religieuse, en d'autres termes elle n'a pas été. Elle n'a été qu'un fantôme de révolution. Elle a été éclectique en religion, elle n'a pas fait choix. Dès lors qu'était-elle ? Spectatrice. Il ne s'agissait pas de regarder, mais de fonder. Aucune fondation humaine, si ce n'est sur une religion nouvelle.

Une révolution qui n'apportait pas une religion nouvelle avec elle n'était une révolution qu'en ce qu'elle croyait en être une, et que sur cette pensée, elle remuait et secouait beaucoup de choses. De changement, point ; On l'a bien vu, l'orage passé. Voulez-vous une preuve ? La révolution sociale était consommée le 4 août 1789 ; les restes de la féodalité étaient détruits, l'égalité proclamée et fondée sans retour, ce que demandaient les *cahiers* de 89 obtenu. Et la révolution continue ! Pourquoi ? D'autres historiens répondent : parce que les révolutions ne s'arrêtent jamais pour avoir obtenu ce qu'elles demandaient. Elles seraient trop courtes. L'élan donné, elles continuent, l'agitation répandue se développe jusqu'à ce qu'elle s'épuise, les partis se forment, se disputent le pouvoir, et s'exterminent jusqu'à ce qu'un l'emporte. — D'autres historiens répondent : parce que la Révolution a eu à lutter contre le gouvernement, puis contre l'Europe, ce qui n'a pu se faire qu'au milieu de convulsions terribles. — Quinet voit une raison plus profonde. La révolution sociale était faite, la féodalité effacée, l'égalité fondée ; mais tout le monde sentait que ce n'était pas là la révolution, qu'elle était ailleurs, qu'il fallait la chercher. La Révolution française, ç'a été la recherche fiévreuse de la révolution à faire. Un instinct avertissait qu'il y avait quelque chose à trouver qu'on n'avait point. On ne s'est pas rendu suffisamment compte de ce quelque chose, sauf quelques grands esprits comme Chaumette ; et c'est pour n'avoir pas trouvé qu'on a échoué.

Ce quelque chose, c'était la religion nouvelle, cette religion qui eût été l'esprit, le souffle, l'âme des nouvelles institutions et les eût gardées de périr. Il y en a eu quelques essais en ce sens, le culte de la Raison, celui de l'Être suprême. Le culte de la Raison était le rêve d'un esprit élevé et pur, de « l'ingénu Chaumette, » mais trop abstrait pour la foule. Le culte de l'Être suprême était le rêve d'un pseudo-catholique, élève du Vicaire savoyard, manière d'éclectique en choses religieuses comme son maître (1), esprit faux,

____

(1) « Autre dogme du Vicaire savoyard : « Je regarde toutes les religions particulières comme autant d'institutions salutaires. Je les crois toutes bonnes quand on y sert Dieu convenablement. »

sans largeur, sans véritable sens religieux, et qui, du reste, détestait les protestants. Ce qu'il fallait faire alors, c'était une révolution religieuse, — et c'est pour cela que l'idée de Chaumette reste la plus grande idée de la révolution française, — mais une révolution analogue à la Réforme, dans le même esprit, par les mêmes moyens.

« On a poursuivi pendant la révolution française l'idéal de la liberté de conscience, de la liberté des cultes. Voilà qui est bien puéril. Jamais l'histoire n'a procédé ainsi. Ce que les novateurs ont toujours fait, c'est la dictature religieuse d'abord, quitte à la tempérer plus tard, quand l'œuvre nouvelle est accomplie. Si Luther et Calvin se fussent contentés d'établir la liberté des cultes sans rien ajouter, il n'y aurait jamais eu l'ombre d'une révolution religieuse au XVI⁰ siècle. Qu'ont-ils fait ? Le voici. Après avoir condamné les anciennes institutions religieuses, ils en ont admis d'autres sur lesquelles ils ont bâti des sociétés nouvelles ; et c'est après que les peuples ont contracté ce tempérament nouveau que la porte a été rouverte plus tard à l'ancien culte, qui, par désuétude, avait cessé de se faire craindre. C'est ainsi, et non autrement, que l'Angleterre, la Scandinavie, la Hollande, la Suisse, les États-Unis ont pu contracter une âme nouvelle (1). » — Religion nouvelle imposée par la force, deux cents ans dans cet état, puis proclamation de la liberté des cultes : voilà le secret, que les révolutionnaires de 1789 n'ont point vu ou n'ont point osé voir.

C'est là une des idées qui s'empareront le mieux des esprits et qui se glissant dans le génie des plus intrépides novateurs ôteront jusqu'au désir même d'une réforme religieuse. »

(1) *Révolution*, v, 4.

Chose curieuse, ce que les révolutionnaires n'osaient pas faire en religion, ils le faisaient en politique. « Abolir la liberté sous le prétexte qu'on l'établira plus tard, » c'est ce qu'Edgar Quinet recommande en religion, c'est ce que les révolutionnaires ne font qu'en politique : « Abolir la liberté sous prétexte qu'on l'établira plus tard, c'est le lieu-commun de toute l'histoire de France ; ce fut aussi celui de la Révolution. Mais les temps ont prouvé que c'était ajourner la révolution elle-même. Il nous appartient de le dire, cette voie était mauvaise ; elle a préparé la servitude. »

Les révolutionnaires se sont donc trompés dans l'application, pour ainsi parler, de leur régime. Ils ont appliqué à la révolution politique la force, la compression, la tyrannie, toutes choses qui ne sont nécessaires et excellentes qu'appliquées à la révolution religieuse. C'est l'erreur capitale de la Révolution française.

Encore un coup, que n'a-t-elle eu les yeux fixés sur la Réforme ! « Partout où elle a éclaté au xvi° siècle, ses premiers actes ont été le brisement des images, le sac des églises, l'aliénation des biens ecclésiastiques, l'injonction d'obéir dans l'intime conscience au nouveau pouvoir spirituel, le bannissement non seulement des prêtres, mais de tous les croyants qui gardaient l'Église au fond de leur cœur. Voilà ce qu'a fait la Réforme et comment elle a pu s'établir et s'enraciner dans le monde (1). » Il n'y a pas d'illusion plus forte que de croire que la force ne peut rien contre les idées. « Les révolutionnaires, en choses de reli-

____

(1) *Révolution*, 1. 5, 9.

gion, ont trop compté sur l'esprit public ; c'est là qu'ils ont été libéraux. Ils se sont imaginé qu'une ancienne religion disparaît de la terre par l'indifférence, la désuétude, ou par la discussion. Il n'est pas jusqu'à ce jour un seul culte, si faux, si absurde que vous puissiez vous le figurer, qui ait disparu de cette manière. Tous ceux qui ont cessé d'être sont tombés non par l'indifférence, mais parce que l'ordre formel leur a été donné de mourir... Si le christianisme se fût contenté de discuter avec le paganisme... les temples d'Isis et de Diane seraient encore debout en Égypte et en Grèce (1). »— En vain pourrait-on dire que le vœu de la France était contraire à l'établissement par la force d'une religion nouvelle. Oui, sans doute, sur la question religieuse « tous les *cahiers* se résument par ces mots : Concilier la liberté nouvelle avec le catholicisme et avec l'ancienne royauté (2) ; » mais la question n'est point de savoir si telle était la volonté du pays, mais si l'histoire permet qu'une révolution religieuse ne soit pas violente. Or, précisément, contre tous les principes, la Révolution française a été violente sans être religieuse. Alors à quoi bon être violente ? Ne vous y trompez point, c'est pour cette raison que les hommes ont maudit la Terreur. Ce n'est pas en tant que Terreur qu'ils la détestent, mais en tant que Terreur ne s'appliquant pas aux choses où elle est légitime, en tant que Terreur hors de son domaine naturel, en tant que Terreur hors de son emploi, en tant que Terreur dévoyée. Appliquée à la fondation d'une religion nouvelle, elle n'eût ni étonné, ni scandalisé :

(1) *Révolution*, XVI, 11.
(2) *Ibid.*, VI, 7.

« Robespierre et les jacobins qui ont eu l'audace de décimer une nation n'ont pas eu l'audace de fermer avec éclat le moyen âge. Leurs violences sont ainsi sans proportions avec l'idée ; elles n'en sont que plus intolérables. Les massacres de Moïse n'ont point nui au judaïsme, ni ceux de Mahomet au Coran, ni ceux du duc d'Albe au catholicisme, ni ceux de Ziska et d'Henri VIII à la Réforme... Les hommes même sans foi, pris en masse, se sont toujours montrés cléments pour ceux qui ont versé le sang au nom du ciel. Ils ne gardent leurs sévérités que pour ceux qui, en versant le sang humain, n'ont su y intéresser que la terre (1). »

Telle est la grande erreur, la grande fausse direction de la Révolution française. A la différence de toutes les autres, elle a été relativement libérale en questions religieuses. Au fond, c'est le fanatisme qui lui a manqué. La durée si courte de ce grand bouleversement social ne s'explique que trop par l'absence de fanatisme vrai et profond : « Ce qui est rare, c'est de persévérer dans la première ardeur, de ne pas se laisser abattre par sa propre victoire ; or, c'est ce qui a manqué le plus aux hommes de la Révolution. Une si grande fureur s'est dévorée elle-même... Après cet immense fracas, le silence universel ; un éclat formidable, et presque aussitôt un oubli complet de soi-même et des autres. Il semble d'après cela que les révolutions soutenues d'un esprit religieux soient les seules qui n'usent pas les forces humaines (2). »

(1) *Révolution*, xvi, 7.
(2) *Ibid.*, vi, 14.

Tel était Quinet dans cette période qui va de 1842 à 1865. Son mysticisme doux et tendre était devenu fougueux, ardent et agressif. L'influence de Michelet, l'atmosphère de Paris, le cours du Collège de France, qui était une manière de champ de bataille, les attaques des journaux, les répliques, la poussière du Forum enfin, l'avaient animé et transformé. Le doux rêveur inoffensif d'*Ahasvérus*, sans cesser d'être inoffensif, était devenu agressif et militant. L'exil, comme il arrive toujours, qui devait le calmer plus tard, n'avait pas commencé par le calmer. Plus lucide qu'autrefois, écrivant sur les Jésuites un livre, très incomplet, mais qui est très loin de n'être qu'un pamphlet, écrivant sur la Révolution un très beau livre, où il ne perd le sang-froid que quand il parle religion, mais où, à la vérité, il parle religion bien souvent ; voyant très bien, par exemple, l'Empire sortir nécessairement de la confiscation des biens des émigrés au profit des propriétaires ; démêlant très bien dans Napoléon Ier l'Italien gibelin du moyen âge ; historien, en somme, beaucoup moins nuageux qu'autrefois ; protestant contre la Terreur en la considérant trop comme un « système », ce qu'elle n'a guère été, je crois, mais avec raison nonobstant, et dans un temps et au sein d'un parti où c'était là un acte d'indépendance, et une trahison courageuse ; il ne sort de la réflexion froide, de la logique et, en vérité, du bon sens, que sur la question religieuse ; mais quand il y touche, il sort complètement de tout cela.

Il apparaît alors comme un anachronisme, si habitué qu'on soit aux anachronismes les plus extraordinaires, quelque temps que l'on étudie. Cent cinquante ans après Bayle, on est étonné un instant

de rencontrer un homme qui a l'âme d'un ligueur
ou d'un Théodore de Bèze, chez qui l'instinct religieux est assez profond d'abord, et ensuite assez
excité, pour qu'il accepte Calvin tout entier, en le
trouvant peut-être trop modéré, et qui, tranquille
du reste, pontife grave, et écrivant solennellement
de grands livres en beau style oratoire, fait son
entretien ordinaire et son rêve cher des massacres
de Moïse, de Mahomet, de Ziska et d'Henri VIII.

C'est l'idée première qui persiste, l'idée que l'humanité n'est jamais que l'expression d'une pensée
religieuse, manque de laquelle tout croule, tout se
dissout, tout s'anéantit. Bonald pensait ainsi et De
Maistre, chacun du reste à sa façon. Quinet est un
De Maistre protestant, moins l'esprit, n'en ayant
point, ou un Bonald protestant, moins la logique,
n'en ayant pas une très sûre. Comme tous les deux,
et comme tous ceux qui n'ont qu'une idée maîtresse,
il a la passion de l'unité. L'unité nationale autour
de l'unité religieuse et se fondant avec celle-ci, c'est
sa pensée de derrière la tête. Il frémit quand il
pense que nous sommes un empire divisé et que
tout empire divisé périra. Nous sommes inférieurs en
ceci aux mahométans : « On ne s'aperçoit pas qu'ils
remarquent très bien que, dans notre Occident, l'É-
glise dit une chose et l'État une autre ; ne pensez
pas trouver ailleurs la cause principale de notre impuissance à nous les associer. Cette division les frappe
comme une infériorité de notre part, elle est, pour
notre monde chrétien, le défaut de la cuirasse. Les
mahométans ont atteint avant nous l'unité religieuse
et sociale ; nous leur offrons d'en déchoir pour entrer avec nous dans la contradiction. » — Unité !

unité ! le salut est là ! C'était le cri de De Maistre ; c'est celui de Quinet. Il est possible qu'ils aient raison ; mais à prendre le mot rétrograde dans le sens courant, ils sont rétrogrades également, et tous deux à souhait. Depuis le christianisme d'abord, et depuis la Réforme ensuite, ce n'est pas vers l'unité politico-religieuse que nous marchons ; mais vers l'indéfinie division et subdivision des idées et des besoins intellectuels et moraux, en telle sorte que non seulement il y a plus que jamais une Église et un État, mais au sein de l'État plusieurs Églises, et dans chaque Église des sectes ou au moins des tendances différentes, et entre les Églises des pensées, des croyances ou des convictions individuelles. L'individualisme, c'est justement ce que les esprits comme De Maistre, Bonald et Quinet ne peuvent pas comprendre, ou, s'ils le comprennent, haïssent, redoutent et repoussent de toutes leurs forces. Au fond de leur pensée reste le rêve d'unité religieuse et politique de Louis XIV et de Calvin, qui est le même. Quoi qu'on puisse dire de cet esprit, et quand même, après avoir été celui du temps passé, il devrait être celui d'un temps à venir, ce qui est assuré, c'est qu'il n'est pas du nôtre.

Ces idées, Edgar Quinet les soutenait avec éloquence, mais avec un défaut qu'il n'avait pas dans sa première manière et qu'il est temps de signaler brièvement. Il était devenu professeur de Faculté de 1840, avec tout ce qu'il y a de très bon et de très mauvais dans ce titre glorieux. Le professeur de cours public, à moins qu'il ne soit spirituel, ou n'affecte de l'être, est tenu d'être éloquent. Il faut retenir un public peu homogène, peu capable, sauf une élite, de suivre une ex-

position purement et sévèrement scientifique, peu constant aussi, qui ne vient pas à toutes les leçons, qui par
conséquent ne fait pas crédit, et à chaque leçon exige
quelque chose qui l'émeuve, qui le convainque, et qui
soit complet et même définitif sur la question traitée.
C'est proprement l'impossible. Quelques-uns s'en tirent
par l'autorité personnelle, d'autres à force de vrai talent,
le talent se tirant toujours d'affaire ; la plupart ne s'en
tirent pas du tout ; les plus grands ne peuvent pas s'empêcher, voulant après tout faire leur métier, qui est de
retenir trois cents personnes autour d'une chaire, de
donner dans les artifices et les prestiges de la parole,
c'est-à-dire d'une part dans le jeu de la carte forcée,
de l'autre dans la phrase à effet. — Le jeu de la carte
forcée consiste à jeter au public, juste à point et au bon
moment, ce qu'il dirait lui-même, la banalité du temps,
le mot courant de la semaine, et, comme disait Mme de
Sévigné, « l'Évangile du jour. » L'Évangile du jour
était par exemple, en 1840, l'éloge de Napoléon Ier, l'é-
légie de la Pologne, ou l'invective contre Rufin, je veux
dire contre Loyola. — La phrase à effet, c'est ce quelque
chose que cherchait Figaro, ce « quelque chose de brillant, d'étincelant, qui a l'air d'une pensée, » rapproche-
ment ingénieux sans la moindre solidité, généralisation au hasard dont l'air spécieux séduit pour une
minute, et cela suffit dans l'espèce, mais qui étonnera
par ce qu'elle a de vide sitôt qu'on sera rentré chez
soi. — Ces jeux sont dangereux par l'habitude qu'ils
donnent aux penseurs de se contenter de semblants
d'idées, de s'y complaire et d'y rester, surtout quand le
penseur était déjà un homme qui n'avait rien de rigoureux dans l'esprit et qui s'était préparé à l'enseignement public par l'élaboration d'*Ahasvérus*. Edgar

Quinet, en toute conscience, et tout en travaillant très sérieusement, ne sut pas se garantir de ces tentations où il n'avait d'avance que trop de pente.

Déjà, avant ses cours de 1841 et années suivantes, il avait de ces légèretés graves et de ces étourderies solennelles. Sait-on d'où est né le drame ? De la lutte entre une religion qui décline et une philosophie qui s'élève. L'âme alors, « réveillée en sursaut au milieu de la foi… partagée entre deux impulsions contraires, s'interroge, s'étudie, se divise, pour se donner à elle-même en spectacle et en pâture. L'homme, en ce moment, est véritablement double ;… l'hymne se brise et des querelles intestines du cœur naissent les dialogues sanglants de la scène. » Voilà de ces choses qui sont irréfutables tant elles sont insaisissables. Est-ce vrai, est-ce faux, est-ce spécieux ? Aucun mot précis ne s'y peut appliquer. Ce n'est rien du tout, et cela a l'air d'être quelque chose. C'est une beauté de cours public. Il a tort de vouloir y ajouter des preuves : « Les peuples qui ont une philosophie sont les seuls qui aient un drame, et l'une et l'autre ont toujours éclaté en même temps… Socrate et Sophocle, Shakspeare et Bacon, Corneille et Descartes, Schiller et Kant. » — Je veux bien, tant la multiplicité des objections possibles me lasse d'avance, et tant la fragilité, l'arbitraire, l'enfantillage des rapprochements me désarme. Je veux bien ; mais à quoi bon ? A quoi servent ces généralisations oratoires si faciles, que rien n'appuie et qui n'éclairent rien, et qui n'apprennent rien, et semblent un jeu de l'esprit pour le divertissement des oreilles ? Elles ne servent qu'à fausser l'entendement de celui qui a le tort de se les permettre et d'en prendre l'accoutumance. Les

livres comme le *William Shakspeare*, de Victor
Hugo, sont le dernier terme de cette déplorable méthode.

Quinet qui, du reste, n'a jamais écrit un livre
comme *William Shakspeare*, tombe bien souvent dans
ce défaut. Il y a dans la Révolution française, n'est-ce
pas, du Luther et du Grégoire VII ? Certainement,
attendu que dans toute période de l'histoire humaine
il y a de l'instinct de révolte et de l'instinct de
tyrannie. Mais vous ne voyez pas la conclusion magnifique que l'on peut tirer de là et l'espérance
sublime qu'on peut en concevoir ? Vous avez la vue
bien courte : « Voilà donc les deux principes les plus
contraires, Grégoire VII et Luther, qui fermentent
dans les mêmes cœurs, les mêmes assemblées, la
même révolution : *signe palpable que l'avenir, en s'é-
levant, peut concilier tout ce que le passé a séparé.* »
Oh ! qu'en savons-nous, et de ce que, par exemple, les
hommes ont toujours été bons et méchants, conclu-
rons-nous qu'il doit y avoir un jour conciliation de
ces éléments longtemps contraires ! Voilà des manières de raisonner !

Ce sont manières de professeur éloquent de 1840.
Proudhon, qui arrivait à Paris vers ce temps-là, était
exaspéré en sortant des cours publics. L'exaspération
est de trop ; mais je reconnais que la logique robuste
du Jurassien devait quelquefois souffrir.

Jusqu'à la fin, Quinet a eu de ces complaisances à
une dialectique facile. Dans la *Révolution* il dira :
« Le premier personnage qui entre en scène est le
Parlement ; il réclame les Etats généraux de 1614;
pour lui, le plus lointain avenir était de refaire une
Fronde. » Réclamer en 1789 les Etats généraux ,

réunis pour la dernière fois en 1614, ce que toute la France réclame, c'est vouloir refaire la Fronde? En quoi ? Pourquoi ? Quel rapport ? Quel lien ? Que voulez-vous dire ? Rien du tout. Parlement... Fronde... la phrase est faite ; n'est-ce point ce qu'il faut ?

Jusque dans la *Création* il aura cette illusion de l'esprit qui consiste à croire qu'une idée est juste ou probable parce qu'elle fait une phrase équilibrée : « Si la géologie est avant tout une *histoire*, elle doit reproduire les lois les plus générales de l'*histoire*. » Je ne vois pas ce qui l'y force, si ce n'est le nom que vous lui donnez, et qu'elle n'est pas tenue de prendre. — Jusque dans l'*Esprit nouveau*, avec une légèreté, cette fois incroyable, il fera tout un chapitre, et même sept ou huit, sur cette idée : la philosophie allemande moderne (Schopenhauer, Hartmann, il les nomme,) est la philosophie du désespoir ; les vainqueurs sont désespérés, les vaincus joyeux, « les vaincus consolent les vainqueurs : » les Allemands devraient être enivrés de leurs triomphes, « on devrait s'attendre à rencontrer un prodigieux fantôme d'orgueil dans les créations de l'esprit allemand. Tout a réussi à l'Allemagne: elle est au comble de ses vœux. Elle a la force, la victoire. Sa coupe est pleine, son orgueil rassasié. Parvenue à ce faîte, quelles pensées lui auront été inspirées par les complaisances inouïes de la bonne fortune ? Pensées d'allégresse... Non, satiété, dégoût des choses divines et humaines, horreur de l'existence. » — Mais, pardieu, Schopenhauer est mort en 1860, et la *Philosophie de l'Inconscient* est de 1869 ; et voilà un raisonnement qui se casse le nez. Que Schopenhauer est mort en 1860, Quinet le sait, n'en doutez pas ; mais il ne veut

pas le savoir, parce que, s'il s'en souvenait, tout ce
développement à la Sénèque serait perdu ; et conve-
nez que ce serait dommage.

Mauvaise tournure d'esprit cependant, qui a été à
différents degrés la nôtre pendant cinquante ans environ, et dont nous avons beaucoup de peine à nous
affranchir. C'est elle qui irritait si fort H. Taine au
début de sa carrière : c'est contre elle qu'il a lutté de
toutes ses forces, suivi par d'autres dans cette bonne
œuvre. C'était une maladie oratoire. Elle était née
de l'admiration pour les orateurs emphatiques de
la Révolution française, et du désir de les imiter dans
les assemblées parlementaires. On lisait les quarante
volumes de l'*Histoire parlementaire de la révolution
française*, de Buchez, et l'on faisait son cours avec la
secrète intention de se préparer par là à la grande
éloquence de la Chambre des députés ou de la Chambre
des pairs. On ne saura jamais combien de professeurs
de Faculté sont devenus éloquents par émulation de
M. Mauguin.

Or, cette éloquence parlementaire ne laissait pas
d'être souvent un peu creuse et superficielle. Elle était
souvent alors ce qu'est maintenant notre éloquence
de réunion publique. Les Français, n'ayant pu avoir
la parole publique laïque qu'à partir de 1789, avaient
eu un apprentissage à faire en cela et une période
d'adolescence oratoire à traverser. Guizot, Thiers,
Dufaure, ces derniers surtout, ont beaucoup contribué
à ramener l'éloquence française à la simplicité et à la
stricte logique. Mais ce retour n'était pas accompli
vers 1840 ; et les poètes romantiques devenus historiens et professeurs, avec ambitions politiques, devaient
longtemps garder des traces de l'éloquence néo-révo-

lutionnaire, qui eut, pendant tout le règne de Louis-Philippe, grande faveur, et, en 1848, son plein épanouissement.

IV

L'exil, comme j'ai déjà dit, fut plus favorable que nuisible à Edgar Quinet. Sa pensée y devint plus calme, plus sereine et plus élevée. Même dans *la Révolution*, sauf les tendances homicides contre le catholicisme, qui tenaient trop profondément au sentiment intime de Quinet pour qu'on pût lui demander de les répudier, il est libéral, équitable et généreux. — De 1865 à 1869, il mit à exécution un grand dessein qui, depuis plusieurs années déjà, l'avait sollicité dans sa solitude. Il s'était appliqué à l'histoire naturelle et particulièrement à la géologie ; il avait lu de près et très bien entendu, les savants eux-mêmes le reconnaissent, tous les livres de sciences qui décrivent et cherchent à expliquer la formation de notre petit univers ; et en 1869 un Quinet bien inattendu se révéla, un Quinet, non plus disciple de Herder, de Ballanche et de Vico, non plus tenant et compagnon d'armes de Michelet ; mais élève de Lamarck, d'Herbert Spencer, de Darwin, de Lyell et de Lortet. C'était un renouvellement prodigieux pour un homme qui avait passé la soixantaine, qui n'avait jamais eu d'éducation scientifique, n'ayant étudié dans sa jeunesse que les seules mathématiques, et qui avait été dominé pendant tout son âge mûr par une sorte de mysticisme sociologique ne soutenant avec l'esprit scientifique que des rapports assez lointains. Rien ne fait plus grand honneur à Quinet.

L'ardeur de généraliser a des dangers ; elle a quelquefois de très bons effets. C'est elle qui a conduit Quinet à l'histoire naturelle. La loi suprême de l'humanité, la loi des lois, la loi qui explique toutes les sociétés et leurs causes et leurs progrès et leurs ruines, c'est toujours ce que Quinet avait cherché. Il l'avait cru trouver dans l'action de Dieu sur le monde, ou, au moins, dans l'action sur le monde de l'idée que le monde se fait de Dieu. Dans la solitude pensive de son exil, il s'était peu à peu tourné vers la science, et c'est à la science que l'idée lui était venue de demander le même secret. Il n'étudie la géologie que dans l'espoir d'en apprendre la loi de la marche de l'humanité. Il demande à l'histoire naturelle des leçons de politique. Qui le pousse à croire qu'il les y trouvera ? Pourquoi la géologie considérée comme initiation aux sciences sociales ? Et pourquoi, pour savoir la loi de l'histoire, s'adresser à l'histoire naturelle ? Pourquoi ? Mais parce que Quinet, le généralisateur, est toujours le même, quoique ayant changé de voie, et que, s'il a changé de voie, il n'a changé ni d'objet ni de méthode. Il cherche la loi suprême, voilà son objet ; il part de l'idée qu'il y a unité dans les choses, voilà le principe de sa méthode. Il y a unité dans les choses ; elles se ramènent à un ; voilà pour lui ce qui est incontestable et d'où l'on doit partir. Autrefois, il ramenait toutes choses à une seule cause, l'action du divin sur le monde ; maintenant il se dit : nous savons de la géologie ; la géologie est plus vaste que l'histoire ; voyons ses lois, et comme il y a unité dans les choses, soyons sûr que les lois de la géologie seront celles de l'histoire, que celle-là expliquera celle-ci, et que le secret sera trouvé. Tel est le dessein de *la Création :* appliquer la méthode des sciences naturelles aux sciences politiques et expliquer les lois politiques par les lois de la nature. Mais il faut pour cela être bien sûr qu'il y a, en effet, unité dans les choses. Précisément : qu'il y ait unité dans les choses, c'est ce dont Quinet ne doute pas, ne peut pas douter.

C'est qu'il reste et resta toujours un esprit profondément théologique. Au fond, cette unité dans l'organisation des choses, c'est le dessein de Dieu, dessein qui doit être unique, puisque Dieu est un. Quinet continue de chercher Dieu. Il le cherche dans la création comme il le cherchait dans l'histoire. Il part de ce principe : Dieu est un, Dieu n'a qu'une volonté. Voici la géologie. Elle est intéressante. Oui ; non certes pour elle-même ; qu'importerait ? mais Dieu doit y avoir laissé la marque de sa volonté, et cette volonté étant une, nous aurons du même coup le secret du dessein de Dieu sur nous.

Même en se plaçant au point de vue déiste, cette méthode est bien arbitraire. Qui nous assure que Dieu soit forcé de n'avoir qu'une volonté, et de faire toutes choses de la même manière, et de conduire tous ses desseins sur le même plan, et par exemple, de mener la marche de l'humanité comme la marche du développement des espèces ? Rien ne nous en assure que le désir que vous avez qu'il en soit ainsi pour que tout soit un, ce qui est plus beau. La raison ne vaut pas ; car rien, non plus, n'assure que pour Dieu comme pour vous l'un soit plus beau qu'autre chose. Là encore vous vous flattez trop d'assister au conseil de Dieu et qu'il n'y a rien de caché pour vous dans sa pensée. Quoi qu'il en soit, telle fut l'idée maîtresse de *la Création.*

Elle est séduisante, parce qu'elle est vaste ; elle est même spécieuse, parce qu'elle satisfait ce désir d'unité qu'il faut compter parmi les besoins intellectuels de l'homme. Nous avons besoin de l'ordre universel, et nous avons besoin aussi, jusqu'à présent, que l'ordre universel ressemble à un ordre humain bien établi, ou qui est tombé juste. Pour serrer de plus près, nous avons besoin de symétrie. Il nous faut des correspondances, des « répliques » d'une partie à l'autre du monde. Il nous agrée que la nature soit faite comme l'humanité ou l'humanité comme la nature. C'est un argument pour certains sociologues que la nature soit despotique ou égalitaire, selon qu'ils la voient telle ou telle. Les païens faisaient la nature tout humaine ; ils la créaient à leur image, autrement dit, ils la voyaient avec leurs yeux. Ils y mettaient une multitude de puissances individuelles plus ou moins grandes, plus ou moins intenses, agissant chacune à sa façon, sur la matière, se combattant entre elles, ou se hiérarchisant entre elles, selon les temps. En un mot, ils voyaient la nature comme ils se voyaient. — Et maintenant que nous connaissons mieux la nature, voici un homme qui n'est pas le seul à juger ainsi, qui s'avise, non plus de penser que la nature ressemble à l'humanité, mais que l'humanité doit ressembler à la nature. Il n'humanise plus la nature, il naturalise l'humanité. Au fond, il fait tout comme les anciens ; il obéit au même besoin ; il veut que les choses se ressemblent les unes aux autres ; il veut l'uniformité universelle par amour de l'ordre universel ; et sa méthode est d'oublier les différences pour arriver à voir l'uniformité. Le paganisme était un naturalisme anthropomorphique, et voici que paraît une anthropologie naturaliste ; voici qu'on ne fait plus la nature à l'image de l'homme, mais l'homme sur le modèle de la nature. Procédé inverse, même instinct : vouloir que tout se ressemble.

Pourquoi ? Pour croire qu'on comprend, pour avoir un système, c'est-à-dire un ensemble bien lié d'analogies. Et ceci encore pourquoi ? Pour se reposer sur ce système, et respirer enfin dans cette quiétude qu'on appelle la certitude. Un système, comme probablement toutes les œuvres humaines, est un immense effort, inspiré par la paresse, à son profit.

Celui-ci soulève bien des difficultés. Et d'abord, *à quelle nature* prétendez-vous que doit ressembler l'humanité ? car il y en a plusieurs. A la nature géologique ? Aimerez-vous à croire que les sociétés suivent dans leur développement une marche analogue à celle des révolutions géologiques sur laquelle la science nous donne quelques lueurs ? Pourquoi le croiriez-vous ? Et quelle apparence qu'une race animale doive reproduire en son *processus* celui de la planète sur laquelle elle vit ? Quinet a tiré quelques considérations de ce point de vue ; mais elles ont par trop évidemment un caractère tout imaginatif. — A la nature animale ? Ceci plaît mieux à l'esprit, quoique encore, à moins d'être dans le conseil de Dieu, rien ne nous dise que notre manière d'être doive nécessairement être analogue à celle des animaux. Mais ici encore les objections s'offrent en foule. Quinet les fait lui-même. Par exemple, il s'agit d'expliquer par les lois de la nature animale les lois de a nature humaine. Or, ce qui rend cette synthèse incommode, l'homme change et l'animal ne change pas. L'homme est un être variable, et l'animal un être fixe, relativement au moins, et à considérer des millierd'années, ce qui, dans la question agitée, est quelque chose : « Tous les autres êtres, comme dit Quinet dans son très beau langage, sont, pour ainsi dire, immobilisés et fixés dans le temps, *sont toujours au même point de la durée*, en ce sens qu'ils font exactement le lendemain ce qu'ils ont fait la veille ; l'homme seul a la faculté *de se mouvoir non seulement dans l'espace, mais dans le temps*. Cette puissance de locomotion à travers les époques, voilà un trait qui n'appartient qu'à lui et le sépare profondément de la nature vivante. » — Assurément ; mais dès lors quoi donc ? Quelle lumière l'histoire des animaux pourra-t-elle vous donner sur l'histoire de l'homme ? L'homme, et c'est ce qui lui a donné l'idée du progrès, est un animal changeant et qui aime le changement. C'est un animal inquiet. Il a d'autres définitions ; mais c'est une de celles qui lui conviennent le mieux. Quelque chose de véritablement extraordinaire a paru dans le monde

Lorsque l'âme anxieuse eut habité les corps.

Dès lors l'animal qui veut changer, et qui croit gagner au changement, existait, et, comme dit très bien Quinet, se mouvait non seulement dans l'espace, mais dans le temps. Si une énorme différence existe, sans parler des autres, entre l'homme et les animaux, que nous apprendront les animaux sur nous ? — Car, remarquez, c'est le secret de l'histoire, c'est, partant, le secret des variations de l'homme que vous demandez à qui ? A ceux qui ne varient point. Où vous conduirait cette considération, si vous la poussiez ? Ce serait, non à établir une nouvelle philosophie de l'histoire, mais à nier qu'il y en ait une. A vous suivre, pour ainsi

parler, plus loin que vous n'allez, on dirait, ce me
semble : « l'homme est un animal ; l'animal ne change
jamais, sinon quand l'espèce change, se métamorphose
elle-même ; donc l'homme ne change point. Il croit
changer. Il y a pour lui, pour lui seul, par illusion
personnelle, des apparences de changements dans son
état. Il est en réalité toujours le même. Il ne change
qu'à disparaître, qu'à se transformer en une autre
espèce très différente. Mais ceci n'est plus de l'histoire, mais de la préhistoire ou de la posthistoire. Dans
les limites de l'histoire, l'homme ne change point. Il
n'y a point de *processus*, il n'y a point de courbe, de
graphique historique. La philosophie de l'histoire
n'existe pas. » — Conséquence extrême de l'objection
que Quinet reconnaît juste, adopte et fait lui-même ;
conséquence que, ce me semble bien, acceptait Buffon,
où je ne laisse point d'incliner ; conséquence, en tout
cas, qui eût dû bien faire réfléchir Quinet sur le
système, ou, au moins, la méthode qu'il embrassait
avec tant de confiance.

Mais si l'espèce animale, telle que nous la connaissons, ne change point, les récentes hypothèses des
naturalistes nous invitent à croire qu'au cours du temps
illimité les espèces ont changé, se sont transformées
les unes en les autres, ont évolué d'origines très
éloignées de l'état actuel aux formes sous lesquelles
nous les voyons de nos yeux. Transporter les lois de
l'évolution du domaine de l'histoire naturelle au domaine de l'histoire humaine est donc possible, légitime
peut-être et raisonnable ! — Il faut faire une distinction.
Qu'une loi qui est une nécessité pour tout être vivant,
comme la tendance à la persévérance dans l'être,
comme la lutte pour la vie et la survivance du fort,

qu'une loi qui est telle que, si elle n'existait pas,
l'être cesserait d'être, soit reconnue comme régissant
l'homme aussi bien que les animaux, cela sans doute
est très raisonnable ; (et encore, après que vous l'aurez
constatée dans l'espèce humaine comme dans les espèces animales, ce qui revient à dire que vous appli-
querez raisonnablement à l'espèce humaine les lois du
monde animal que vous n'auriez pas eu besoin d'em-
prunter au monde animal pour les reconnaître chez
l'homme.) Mais les lois qui n'ont pas un caractère de nécessité, rien n'autorise à les faire comme passer de l'animalité à l'humanité pour comprendre et expliquer celle-
ci. Ce n'est point légitime, à peine est-ce indiqué. Et
surtout appliquer à l'*histoire*, si courte, les lois qui ont
peut-être régi les transformations des espèces dans des
périodes immenses de temps et à travers des monceaux
de siècles ; dire : les espèces évoluent selon telle loi en
trois cent mille ans, donc l'humanité évolue selon la
même loi au cours de six siècles, c'est-à-dire en dix-
huit générations : rien n'est plus arbitraire ni plus té-
méraire. Et c'est encore de ces généralisations hardies
qu'il ne faut point mépriser, parce que c'est ainsi que
l'homme pense quelque chose et que c'est à coups
d'hypothèses qu'il conserve en l'exerçant sa faculté de
penser ; dangereuses pourtant et pleines de hasard, et
qu'il faut suspecter en même temps qu'on les forme,
et surveiller avec défiance en même temps qu'on les
fait naître.

La Création reposait donc sur une idée qui n'est
pas prouvée, qui, ce me semble, ne le sera jamais ; elle
était destinée à n'apporter aucune lumière vraie sur
les destinées tant passées qu'à venir de notre espèce ;
surtout à cause d'un véritable vice de raisonnement,

qui est celui-ci. Quinet n'explique pas seulement l'histoire de l'homme par l'histoire du monde ; il explique aussi l'histoire du monde par l'histoire de l'humanité, tant il croit à l'existence certaine d'une harmonie préétablie entre les deux. Cela jette une étrange confusion et déroute l'esprit du lecteur. Dans le premier cas l'hypothèse étant forte, et dans le second, l'hypothèse étant plus forte encore, la vraisemblance est altérée par ce que l'auteur croit qui la complète, et la créance du lecteur ébranlée, par ce que l'auteur croit qui la soutient. C'est bien là qu'on voit l'intrépidité de suppositions d'Edgar Quinet et la confiance, l'ingénuité, pour ainsi dire, de son systématisme. Le livre en est comme vicié.

Est-ce à dire qu'il soit méprisable ? Il s'en faut bien. Et d'abord, comme livre descriptif, il est très beau. Quinet était un poète, un poète de second ordre, de ceux qui ont besoin d'une matière déjà élaborée pour féconder leur imagination et l'exciter. Beaucoup sont ainsi. L'un traduit en beaux vers des tableaux peints ; l'autre, ou le même, des pages de musique ; l'autre de vieilles légendes déjà rédigées par quelque naïf chroniqueur ancien ; l'autre des livres de zoologie. Quinet avait fait un poème extrêmement confus, mais où se trouvent de magnifiques pages, *Ahasvérus*, avec des souvenirs de Ballanche combinés avec des réminiscences de *Faust*. Il en fit un autre avec les livres de géologie qu'il avait lus, et *la Création* est un poème des époques de la nature, beaucoup moins imposant, d'une suite beaucoup moins magnifique et puissante que celui de Buffon ; mais singulièrement captivant et pittoresque, et ample et vaste encore.

Excellente chose pour les hommes d'imagination que

la science, quelle qu'elle soit au temps dont ils sont. Meilleure que la psychologie, qui quelquefois les dessèche un peu, ou, au moins, les subtilise ; meilleure que la métaphysique, qui les égare un peu, ou semble les volatiliser. La science, même hypothétique, par son objet leur donne une assiette solide, ayant toujours, du reste, des proportions assez vastes, ouvrant d'assez longues perspectives pour donner à leur pensée tout son essor. Jamais Quinet n'avait, plus que dans *la Création*, tracé des tableaux profonds et clairs, à larges plans bien distribués où circule librement l'air tranquille ou les grands souffles. Même au point de vue philosophique, il s'en faut qu'il n'ait point profité à réfléchir sur le grand livre ouvert de la nature et qu'il n'y ait point recueilli de bonnes leçons.

Il faut tâcher de tout démêler : s'il est vrai, ou bien probable, qu'il n'y ait pas dans l'histoire naturelle à saisir des lois applicables à la sociologie, il y a à y prendre d'excellentes habitudes et attitudes d'esprit, qui, transportées dans la sociologie, font qu'on y voit mieux, et c'est le vrai profit, celui-là, que tire un sociologue de l'histoire naturelle. La contemplation de la nature rend l'esprit calme, froid, par suite plus lucide. Si Buffon a montré, en choses de philosophie morale, un si admirable bon sens, c'est qu'il avait des habitudes de savant, d'observateur et d'homme qui mesure les temps par milliers de siècles, et, certes, ce qui manquait le plus à Quinet jusqu'ici, c'était la raison glacée du Buffon. Il a pris un peu de ces qualités, qui étaient loin d'être les siennes, à lire Darwin et Herbert Spencer. Par exemple, n'est-ce rien que la transformation que subit dans l'esprit de Quinet l'idée de progrès ? Comme à peu près tous les hommes de son temps, il avait cru au progrès, non seulement indéfini, mais sans arrêt, et rectiligne, et que tout changement est un profit et que tout pas est une victoire et que toute secousse est une ascension. L'humanité dans ce système est un ambitieux qui réussit toujours. — De là, d'abord une très grande chance d'illusion ; ensuite un penchant à s'agiter sans réfléchir, dans la conviction que toute agitation ne peut aboutir qu'à un progrès ; ensuite une véritable immoralité dans les considérations historiques, tout événement qui a abouti étant tenu pour une amélioration et justifié par cela seul qu'il s'est produit. en d'autres termes, tout ce qui a eu lieu étant jugé un bien, comme étant un mieux. A le prendre rigoureusement, comme beaucoup l'ont pris en notre siècle, le dogme du progrès se ramène ainsi à un fatalisme absolu, qui a deux aspects : fatalisme proprement dit, passif, résigné et approbateur, pour le passé : tout ce qui est arrivé est une bonne chose ; — fatalisme actif pour l'avenir : remuons toujours ; ce qui sera sera, et sera bon.

Quinet en causant histoire naturelle avec ses auteurs, remarque ou croit remarquer « que la nature ne marche pas d'un pas toujours égal au progrès, par une ligne droite, continue ; que le même genre n'est pas toujours en progrès ; que les générations d'une espèce ne l'emportent pas nécessairement sur les générations des époques analogues dans les temps antérieurs ; » que, « quand la nature a tiré tout ce qu'elle a pu d'un genre, d'une espèce, elle les laisse dans une immutabilité qui ressemble à un déclin... » Il en conclut qu'il doit en être de même dans la marche de l'humanité, qu'il doit y avoir flux et reflux, progrès et retour en arrière ; que, si le présent est toujours fils du passé, il peut lui

être inférieur comme il peut lui être supérieur, et, s'il
n'est pas tenu de l'adorer, n'est pas obligé non plus de
le mépriser. Comme conclusion, ceci est douteux ; rien
ne prouve, rien n'indique que, parce que la nature ne
connaît pas le progrès indéfini, l'homme ne doit pas le
connaître. Comme induction, comme analogie, c'est
très bon, et très légitime. C'est, sur un point de sociologie, la remarque judicieuse d'un esprit qui a pris de
bonnes habitudes dans l'histoire naturelle ; ce n'est pas
plus, mais c'est cela. Et le voilà, le profit, non point
logique, mais moral, non pas rationnel, mais psychologique, qu'un sociologue tire de la science générale.

Il y a appris, on vient de le voir, à substituer, par
exemple, la notion d'évolution à celle de progrès. Le
progressiste affirme que les choses sont toujours de
mieux en mieux ; l'évolutionniste, plus modestement,
estime que les choses ne sont pas toujours la même
chose. A cette simple substitution, Quinet s'est libéré,
en quelque sorte, s'est affranchi ; il s'est débarrassé
d'un dogme qui enchaîne l'approbation au fait accompli, qui justifie également le succès du droit et ceux
de la force, et qui même, à bien parler, ne justifie
que la force, puisque le droit n'a pas besoin d'être
justifié.

Voyez encore son ingénieuse application, qu'il n'est
pas le premier à avoir faite, mais qu'il a très heureusement exposée, de la division du travail physiologique
à la division du travail social. A mesure que le travail physiologique est plus divisé dans un être, l'être
est plus parfait, comme on dit, et, disons simplement, est plus propre à l'acte et possède une plus
grande sphère d'action. De même, dans la société,
si chaque fonction a son organe, si le travail de la vie

sociale se distribue rigoureusement entre des agents divers ayant des tâches très nettement délimitées et incommutables ; autrement dit, si l'organisation de la société est intelligemment très compliquée ; la société sera meilleure, plus saine et plus forte. — Comme conclusion, ceci n'est pas rigoureux ; nous ne savons pas du tout si une société humaine est un « organisme, » c'est-à-dire un animal ; et Montesquieu n'a pas eu besoin de considérer la société comme un animal pour recommander la division des pouvoirs, mais, à titre d'analogie, c'est bon ; et si l'histoire naturelle ne nécessite pas telle organisation sociale, il ne nous coûte rien de reconnaître qu'elle éclaire l'organisateur. En tout cas, être, par l'étude des sciences naturelles, amené à cette idée, ou confirmé dans cette idée, peu familière, je crois, à Quinet antérieurement, que le *simplisme* est une tendance très dangereuse en sociologie, est une chose que nous ne pouvons point ne pas tenir pour excellente.

Non moins ingénieuse encore, quoique plus hasardée, la comparaison du machinisme avec le perfectionnement de l'organisme animal. Les organes de l'animal, ce sont ses outils. Or dans l'évolution des espèces, « quand un groupe animal acquiert une faculté nouvelle, un organe meilleur, feuille, racine, antenne, écaille, œil, dent ou défense ; beaucoup de ses congénères ont à souffrir de cette supériorité ; l'espèce entière en profite. De même, toutes les fois que l'homme s'élève à un art, à une industrie ou à une machine plus complète, beaucoup de métiers, de professions, d'individus souffrent de l'innovation ; le genre humain y gagne et s'élève d'un degré. » — Il n'est pas très sûr que Quinet ne cède point ici à ses instincts

généralement un peu trop optimistes et ne fausse pas
un peu l'histoire naturelle pour arriver à une conclusion sociologique consolante. Quand un groupe animal acquiert un organe nouveau, il ne fait pas seulement *souffrir* ses congénères moins bien armés, il les
détruit ; le groupe mieux armé fait le vide autour de
lui et procrée désormais l'espèce à lui tout seul. Le
machinisme considéré comme organe nouveau, si la
comparaison est exacte, est donc d'abord tout simplement homicide, ce qui, pour commencer, est at-
tristant... — Et ensuite procréateur d'une humanité
meilleure, plus forte, produisant plus avec moins d'efforts. — Peut-être ; mais il n'en va pas de l'homme
comme des animaux, et chaque homme ne naîtra pas
pourvu de la nouvelle machine comme l'animal de son
nouvel organe ; et voilà une bien grande différence ; car
l'animal, naissant pourvu de la machine de son père,
ne fait que bénéficier du progrès accompli, l'homme
naissant aussi nu que l'anthropoïde et trouvant la machine non au bout de son bras, mais à côté de lui,
montée, possédée et gardée par d'autres, le plus
souvent n'en sera que le serf, et le bénéfice qu'il en
pourra tirer de par le bien-être général ne com-
pensera point l'esclavage où personnellement il sera
astreint. La question, tout au moins, n'est point aussi
simple que Quinet nous la présente, et ce que j'en dis
n'est que pour marquer une fois de plus que ces analogies, si séduisantes qu'elles soient, entre les choses
d'histoire naturelle et les choses de sociologie, clo-
chent toujours par quelque endroit.

En somme, les différences entre les animaux et
l'homme seront toujours plus nombreuses que leurs
ressemblances, et toute conclusion tirée des uns pour

être appliquée à l'autre sera toujours très hasardée. Le vieux Buffon, avec la ligne de démarcation très forte qu'il trace et qu'il maintient entre le règne animal et le règne humain, reste encore le plus raisonnable. Mais on voit nonobstant quelles qualités d'esprit toutes nouvelles l'histoire naturelle avait données à Quinet, et quel véritable renouvellement de toute son intelligence s'était produit. Il voyait de plus haut, il voyait plus loin ; il avait pris à la science quelque chose de sa sérénité, de sa liberté aussi ; il en était moins asservi à certains préjugés d'école, ou de parti, ou personnels. Il a cité une magnifique et profonde parole de Marc-Aurèle : « Vois, examine de près, comme tous les êtres se transforment les uns dans les autres. Exerce à cela constamment ta pensée. *Rien n'agrandit davantage l'esprit* — οὐδὲν γὰρ οὕτω μεγαλοφροσύνης ποιητικὸν. » Marc-Aurèle a dit très juste, d'une façon générale, mais particulièrement pour Edgar Quinet ; et Edgar Quinet devait être très particulièrement reconnaissant à la science, « cette ouvrière des grandes pensées, » et qui nous affranchit des petites.

V

Les dernières conclusions d'Edgar Quinet, telles qu'on peut les tirer de *la République, conditions de la régénération de la France*, et de l'*Esprit nouveau*, sont confuses et mal assurées. Comme tous les penseurs, il n'a pas eu assez d'une vie, pourtant assez longue, pour aboutir à une doctrine définitive, n'y ayant que ceux qui pensent peu à qui une existence suffise pour conclure. Lui, surtout, se transformait au moment où il approchait du terme, et le temps lui a manqué pour achever son dernier stade intellectuel. Tout pénétré d'esprit théologique jusqu'en 1865, touché et assez profondément atteint par l'esprit scientifique à la date de 1369, il devait mourir, en 1874, sur une pensée positiviste un peu vague et comme flottante qui n'avait pas pris pour lui toute consistance et solidité. Dans la *Révolution*, il disait encore : « Les savants ont aussi leur chimère ; ils se figurent que la science remplacera prochainement la religion. C'est mal connaitre l'homme. La religion et la science se rapprochent indéfiniment ; elles ne se confondent jamais ; elles sont les asymptotes de la grande courbe humaine... Il y aura toujours des questions auxquelles la science ne pourra répondre ; et ce mystère formera le fond inépuisable des religions futures. » — Et, dans *l'Esprit nouveau*, c'est par une espérance de religion scientifique qu'il répond à la dernière angoisse de son cœur et de son esprit.

La philosophie de l'avenir sera « la philosophie de la vie universelle. » L'homme trouvera sa loi dans la loi du monde enfin ramené à l'unité. Il s'apercevra que « la même loi reconnue dans les orbites des astres, retrouvée dans les formations géologiques, dans la succession des règnes, » s'applique à lui, se retrouvant « dans la formation des sociétés et dans le secret de la conscience humaine. » Et, dès lors, son effroi cessera, et son anxiété héréditaire et son inquiétude éternelle ; parce qu'il ne se sentira plus isolé, ce que, jusqu'à présent, il a cru être. Il ne dira plus : « Il n'est rien de commun entre la terre et moi, » découvrant, au contraire, que tout est commun entre la terre et lui, que le monde le soutient, que « tout lui répond dans l'infini » et qu'il « marche en compagnie des mondes. »

Ces dernières pages que Quinet ait écrites sont, certes, des plus belles. Elles sont peu probantes ; ressemblant en cela à beaucoup d'autres pages de Quinet ; elles ne prévoient pas assez l'objection, et ne sont que des affirmations bien éloquentes. L'objection ici, c'est que, plus va l'homme, et à mesure même qu'il oublie davantage ses religions et ses métaphysiques, d'autant plus il s'attache à la morale d'une forte étreinte et y voit sa loi propre, qu'il cherche à établir et à soutenir comme il peut, mais à laquelle il tient comme à quelque chose qui est sa substance et sans quoi il disparaîtrait. Toutes les philosophies, si dissemblables qu'elles soient, tous les systèmes, veulent aboutir à la morale traditionnelle, et trouvent toujours, en effet, avec plus ou moins d'adresse et par un plus ou moins long détour, le moyen d'y aboutir. La morale, c'est l'homme même ; il ne l'oublie que quand il ne pense pas, et sitôt qu'il s'envisage comme faisant partie d'une société, c'est-à-dire dès qu'il se considère comme animal sociable, c'est-à-dire dès qu'il se regarde comme homme, il s'y rattache énergiquement.

Or la nature est immorale ; le monde qui nous entoure est immoral ; les règnes. minéral, végétal. animal, sont immoraux ; nous-mêmes, en tant qu'engagés à moitié et plus qu'à moitié dans la nature, nous sommes immoraux ; nous sommes immoraux en tant qu'animaux, sacrifiant les êtres faibles pour nous nourrir ou nous amuser, sacrifiant même nos semblables pour nous enrichir ou nous glorifier, et ainsi, non seulement la nature insensible, non seulement la végétalité, non seulement l'animalité, mais l'histoire même, en grande partie, est immorale ; et il n'y a rien qui ne soit immoral, sinon la morale elle-même.

Cette morale, est-ce donc la science qui pourra nous l'apprendre, est-ce la science qui pourra la fonder? Est-ce la science, laquelle ne fait qu'enregistrer et classer des milliards d'actes immoraux et des centaines d'institutions immorales, magnifique organisation au point de vue intellectuel ou esthétique, au point de vue moral horrible et monstrueux chaos, d'où jamais, depuis des monceaux de siècles, une lueur, une étincelle ou une ombre de moralité n'est sortie, si bien qu'à prolonger dans le passé l'histoire démesurée de la nature, la science ne fait qu'augmenter et élargir à l'infini le scandale de l'immoralité de l'univers ? Est-ce de cette science qu'un jour on tirera la morale ?

Quelque adresse qu'on y mette, il ne paraît pas. Reste donc cette antinomie ; et reste avec elle le problème ardu du temps présent ; restent avec elle ces tendances de retour vers les anciennes religions et les anciennes métaphysiques ; restent avec elle ces essais aussi de morale sans fondement et sans soutiens, de morale se suffisant à elle-même et isolée ; puisque aussi bien l'être moral, en tant que tel, est isolé aussi et sans rien qui semble lui répondre dans l'ample sein de la nature ; restent enfin toutes les questions qui concernent l'homme même, et sur lesquelles la science l'éclaire sans doute, mais sans pouvoir prétendre à le guider.

C'est une sorte de nouvel ὁμολογουμένως τῇ φύσει que le Quinet de la *Création* et de l'*Esprit nouveau* nous propose. A mesure qu'on connaît mieux la nature, on s'aperçoit que ce ne peut guère être une

règle de conduite humaine que de l'imiter. Les stoïciens sont encore des poètes optimistes ; ils le sont
moins que les païens ; mais ils ne laissent pas de le
demeurer en partie. Si les païens voient dans la
nature un peuple de dieux, les uns bienfaisants, les
autres désagréables, mais tous, à les prendre en général,
pitoyables et susceptibles d'être apaisés et *pacifiés ;* les
stoïciens voient dans la nature un immense animal
divin, sinon très bon, du moins très intelligent, très
raisonnable, pacifique, serein, calme, dont l'ordre,
l'harmonie, la constance, le dessein suivi, forment
l'essence, et à qui l'on ne saurait guère mieux faire
que « se conformer. » Leur morale peut donc encore
se rattacher à leur métaphysique ou plutôt à leur cos-
mologie.

Mais la science moderne ne voit pas l'ordre moral,
aucun ordre moral, dans la nature. Si donc elle était
prise pour maîtresse de religion et de morale, elle
conduirait, ultra-rétrograde en cela, à l'adoration de
dieux méchants, ou tout au moins iniques, extrêmement durs et cruels, tels que dans les religions primitives ; et elle conduirait à ne recommander pour notre
conduite que l'emploi hardi et intelligent de la force,
et l'oppression, sans hésitation et sans remords, du
plus faible par le plus énergique, le mieux armé ou
le mieux associé. — Seulement la science ne nous demande pas (je crois) de la prendre pour guide moral ; elle
ne veut être que la science ; elle croit qu'il est fort salutaire que nous l'écoutions et fassions commerce avec
elle pour nous donner d'excellentes habitudes d'esprit
que nous transporterons ailleurs ; mais elle ne prétend
pas nous donner directement ni nous imposer une
règle de vie. Ceux qui, sans qu'elle les y invite, lui

en empruntent une, s'exposent à se fourvoyer. Il est
probable qu'au contraire c'est à mesure que la science
verra plus clair, et du reste toujours les mêmes
choses, dans l'immense nature, que l'on sentira le
besoin de créer une morale parfaitement séparée d'elle
et indépendante de ses conclusions ; que l'on sentira
le besoin, loin de confondre l'homme et de le noyer
dans la nature, tout au contraire de l'en distinguer,
comme en effet par sa façon d'être il s'en distingue.
Et ce ne sera point se refuser à comprendre, ce sera
comprendre mieux ; car comprendre, ce n'est point
seulement embrasser, c'est distinguer aussi. Que,
comme par toute une partie de nous-mêmes nous
sommes semblables à la nature animale, pour toute
cette partie nous nous conformions à cette nature-là,
rien de plus juste, et du reste rien de plus nécessaire ;
mais si nous avons à vivre « conformément à la nature, » nous avons à vivre aussi « conformément à
notre nature ; » et c'est cela, aussi, qu'il faut se garder d'oublier. C'est toujours Pascal qui a raison :
« L'homme n'est ni ange ni bête, et qui veut faire
l'ange fait la bête. » Exactement pour la même raison, l'homme qui veut faire la bête renonce aussi bien
que l'autre à sa nature, et fait la bête encore davantage.

VI

On voit qu'Edgar Quinet, avec sa faculté maîtresse
qui fut l'imagination, a accompli une sorte d'évolution à travers les idées du siècle, subissant successi-

vement diverses influences, celle de l'Allemagne, celle
de l'Université anticléricale de 1840, celle de Darwin
et du transformisme, traduisant, à chaque fois, et
agrandissant, élargissant en vastes poèmes très brillants les idées qu'il recevait ainsi de la région du
monde intellectuel qu'il traversait. Il était éminemment sensible à la suggestion, comme Michelet à
l'autosuggestion ; et, à contempler, avec la ténacité
douce qui était dans son caractère, un objet qui atti-
rait son regard, il arrivait assez facilement, et trop
facilement, à une manière d'hypnose. L'Allemagne
l'a enivré de philosophie de l'histoire et de symbolique, l'Université de France de colère anticatho-
lique, l'Angleterre de philosophie de la nature, et
dans chacune de ses *possessions*, il a montré, avec
une puissance de généralisation singulière et un très
grand talent littéraire ou plutôt oratoire, l'entêtement, l'idée fixe, l'inflexibilité de regard, l'*Einseitigkeit*,
comme disent les Allemands, qui caractérisent en
effet les possédés.

Le fond persistant, c'était un instinct mystique,
comme il n'y en a pas eu de pareil en ce siècle, ni
au précédent, ni peut-être depuis trois siècles. Il l'a
porté partout. Il a été mystique dans sa façon de
considérer l'histoire générale, dans sa façon de considérer l'histoire contemporaine et la politique, dans
sa façon de considérer la nature. Il a donné une
théologie de l'histoire, une théologie de la Révolution
française, et une théologie de la vie universelle. Il a
été le grand prêtre de l'histoire, de la Révolution, et,
pour finir, de l'univers. Il était croyant, comme
Bayle était sceptique, sans intermittence, et de
chaque battement de son cœur ; et il a changé de

croyance, mais sans que son besoin de croire en diminuât, et au contraire.

Il n'a jamais gouverné, ce dont il en est qui n'hésitent pas à se féliciter ; mais il a eu sa part d'influence. Cette influence, ce qui peut faire la joie des malins, a été, aussi juste et aussi directement que possible, à contre-sens de ses intentions. Il a désiré passionnément une France religieuse, religieuse à sa manière, mais enfin une France religieuse. Il a contribué, dans la mesure où contribue à ces choses un homme de pensée, c'est-à-dire un peu, à faire une France antithéiste. Il s'en est aperçu, et son dernier vœu, très conforme aux sentiments de toute sa vie, a été que de ce qui ruine le plus aux temps modernes le sentiment religieux, précisément de cela, une religion sortît un jour, ce qui est possible, et peu probable. Si ce temps vient, Quinet aura une résurrection, et cet homme, si profondément marqué du sceau du passé, apparaîtra comme un prophète. Pour le moment, nous le lisons avec intérêt et étonnement. Sa puissance poétique, qui est réelle, sans nous charmer, nous frappe et nous impose ; sa fougue de généralisation nous amuse et nous séduit un moment, sans nous éblouir ; son romantisme appliqué à l'histoire et à la politique est la chose qui est la plus éloignée de nos habitudes d'esprit et dont nous nous défions entre toutes ; et nous regardons passer avec curiosité, avec sympathie même, mais avec inquiétude, ce poète, cet orateur, cet inspiré, ce charmeur toujours charmé, au beau geste, à l'attitude noble, à la grande voix, et au regard à la fois vague et fixe de somnambule.

VICTOR COUSIN

De tous les hommes qui, de 1820 à 1850, ont essayé d'établir un nouveau pouvoir spirituel, soit pour remplacer l'ancien, soit pour vivre concurremment avec l'ancien à titre d'héritier présomptif, Victor Cousin n'a été ni le moins convaincu, ni le moins laborieux ; et il a été le plus pratique, et il est encore celui qui a le moins échoué ; et c'est à ce titre seulement que je l'étudie ici, et à ce point de vue seulement que je porte sur lui mon enquête.

I

En 1815, quand il fut chargé, à l'âge de vingt-deux ans, de la première chaire de philosophie de France, il ne savait rien en philosophie, était très intelligent, était un orateur remarquable et avait l'esprit religieux. Je ne dis pas le sentiment religieux, que je crois qu'il n'eut jamais ; je dis l'esprit religieux. — L'esprit religieux consiste à aimer la certitude et à aimer la certitude en commun. Ne pouvoir souffrir le doute, ne point aimer même à lui faire sa part, vouloir posséder une explication suffisante de l'ensemble complet des choses ; d'autre part ne point aimer une explication qui ne puisse être qu'à votre usage, en vouloir une dans laquelle on puisse communiquer ou communier avec un grand nombre de ses semblables : voilà les points essentiels de l'esprit religieux.

Certains hommes ne l'ont pas du tout, vivent dans l'ignorance consciente et dans l'incuriosité résignée des grands *pourquoi ?* des grands *comment ?* et des grands *qu'y-a-t-il ?* quoique intelligents, avec une tranquillité, relative peut-être, mais assez grande ; ce sont les esprits étroits, ou paresseux, ou tellement passionnés pour la clarté, qu'ils ont pour tout ce qui ne va pas sans obscurité l'horreur que d'autres ont pour l'incertitude.

Certains hommes, ailleurs, ont le sentiment religieux, et n'ont pas l'esprit religieux, ou l'ont très faible : ils aiment ce qui dépasse l'homme et peut-être échappe même à sa conception, d'un grand élan de leur cœur, d'un embrassement passionné, et comme cela est sentiment chez eux, ils ne tiennent pas autrement à ce que d'autres sentent de même ; le sentiment en commun, sans leur être désagréable, ne leur est pas nécessaire ; ils ont une religion plus forte et moins solidaire, moins associée, moins sociale, et qui peut même être purement personnelle ; ils ont plus de sentiment religieux que d'esprit religieux.

Cousin avait très peu de religion dans le cœur, et beaucoup de religion dans l'esprit. Besoin de certitude, besoin de certitude commune, était sa principale tendance. Il était d'Église. Par sa nature même ? Non. Mais il était de son temps. Il y a des gens qui ont pour caractéristique d'être de leur temps, juste de leur temps, et d'en être toujours même quand leur vie est longue. Ce ne sont pas forcément de simples imitateurs. Le simple imitateur n'est pas de son temps, il est du temps qui précède un peu le sien. Certains imitateurs, plus alertes, sont du temps qui suit un peu celui où ils sont. Ils ne sont pas tout à fait de demain, mais ce matin ils sont de ce soir ; c'est le vrai moyen d'être d'aujourd'hui. Ils sentent dans l'air ce qui va être tout à l'heure l'entretien de tout le monde. Ils sont imitateurs avec un commencement d'invention. Ils se placent entre les deux grandes catégories humaines, entre les inventeurs et les imitateurs, entre ceux qui ont de l'esprit et ceux qui vivent de l'esprit des autres. Chronologiquement même, c'est leur situation. Ils aident les imitateurs à penser l'année prochaine ce que les inventeurs ont pensé l'an dernier ; et comme ils sont surtout imitateurs eux-mêmes, ils présentent tout naturellement à la foule la pensée des originaux de la manière dont la foule doit la penser elle-même, avec le commencement au moins de déformation que les idées subissent toujours en descendant de degré en degré dans l'humanité.

Or le temps où Victor Cousin montait en chaire pour la première fois, n'était pas spiritualiste ; mais il était en train de le devenir ; il n'était pas en réaction contre l'esprit du XVIIIᵉ siècle ; mais il s'acheminait à y être. Chateaubriand avait parlé et n'avait paru qu'un brillant virtuose de religiosité et qu'un fastueux décorateur du Concordat ; mais il avait laissé cependant une impression assez forte quoique difficile à définir. On ne disait pas : « Donc soyons chrétiens ; » mais on disait : « Encore que ce soit Voltaire qui a raison, cependant il y a autre chose. Il n'y a pas seulement Voltaire. » Ces transitions sont très curieuses. Elles associent des contraires dans une incertitude conciliante que l'on prend pour largeur d'esprit. Les générations qui vivent en ces époques-là sont à peu près sceptiques et se croient synthétiques. Elles ne sont que flottantes.

Mme de Staël avait parlé, et elle avait donné, elle aussi, l'idée « d'autre chose. » Cet « autre chose » était vague ; mais c'était un besoin d'affirmation. Elle disait à peu près : « Je ne sais pas trop précisément à quoi il faut croire ; mais je crois qu'il faut croire. Le XVIIIe siècle n'a que nié. L'esprit humain vit de croyances. Allez à la certitude par le christianisme, ou par la philosophie allemande, ou simplement par l'enthousiasme ; mais croyez à quelque chose. » Mme de Staël n'était pas un système ; mais c'était bien plus ; c'était un état d'esprit. Elle se trouva et par ce qui restait de vague dans ses idées et par la direction de ses sentiments, juste en communion avec la foule.

Royer-Collard avait parlé. C'était plus précis ; non qu'il eût un système, mais il avait porté l'attaque sur un seul point, ce qui fixait un peu les idées flottantes. Il s'était avisé, un peu arbitrairement, de rendre responsable de tout l'esprit du XVIIIe siècle la philosophie sensualiste de Condillac et des idéologues. Que tout nous vienne de la sensation se transformant en toutes sortes de choses qui ne sont plus elles, je ne vois pas que cela puisse nous rendre, plus qu'un autre système, immoraux, athées, insensibles à tout élan du cœur, rebelles à la loi morale et indifférents à l'appel de la patrie. Mais enfin c'était faire dériver tout notre être intérieur d'une origine qu'on peut aisément, avec de l'éloquence, rendre suspecte d'être impure ; et surtout il était facile d'établir un lien entre l'honnête Condillac,

élève de Locke, et Voltaire, élève de Locke également,
et entre Voltaire et tout le xviii° siècle ; et l'on remontait ainsi à la source empoisonnée, à John Locke, d'où
l'on montrait tout le xviii° siècle, Helvetius, d'Holbach,
Volney et Dupuy compris, sortant comme un fleuve. —
Ce fut un trait de lumière. On dit : « La faute est à
Locke ; » et la confusion des termes et le jeu dangereux
des mots étant facile, on dit aussi : « C'est la philosophie sensualiste qui nous a perdus ; c'est le sensualisme
qui a fait tout le mal. Le sensualisme c'est l'immoralité. » — Il est certain qu'il ne faut pas être sensuel ;
mais jamais on n'a été sensuel parce qu'on était sensualiste. Le contresens n'en a pas moins été fait, et,
répété innocemment par les uns et diplomatiquement
par les autres, n'a pas laissé d'avoir une influence
considérable.

C'est alors que parut Cousin. Il aimait à croire ; il
sentait autour de lui le besoin de croire ; il satisfit sa
passion et il exploita ce besoin avec un entrain merveilleux.

Il ne se traça pas du premier coup son programme
avec la netteté que je vais lui prêter ; mais on peut,
pour la clarté de l'exposition, se le figurer, en 1815,
se disant :

« Ces hommes en ont assez de nier, de se défier,
de railler, de se refuser à être dupes, et « de ne croire
à rien sinon que deux et deux sont quatre. » Ils
veulent croire à quelque chose. Moi aussi, du reste.
Je sais assez de philosophie pour avoir entendu dire
qu'il n'est guère de philosophie qui ne mène au doute.
D'autre part, vais-je enseigner la religion ? Ce ne
serait pas très bien, parce que je n'y crois pas. De plus,
on me demanderait à quoi sert la philosophie et à quoi

je sers. Je ne tiens pas à professer pour démontrer mon inutilité. De plus il n'est pas encore temps. Cette religion, ils n'y croient pas, ils y croient peu, ils y croient relativement, ils y croient comme à une chose qu'on respecte et non pas où l'on adhère, bref ils n'y croient pas. Ils sont détachés du XVIIIe siècle par lassitude plus que par conviction contraire. Chateaubriand les a entamés, non convertis. Mme de Staël leur a donné le goût de la croyance, mais non rendu la foi. Ce qui leur ferait plaisir, ce serait une philosophie dogmatique, hardie, ne reculant pas devant les grands problèmes et en donnant des solutions, noble du reste et caressant les sentiments généreux, de manière à avoir l'air de les faire naître ; une philosophie qui cultiverait l'art de croire et en satisferait le penchant, une philosophie qui aurait l'air d'une religion, une philosophie qui ressemblerait au christianisme et qui ne le serait pas. — Car ce qu'ils veulent c'est cesser d'être antichrétiens sans devenir chrétiens. Ils ont besoin d'une philosophie qui épouserait leurs tendances en ménageant leur respect humain. Elle réussirait. — Cette philosophie je ne l'ai pas sur moi. Mais je puis successivement étudier divers systèmes philosophiques, ce qui, du reste, me sera agréable, et, aussitôt qu'en exposant chacun d'eux, je me sentirais arriver au scepticisme, pousser le cri d'alarme et dire : cette philosophie mène au doute ; elle est condamnée. — J'éliminerai ainsi tous les systèmes jusqu'à ce que j'en aie trouvé un qui permette d'affirmer, et qui soit affirmation des croyances générales de l'humanité. Si ce système existe, je l'adopterai. S'il n'existe pas, de tous les actes de foi que j'aurai formulés au cours de nos exorcismes successifs, je ferai, moi, un système. Cela arri-

vera juste au moment où je saurai assez de philosophie pour construire un ensemble très présentable ;
d'autant plus que je suis très ingénieux, très adroit et
très éloquent. »

Il fit comme je suppose qu'il avait dit. Laborieusement du reste et consciencieusement, suppléant par
un travail et une ardeur incroyables à la science philosophique qu'il n'avait pas, à la connaissance de la langue anglaise qu'il avait très peu et à la connaissance de
la langue allemande qu'il n'avait point du tout, expliquant, généralisant et réfutant à mesure qu'il déchiffrait,
faisant exactement comme Diderot quand il donnait
ses premières leçons de mathématiques, ce qui, après
tout, est mauvais pour l'élève, mais excellent pour le
professeur et est une mauvaise méthode pour enseigner,
mais une méthode intensive pour apprendre ; de 1815
à 1820 il apprit beaucoup de philosophie, parla fort
pertinemment de Locke, de Hume, de Berkeley, de
Reid, de Dugald Stewart et de Kant, c'est-à-dire
d'hommes dont la plupart étaient absolument inconnus
en France, et mena au scepticisme la rude guerre qu'il
lui avait déclarée.

On peut dire que tout l'esprit de son enseignement
était contenu dans le mot fameux de Royer-Collard :
« On ne fait pas au scepticisme sa part : sitôt qu'il a
pénétré dans l'entendement, il l'envahit tout entier. »
Il ne voulait faire aucune part au scepticisme, absolument aucune, et non seulement il ne voulait lui faire
aucune part, mais encore il s'arrêtait brusquement
dès qu'il se voyait sur un chemin qui de bien loin pouvait y conduire. — Les sensualistes croient que toutes
leurs idées leur viennent des sens. Admettons-le ; mais
alors ils sont enfermés dans leur être intérieur sans

pouvoir en sortir ; le monde n'est pour eux que la combinaison de leurs sensations ; ils ne peuvent croire à rien qu'à eux-mêmes ; ils sont enfermés dans leur moi. S'ils font cette remarque bien simple que leur sensation n'est qu'un état de leur être et ne prouve nullement qu'elle corresponde à quelque chose de réel en dehors d'eux, ils sont emprisonnés en eux. Et cette remarque, comme ils ne peuvent pas ne pas la faire, ils le font. Le sensualisme de Locke mène à l'idéalisme de Berkeley. Et cet état de croyance toute subjective, cet état qui consiste à ne croire qu'à soi, c'est le scepticisme même. Aucune vérité générale, aucune idée universelle ne peut sortir de cette manière de croire. Le sensualiste est en plein scepticisme. Il croit en sortir par des raisonnements extrêmement subtils. Il s'abuse. Les chemins sont trop étroits par où il en sort. L'humanité ne se meut pas par des voies si tortueuses. Ce qu'il faut c'est une affirmation énergique ; c'est un acte de foi à la réalité du monde extérieur. Le moi existe, le non-moi existe aussi. Ma croyance à l'un suppose l'autre. J'affirme l'autre, quand j'affirme l'un. Affirmons-les sans crainte tous les deux. Premier acte de foi qui devra se passer, et se défier, de raisonnements.

Croyez-vous les idéalistes d'outre-Rhin plus à l'abri de l'invasion du scepticisme ? Ce serait une erreur. Là nous rencontrons un idéalisme très vigoureux, très séduisant et très élevé, qui est digne de tous les respects, dont la grandeur morale force à s'incliner devant lui ; mais prenez garde. Que nous apprend Kant ? Encore que nous ne pouvons sortir de nous-mêmes. Sensibilité, entendement, raison ne valent que pour nous, puisqu'ils ne sont que nous-mêmes. Ils sont nos manières d'être.

C'est l'analyse de notre esprit que nous faisons quand
nous nous rendons compte de nos sensations ou quand
nous raisonnons sur les choses. Penser ou même sentir,
c'est l'homme se donnant à lui-même le spectacle de soi.
Sait-il si le principe même de tous ses raisonnements,
si le principe même de sa pensée est une vérité en
dehors de son esprit ? Qu'en peut-il savoir ? Il sait que
c'est lui-même, qu'il ne peut penser un instant sans
cela, qu'il ne peut même vivre sans cela ; mais c'est
tout ce qu'il sait. Ce qui est constitutif de lui n'est pas
nécessairement constitutif de tout, n'est pas nécessairement constitutif d'autre chose que lui, n'est pas
nécessairement constitutif de quoi que ce soit hors lui.
Nous pouvons sentir, penser et vivre d'un je ne sais
quoi, vérité pour nous, erreur partout, puisqu'il suffit
qu'il soit vérité pour nous pour que nous en vivions.
Notre sagesse est certainement de savoir précisément
comment nous pensons, puisque c'est savoir ce que
nous sommes ; mais précisément parce que ce n'est que
savoir ce que nous sommes, ce n'est nullement savoir
quoi que ce soit de ce qui est, sauf nous-mêmes. — Eh
bien ! ne sommes-nous pas en pur scepticisme ? Muni
de cette doctrine, à quoi va croire l'homme ? A tout,
avec cette restriction que du reste il n'en sait rien. A
tout ce qu'il trouvera au bout d'une sensation ou d'un
raisonnement, avec cette restriction que, du reste, sensation est très probablement illusion et raisonnement
très probablement une erreur. Il arrivera à tous les
buts de son esprit ; seulement arrivé à chacun d'eux, il
devra dire : « Mais d'ailleurs il est à peu près sûr que
j'ai rêvé. » Scepticisme raffiné, il n'y a rien autre chose
dans cette doctrine.

Mais de ce scepticisme Kant sait sortir, vous ne

l'ignorez pas. Il en sort par la constatation de la loi morale, qui, elle, nous oblige bien à sortir de nous, puisqu'elle nous oblige à agir ; n'est plus une simple loi de notre esprit, mais une loi de nos actes; n'a plus le caractère d'une nécessité subjective mais d'une obligation pratique ; et qui, du moment qu'elle nous oblige, suppose quelqu'un hors de nous pour nous juger, nous récompenser ou nous punir ; suppose des sanctions d'outre-tombe pour que l'obligation ne soit pas une duperie et une fantasmagorie; reconstitue ainsi tout l'ensemble des croyances humaines traditionnelles qui tout à l'heure semblait ébranlé. — Bon raisonnement sans doute, répond Cousin ; mais trop indirect ; détour logique plutôt que franche et solide doctrine, chemin du labyrinthe par où il est difficile de se résigner à passer patiemment et qui n'est pas de ceux par où passe volontiers l'humanité. Oh! que la vraie raison va plus droit et que ses chemins sont plus courts ! Ce qu'il nous faut, c'est croire franchement que la raison nous dit vrai, vrai absolument, aussi bien sous sa forme de raison pure que sous sa forme de raison pratique, aussi bien quand elle s'applique au vrai que quand elle s'applique au bien, aussi bien quand elle dit : « Cela est, » que quand elle dit : « Il faut faire cela. » Ne la partagez pas ; elle est une ; ne la distinguez pas d'elle-même : elle est identique à soi. Nous n'en avons pas deux : l'une pour être maîtresse de vérité subjective, l'autre pour nous donner des commandements absolus ; c'est-à-dire l'une pour être un philosophe probabiliste et l'autre une reine impérieuse, et l'une pour dire « il faut » et l'autre : « il est possible. » Elle ne se présente pas à nous tantôt sous la forme d'un Dieu donnant les tables de la loi, et tantôt sous la forme

d'un sophiste. Croyons en elle tout entière et non à
une moitié d'elle. Second acte de foi. Croire à la raison.
La raison humaine vaut pour l'absolu et non pas seulement pour l'homme seul.

Dès lors l'habitude est prise, d'autant plus que le
procédé est vraiment commode. Les actes de foi se
multiplient. Partout où il en est besoin d'un, il arrive
à point. C'est qu'aussi bien il ne coûte rien. Doutez-vous
de la liberté, du libre arbitre humain ? Celui-ci n'y
croit point parce qu'il ne peut le prouver. Celui-ci
croit qu'il existe dans un certain équilibre de l'âme, qui,
quand elle est forte, ajoute un poids intérieur, à savoir
elle-même, à ceux que les différents motifs mettent
dans la balance ; et la liberté pour eux est comme la
santé de l'âme. Celui-ci dit que la preuve que la liberté
existe c'est la loi morale elle-même : l'homme ne se
sentirait pas obligé s'il n'était pas libre d'accomplir
l'obligation. — Eh ! il n'est pas besoin de preuves !
Vous sentez-vous libres ? Oui ; ne dites pas non.
Vous ne faites pas une action sans vous sentir libres
de ne pas la faire ; vous n'avez pas le souvenir d'une
bonne action faite par vous sans vous en féliciter, et
par conséquent sans être certain que vous pouviez ne
pas la faire ; vous n'avez pas le souvenir d'une mauvaise action faite par vous sans vous en repentir et
par conséquent sans être assurés que vous pouviez ne
la faire point. Vous vous sentez libres. Il suffit : c'est
que vous l'êtes. — Mais ce peut être une illusion ! —
Ce qui est affirmé par tout votre être intellectuel et
moral n'est point une illusion, ou tout l'est. Tremblez ;
voici le scepticisme intégral qui rentre par la porte du
scepticisme partiel. Vous ne voulez pas être sceptiques,
n'est-ce pas ? Croyez alors sans démonstration à tout

ce qui se démontre difficilement. Croyez à la liberté humaine, comme à la vérité de la perception extérieure, comme à la raison pratique, comme à la raison pure.

Que pensez-vous de Dieu ? Que vous aimez qu'on vous le prouve. N'y comptez pas trop. Les preuves sont faibles. Nous les donnerons par surcroît ; mais la vraie preuve, c'est que vous y croyez, comme au non-moi, comme à la liberté, comme à la raison. « Ce n'est point par le raisonnement, mais immédiatement que nous nous élevons à la conception d'un être nécessaire dès que quelque chose de contingent nous apparaît. » Il suffit donc de voir n'importe quoi pour concevoir Dieu. Il est une nécessité intellectuelle de l'homme. Nous ne pouvons pas avoir une idée sans avoir l'idée de Dieu. Il entre comme élément essentiel dans toute opération de notre esprit. Douter de Dieu ce serait donc douter de nous-mêmes, de la portée objective de notre entendement. Or nous avons repoussé le scepticisme appliqué à la légitimité des conclusions objectives de notre esprit. Nous avons reconnu que notre raison prouvait hors d'elle, valait pour autre chose que pour elle-même. Si Dieu est en elle, c'est qu'il existe hors d'elle, c'est qu'il existe. Croyons en Dieu par cela seul que nous en avons l'idée ; croyons en Dieu parce que nous y croyons. C'est la vraie preuve.

Les actes de foi devenaient nombreux, que semait Cousin sur sa table de professeur. Il ne restait qu'à les relier entre eux pour en faire un système complet de philosophie. C'est ce qu'il a fait.

II

Au cours de ses brillantes dissertations sur les différents systèmes philosophiques il s'aperçut de trois choses. D'abord que ces actes de foi auxquels il avait si souvent recours n'étaient pas de lui ; que chacun des systèmes qu'il examinait lui en fournissait un, celui d'où ce système partait, et qu'il ne faisait que collectionner les *credo* initiaux de tous les systèmes.

Il s'aperçut ensuite que son *credo* collectif à lui se composait d'une série d'affirmations, d'intuitions, de vérités acquises du premier coup, confirmées ensuite par des raisonnements ou opérations variées de logique, mais posées d'abord en axiomes et qu'une évidence en quelque sorte spontanée lui avait fait découvrir.

Il s'aperçut enfin que ce *credo* collectif était tout simplement ce que l'humanité connue, prise en son ensemble, croyait volontiers ; que, d'instinct, en sa qualité de professeur et non de penseur solitaire, il avait toujours tendu à penser ce que pensait son auditoire, toujours tendu aux affirmations courantes et aux convictions en quelque sorte naturelles du genre humain qui n'est pas philosophe, les démontrant quelquefois, les affirmant sans preuves quand la démonstration était ou trop difficile ou trop subtile pour les demi-habiles, mais toujours y tendant d'un mouvement spontané et toujours y arrivant, parce que c'était sa pente même.

De ces trois observations il tira trois idées générales qui se lièrent plus tard entre elles et formèrent un système assez consistant. De la première il tira l'éclectisme, — de la seconde il tira la raison impersonnelle, — et de la troisième l'autorité du sens commun.

Il est très vrai, dit-il, que mes actes de foi ont été formulés par d'autres. Seulement j'en ai plus que mes prédécesseurs. Pourquoi ? parce que chaque système aime à n'en faire qu'un. Un seul *postulatum*, une seule idée première qu'il demande qu'on lui accorde sans démonstration, puis en tirer par un long enchaînement de démonstrations l'explication de tout : voilà où *les* systèmes philosophiques mettent comme leur coquetterie. Moi, j'ai plusieurs actes de foi, empruntant l'un à un système et l'autre à un autre. Qu'est-ce à dire, puisque j'ai raison ? C'est-à-dire que « chaque système est vrai dans ce qu'il affirme et faux dans ce qu'il nie. » A chacun il faut prendre ce qu'il affirme et laisser ce qu'il a nié. — Non point qu'il faille user de ce « syncrétisme aveugle » qui « tenterait de rapprocher forcément des systèmes contraires ; » mais dans toutes les théories particulières « le temps a recueilli la part de vérité qui a fait naître chacune d'elles et l'a soutenue ; il a négligé la part d'erreur à laquelle elles n'ont pu se soustraire, et rattachant les unes aux autres toutes les découvertes partielles, il en a formé peu à peu un ensemble vaste et harmonieux. » Faisons méthodiquement ce que le temps a fait avec une certaine confusion, et nous serons dans la vérité. La vérité historique ne peut-elle pas être un indice au moins de la vérité théorique ? N'y a-t-il pas lieu de tenir compte de la sélection naturelle que le temps a faite de lui-même entre les idées ? L'humanité elle-même n'est-elle pas, comme le cerveau du penseur, dans des proportions plus vastes seulement, un laboratoire de pensées d'où il est à croire que c'est la vérité qui jaillit et non pas l'erreur qui découle? Suivons ses démarches sans sot orgueil individuel. — N'abdiquons pas, du reste; et nous n'abdiquons pas en procédant ainsi. Ce n'est ici qu'une méthode. Ce ne sont pas les conclusions des différents systèmes que nous accueillons avec une hospitalité indifférente et embarrassante ; ce sont, le plus souvent, leurs points de départ ; ce sont, d'une façon générale, les idées en eux contenues qui nous paraissent justes, qui nous frappent par leur caractère ou d'évidence ou de grande probabilité ; et c'est à nous ensuite de voir si elles se concilient ou si elles s'excluent, et de les faire entrer, dans le premier cas, en un système général qui sera le nôtre. L'éclectisme, comme méthode, voilà le premier point, et c'est cette méthode que M. Cousin a suivie, comme d'instinct, jusqu'à présent, et qu'il suivra, en s'en rendant compte d'une façon plus précise, désormais.

Mais il y a une chose très remarquable : c'est que dire que les systèmes sont faux dans ce qu'ils nient et vrais dans ce qu'ils affirment revient un peu à dire qu'ils sont vrais dans ce qu'ils affirment et faux dans ce qu'ils démontrent. Ce qui nous a frappé au cours de nos études sur les systèmes divers, c'est que leurs affirmations sans preuves étaient plus satisfaisantes que leurs démonstrations. C'est pour cela que si souvent nous avons remplacé par un acte de foi la démonstration qu'ils nous apportaient. Nous savons raisonner et nous raisonnons quand il le faut ; mais, fréquemment, nous en appelons à l'évidence comme à une preuve plus forte que toutes les preuves. Nous en appelons à une affirmation spontanée de ce qu'il y a de plus intime, et comme de plus irréductible dans l'esprit, dans l'entendement, dans la conscience de l'homme. Ces affirmations spontanées que nous avons demandées à notre auditeur ou lecteur, c'est-à-dire que nous avons faites et que nous avons contrôlées en lui demandant s'il n'était pas bien vrai qu'il les fît lui-même, sont assez nombreuses. Cela ne prouve pas qu'elles soient illégitimes, et cela prouve peut-être que c'est là le vrai procédé, le procédé fondamental de l'esprit en fait d'idées générales. C'est un indice. Voyons ce qu'il nous amène à supposer. — Est-ce que la raison elle-même ne serait pas un système d'affirmations spontanées ?

Pourquoi non ? Sans doute il existe une raison « qui est par principes et par démonstrations, » comme dit Pascal, une raison qui raisonne. Mais n'y en aurait-il pas deux ? N'y aurait-il pas une raison raisonnante, une raison procédant pas à pas de ce qu'elle croit découvert à ce qu'elle veut découvrir, et puis, derrière elle, sous elle, antérieure à elle, quelque part, une raison affirmante, clairvoyante sans instrument d'optique, saisissant le vrai du premier coup, en un mot, une *raison spontanée ?*

Oui, c'est bien cela. L'esprit aperçoit de prime-saut la vérité métaphysique. Il aperçoit par exemple de prime-saut la liberté humaine, de prime-saut le moi et le non-moi, de prime-saut le contingent et le nécessaire, de prime-saut le particulier et l'universel : « L'abstraction est de deux espèces. Par l'une on parcourt une suite de cas particuliers, on dégage leur caractère commun et on arrive ainsi à une idée abstraite et collective. Voilà l'abstraction médiate ou comparative... L'autre espèce d'abstraction *saisit immédiatement ce que le premier objet soumis à son observation renferme de général.* En effet, si dans chaque objet il se trouve quelque chose de général, nous n'avons pas besoin de comparer successivement plusieurs objets pour dégager un élément qui se trouve aussi bien dans le premier que dans le second, que dans le troisième, que dans le dernier. Lors donc que, dans un objet complexe, je néglige le variable et le contingent pour ne considérer que l'invariable et le nécessaire, j'obtiens une idée absolue et immédiate ; absolue, car elle n'a plus rien d'individuel ; immédiate, car elle n'a pas eu besoin de la comparaison d'un grand nombre d'objets ; mais elle a été formée à l'aide d'un seul. »

Et voilà « la raison spontanée. » Elle n'empêche pas l'autre de faire son office. L'autre, celle que tout le monde connaît, la raison vulgaire, nous l'appellerons la raison réfléchie. Elle *revient*, en effet, sur les données de la raison spontanée, les vérifie, les contrôle, raisonne sur elles, en tire des conséquences. Elle est précieuse. Nous l'employons toutes les fois que nous n'avons pas besoin de faire appel à l'autre. Mais la raison spontanée est bien plus précieuse : nous l'employons toutes les fois que la raison qui consiste à faire des raisonnements nous fait défaut. Tous ces *credo*, tous ces actes de foi que nous avons faits jusqu'ici sans trop les justifier, ils sont justifiés maintenant : c'étaient des actes de la raison spontanée ou des actes spontanés de la raison. Ce qui a tant embarrassé les philosophes précédents n'existe plus. La route est libre. Ils ne connaissaient qu'une raison, celle qui raisonne. Nous en avons deux, la raison qui raisonne et la raison qui ne raisonne pas. Tout ce que nous pourrons prouver nous le mettrons dans le département de la raison réfléchie, tout ce que nous affirmerons sans le pouvoir prouver nous le mettrons au compte de la raison spontanée, et nous serons toujours raisonnables, mais plus *absolument* dans le second cas que dans le premier. Il nous est extrêmement difficile de ne pas avoir raison.

Il y a bien un Pascal qui a très tranquillement prévu notre nouveauté, et qui très tranquillement s'en est moqué : « Tout notre raisonnement (raison réfléchie) se réduit à céder au sentiment (évidence, raison spontanée), mais la fantaisie est semblable et contraire au sentiment, de sorte qu'on ne peut distinguer entre ces contraires. L'un dit que mon sentiment est fantaisie et l'autre que sa fantaisie est sentiment » ; et Pascal nous dirait donc qu'il est possible que ce que nous donnons pour raison spontanée soit une simple fantaisie. Mais Pascal est un sceptique et c'est précisément pour fermer la porte à tout scepticisme que nous avons élevé la « fantaisie » à la hauteur d'une affirmation et l'affirmation à la hauteur d'une forme de la raison. Cela manquait à la philosophie et c'est pour cela qu'elle rencontrait si fréquemment le scepticisme. Désormais il y a peu de risque qu'elle le rencontre jamais.

Ainsi voyez. Kant était-il assez emprisonné dans la subjectivité et relativité des principes essentiels de l'entendement ! C'est qu'il n'avait aucune idée de la raison spontanée. « S'il avait connu cette intuition, cette révélation spontanée qui est le mode primitif de la raison, peut-être eût-il renoncé à son scepticisme » (ou plutôt il aurait fallu qu'il fît le ferme propos d'avance de tuer en lui tout germe de scepticisme par n'importe quel moyen pour s'aviser de cette raison spontanée ;

mais mettons que cela revienne au même), « car sur
quoi repose en définitive ce scepticisme ? Sur ce que
les lois de la raison sont subjectives, personnelles
à l'homme ; mais voici un mode de la raison où ces
mêmes lois sont, pour ainsi dire, dépouillées de toute
subjectivité... » Voici un mode de la raison qui, n'ayant
pas besoin de raisonnement, n'a *pour ainsi dire* pas
besoin de raisonner, affirme *de plano* et *in vacuo*,
source idéale d'affirmation absolue. Avec cela dans son
jeu, on triomphe de tout. On prend un peu en pitié
Kant lui-même : « Dans l'intimité de la conscience et à
un degré où Kant n'avait pas pénétré, sous la relativité
et la subjectivité apparentes des principes nécessaires,
j'atteignis et démêlai le fait instantané mais réel de
l'aperception spontanée de la vérité, aperception qui,
ne se réfléchissant point elle-même, passe inaperçue
dans les profondeurs de la conscience, mais y est la
base véritable de ce qui, plus tard, sous une forme
logique et entre les mains de la réflexion, devient une
conception nécessaire. Toute subjectivité avec toute
relativité expire dans la spontanéité de la perception. »

Cette « raison spontanée » distincte de la « raison
réfléchie » est la grande découverte de Cousin. Elle l'a
conduit à sa conception de la raison impersonnelle et
de la raison universelle, qui était ce dont il avait le
plus besoin pour constituer un système qui eût l'air
d'une religion. Analysant cette idée, un peu singulière
peut-être, mais séduisante, et qui n'a pas séduit seulement lui, de la raison spontanée ; admirablement invincible au scepticisme et fléau vainqueur de tout
scepticisme ; il s'est dit que personne au monde ne s'é-
tait jamais douté d'avoir une raison spontanée en lui,

d'avoir en lui une raison qui ne raisonne pas et antérieure à tout raisonnement.

Précisément ! répondit-il ; cette raison, antérieure à la réflexion, est en quelque sorte inconsciente; dès qu'elle devient réfléchie, on en prend conscience, on s'en aperçoit ; pour qu'elle soit spontanée, il faut tout justement qu'on ne se doute pas qu'on la possède. C'est l'affaire de l'homme de génie pénétrant à un degré où Kant n'a pas pénétré, de la surprendre et d'en démontrer la nécessité ; mais dans le train ordinaire des choses on en use sans le savoir et sans s'aviser de son existence. Elle est impersonnelle.

Absolument ? — Non sans doute ; puisqu'enfin il arrive qu'on s'en aperçoive, et puisque je m'en suis aperçu. Mais elle n'est presque pas personnelle : « Elle ne retient de personnel et de subjectif que ce qu'y met inévitablement le rapport de toute aperception à la conscience. » Ce n'est pas clair ; précisons : « Elle est *pour ainsi dire* dépouillée de toute subjectivité ; elle est *presque entièrement* impersonnelle. » Ce n'est pas limpide ; analysons :

En quelle faculté éclate particulièrement la personnalité humaine? Dans la volonté. Eh bien, la raison spontanée, son nom l'indique, n'est pas volontaire, la raison réfléchie est volontaire ; la raison réfléchie c'est la raison spontanée à laquelle s'ajoute la volonté. La raison spontanée est donc impersonnelle autant qu'un acte qui s'accomplit en moi peut l'être, autant qu'une faculté qui s'exerce en moi peut l'être. Elle n'est que sourdement consciente. Elle ne passe de l'inconscient au conscient qu'en devenant réfléchie, c'est-à-dire en perdant son caractère même. En d'autres termes, nous faisons acte de raison sans raisonner, par exemple quand nous disons

« je suis », ce qui est, sans que nous nous en doutions, et sans que nous le voulions, distinguer, tout simplement, le moi du non-moi ; puis nous faisons acte de raison en raisonnant, quand nous disons : « une chose ne peut pas à la fois être et n'être pas ; si je suis, je suis distinct de ce qui n'est pas, ce que j'appelle *je*. » Et ceci c'est le même acte intellectuel que tout à l'heure, mais réfléchi, volontaire, où toutes mes facultés intellectuelles interviennent. Mon premier acte était de raison spontanée, et n'est-il pas vrai qu'il était aussi impersonnel que possible, puisque je ne m'apercevais même pas qu'il fût un acte, puisque je n'y intervenais pas volontairement, puisque je n'y attachais pour ainsi dire rien de moi, puisqu'il n'était en quelque sorte qu'une manifestation naturelle, irréfléchie et instinctive de ma vie ?

La raison spontanée est donc impersonnelle, ce qui revient à dire que la raison en son essence, en son principe, en sa racine, est impersonnelle. Elle n'appartient pas plus à vous qu'à moi. Elle n'est pas mêlée des mille éléments de sensibilité, désirs, passions, penchants, tendances héréditaires, influences d'éducation ou d'entours qui constituent la personne, l'individu circonstancié et éphémère que je suis. La mienne est la vôtre. La vôtre est la mienne. La sienne est la mienne et la vôtre. Je ne dois pas dire ma raison ; je dois dire la raison. C'est du reste ce que, d'instinct, on dit toujours. La langue est très bon indice de ce sur quoi les hommes s'entendent. Ils disent : la raison ; ils savent que la raison est impersonnelle.

C'est pour cela qu'elle est universelle. C'est la même chose en d'autres termes. La raison est universelle parce qu'elle est impersonnelle. Étant la même chez

l'un que chez l'autre, elle est à tous. Elle est patrimoine commun. Comme disait Cicéron, elle est la même
à Rome qu'à Athènes et à Rhodes ; elle est la même au
temps des sauvages, au siècle de Périclès, au temps
des barbares et au siècle de Descartes. La raison,
comme elle est le fond même d'un homme, est le fond
commun de l'humanité. Et cela va nous être très utile;
parce que toutes les vérités que nous avons distraites
du ressort de la raison réfléchie pour les mettre dans
le département de la raison spontanée, du moment
que la raison spontanée est raison universelle, vont
être consacrées vérités universelles autant que nécessaires ; tous les actes de foi que nous avons formulés
depuis que nous faisons notre enquête philosophique,
vont être proclamés axiomes de la raison universelle, principes éternels de l'humanité, et non pas
seulement de l'humanité « réfléchissante, » mais de
l'humanité sans acception, de l'humanité telle qu'elle
est, dès qu'elle est.

Ceci était très important pour Victor Cousin. Ce
qu'on cherchait alors autour de lui et ce qu'il cherchait
lui-même, c'était où pouvait bien être la souveraineté.
On cherchait où était la souveraineté en politique, on
cherchait où était la souveraineté en matière de croyances. L'un disait que la souveraineté en matière de
croyances était dans la religion et la souveraineté en
politique dans le roi. L'autre, comme Lamennais, disait
que la souveraineté en matière de croyances était
dans le consentement universel du genre humain, ce
qui le menait peu à peu et même assez vite à dire
que la souveraineté en matière politique était dans le
suffrage universel. Cousin côtoyait Lamennais quand
il prétendait que la vérité était dans cinq ou six pro-

positions générales desquelles le genre humain n'avait jamais douté. Seulement il ne voulait pas, tant par impatience que par prudence très avisée, se livrer à la grande enquête sur les opinions du genre humain qui remplit tout l'*Essai sur l'indifférence*, ni à la synthèse violente consistant à ramener toutes ses opinions à une seule, parfaitement identique à elle-même, sauf quelques nuances. Il préférait dire que la souveraine c'était la raison. — Mais raison c'est individualisme, s'écriait Lamennais. Raison c'est ceci chez Voltaire, ceci chez Rousseau et bien autre chose chez Rabelais. C'est précisément pour cela que je la repousse et que j'ai recours ailleurs. — Point du tout, répondait Cousin. Si vous croyez que raison c'est individualisme, c'est que vous ne connaissez pas la raison spontanée. Moi qui l'ai découverte, je sais qu'elle est tout le contraire de l'individualisme, puisqu'elle est impersonnelle. J'ai rendu par là à la raison l'universalité qu'elle semblait avoir perdue, et si, ce que je reconnais, on ne doit accorder la souveraineté en matière de croyances qu'à quelque chose qui soit universel, on peut l'accorder à la raison, et on doit la lui accorder préférablement à quoi que ce soit, parce qu'elle est universelle d'une façon beaucoup plus nette que quoi que ce soit, que le consentement du genre humain par exemple. Raison souveraine des croyances parce qu'elle est universelle; universelle parce qu'elle est impersonnelle; impersonnelle parce qu'elle est spontanée : voilà ce que je prétends mettre sur le trône.

Et même sur l'autel, aurait pu ajouter Cousin ; car il avait abouti à faire acte de fondateur de religion. Il avait dit le mot décisif en pareille matière. Il avait dit « universel, » comme d'autres avaient dit « catholique. » Le fond de sa pensée et l'esprit secret de son dessein s'étaient révélés.

Tant y a qu'il tenait ses trois idées générales essentielles : éclectisme ; sens commun ; raison spontanée, impersonnelle, universelle. — Ces trois idées étaient sans doute assez contestables. Il est vraiment faux que chaque système soit vrai dans ce qu'il affirme et erroné dans ce qu'il nie. Une affirmation est déjà une négation par ce qu'elle exclut. Quand un sensualiste nous dit que toutes nos idées nous viennent des sens, croyez-vous que vous acceptiez quoi que ce soit de son système en lui accordant qu'une partie de nos idées ou qu'une partie de chacune de nos idées nous vient des sens ? Nullement. Vous n'acceptez rien du tout de son système ; car quand il vous dit que toutes nos idées viennent des sens, c'est comme s'il vous disait que nos idées ne nous viennent *que* des sens, et c'est ce que vous n'acceptez pas. Son affirmation contient déjà toutes les négations que vous repousserez plus tard, et dès lors vous ne pouvez pas accepter ce qu'il affirme sans accepter ce qu'il nie, ni repousser ce qu'il nie après avoir accepté ce qu'il affirme. La vérité c'est que du premier coup vous l'avez repoussé tout entier, et vous ne faites pas de l'éclectisme, mais parfaitement de l'exclusivisme, ce qui, du reste, est absolument votre droit. Vous faites, comme tout le monde, un système qui en extermine et en abolit d'autres. Laissons donc une idée qui n'est qu'un mot, et un mot qui a l'inconvénient d'être apparemment conciliateur, alors que votre système, en quoi il use de son droit, ne l'est nullement en réalité.

Quant à la raison spontanée, c'est une nouveauté qui a pu amuser un moment ; mais qui ne saurait être prise plus au sérieux par les philosophes actuels,

qu'elle ne l'eût été par les prédécesseurs de Cousin.
« Avez-vous l'idée d'une raison qui ne raisonne pas ?
auraient dit les philosophes anciens et ceux du moyen
âge et ceux des XVIe, XVIIe et XVIIIe siècles. Quelle
bête est-ce là ? C'était le raisonnement, autrefois,
qui bannissait la raison, d'après les poètes comiques ;
maintenant c'est la raison qui bannit le raisonnement.
C'est la même chose en sens inverse, dira-t-on, et cela
prouve que le divorce entre eux est possible. Sans
doute ; mais ce sont là propos de comédie qu'on n'entendait pas jadis dans les chaires de philosophie. Pour
tout le monde la raison a toujours été la faculté de
raisonner. Quoi ! une raison inconsciente ! Quel non-
sens ! La raison est probablement un instrument de
connaissance. La connaissance cesse où la conscience
s'arrête. Savoir quelque chose sans savoir que je le
sais, nous n'entendons pas ce que cela peut vouloir dire.
A la vérité M. Cousin atténue. Il dit que la raison
spontanée est « presque » inconsciente, et n'est « pour
ainsi dire » pas subjective. Alors cela signifie que la
raison spontanée est une intuition, et il use de ce mot,
en effet. Mais une intuition, c'est simplement une vue
indistincte, le commencement de voir ce qu'on verra
plus clairement plus tard. La découverte se réduit donc
à préférer la raison quand elle commence à voir, à la
raison quand elle voit. La préférence est singulière.
Quel goût M. Cousin a-t-il pour la demi-lumière et la
raison balbutiante ? — Rendons-nous mieux compte.
M. Cousin n'appellerait-il pas raison spontanée ce que
nous appelions évidence ? On ne peut pas tout prouver,
nous le savons. Aussi au commencement de tous les
raisonnements nous posions un principe que nous
demandions qu'on nous accordât sans preuve comme

évident, c'est-à-dire comme satisfaisant l'esprit sans démonstration. Ces principes, ils n'étaient jamais vraiment évidents, nous le savions bien ; et ils communiquaient à toute la suite de raisonnements que nous appuyions sur eux le vice de leur indémonstrabilité ; mais au moins nous ne les donnions pas comme étant du domaine de la raison, ni surtout de sa façon. Nous disions l'évidence et la raison ; l'évidence d'une part et la raison de l'autre. De plus nous mettions tous nos soins à en restreindre le nombre autant que possible. Notre satisfaction était grande quand nous les avions réduits à un seul. Un seul principe se réclamant de l'évidence, c'est-à-dire demandant qu'on nous l'accordât, et puis tout le reste rattaché à lui et bien prouvé, c'était ainsi qu'était fait de notre temps un système de philosophie. M. Cousin, d'une part, donne à ce que nous appelions évidence le nom de raison spontanée, parce que le mot est plus nouveau, n'est pas décrédité, n'a pas été raillé par Vico et par d'autres, et puis parce qu'il établit ainsi une confusion favorable, donnant, par ce nom, pour une forme de la raison et pour la plus belle, ce qui n'est pas la raison du tout, mais peut-être une fantaisie, peut-être une illusion. — Et, d'autre part, dans le domaine de cette nouvelle raison qui n'a pas à donner ses raisons, il met une foule de choses diverses. Ces principes indémontrables dont nous cherchions à restreindre le nombre, il les multiplie. C'est bien alléger sa tâche. C'est comme si nous avions demandé qu'on nous accordât comme « évidents » pour commencer, le moi, le non-moi, le libre arbitre, le devoir, Dieu et l'immortalité de l'âme. Parce qu'il a changé le nom, cela n'empêche pas la chose d'être la même chose. Il

est devenu facile de philosopher. On y met plus
d'éloquence, mais beaucoup moins d'efforts de logique que de notre temps. »

A la considérer à un autre point de vue, comme
universelle, et non plus comme spontanée, la « raison »
de Cousin soulevait encore des objections. En acceptant pour la commodité de la discussion la distinction
entre raison et raisonnement, il semble que les choses
sont juste à l'inverse de la façon dont Cousin les voyait.
Ce n'est pas la raison qui est universelle, c'est le raisonnement. Les hommes raisonnent tous de la même
façon, par abstraction, par déduction, par induction.
Voilà ce qui est universel. Et ils pensent très différemment les uns des autres, parce qu'ils appliquent
leurs facultés de raisonnement à des évidences qui ne
sont pas les mêmes pour les uns et pour les autres. C'est
la logique qui est universelle, et c'est ce que Cousin
appelle la raison spontanée qui donne à la logique immuable des matériaux dont celle-ci tire des produits
essentiellement divers, parce que les matériaux sont
différents eux-mêmes. C'est la raison raisonnante qui
est universelle et qu'on peut appeler impersonnelle, si
l'on y tient, parce qu'elle est universelle ; c'est la raison
spontanée qui diffère sensiblement d'homme à homme
et davantage de peuple à peuple et de race à race.
Pour parler plus simplement, les hommes s'entendent
sur la manière de raisonner et non sur ce qu'ils mettent
dans leurs raisonnements. Et, oui, assurément, la raison est universelle, à la condition qu'on appelle raison
la faculté de raisonner, comme on a toujours fait ; la
raison est universelle à la condition qu'on ne fasse pas
entrer en elle de force ce qui ne se démontre point, à la
condition que vous ne mettiez pas sous son nom ce que

vous ne pouvez pas prouver et qui à ce titre ne lui appartient pas.

Et quant à cette troisième idée générale de Cousin que la « philosophie n'est que le sens commun ayant conscience de lui-même ; » c'est peut-être la plus fausse de toutes. Il faudrait prouver d'abord qu'il y a un sens commun. Ce ne sont pas seulement les moralistes relevant infatigablement les folies et les aberrations humaines qui protestent contre cette assertion ; c'est toute l'histoire de l'humanité qui la réfute ; car *qu'il y ait une histoire*, cela prouve qu'il n'y a pas de *sens commun* dans l'humanité. Si l'humanité avait un sens qui lui fût commun, une intelligence qui lui fût commune, une manière commune, et je ne dis pas identique, mais seulement à peu près pareille, de comprendre la vie, la destinée, le bien général, la société, la mort, l'outre-tombe, l'*ici* et l'*au delà*, de comprendre en un mot tout ce qui l'intéresse, l'histoire n'existerait pas plus dans l'humanité qu'elle n'existe dans une société animale. L'humanité se serait organisée sur un seul plan, conforme à son instinct, c'est-à-dire à sa façon commune d'entendre ses destinées, c'est-à-dire à son sens commun, et elle aurait fait hier ce qu'elle aurait fait avant-hier, et elle ferait aujourd'hui ce qu'elle aurait fait hier, avec un petit progrès, peut-être, dans le détail, par le maniement de plus en plus aisé des différentes matières de son activité, mais avec un progrès régulier, et toujours dans le même plan d'ensemble. Qu'il y ait des progrès et des écroulements d'empires, des nations fortes et des nations faibles, des nations d'abord faibles et puis fortes et puis languissantes ; qu'il y ait des guerres politiques, des guerres civiles, des guerres sociales et des guerres religieuses ; c'est-à-dire des guerres sur

tous les objets qui sollicitent l'intelligence humaine ;
que l'homme soit un animal inquiet, en un mot ; cela
ne prouve pas qu'il soit absurde, cela ne prouve pas
qu'il soit fou, réservons ces questions ; mais cela prouve
que l'humanité n'a nullement une intelligence qui lui
soit commune, cela prouve que le sens commun de l'humanité n'existe pas.

De trois choses l'une, et les différentes philosophies
ou religions ont envisagé ces trois hypothèses et adopté
soit l'une, soit l'autre : ou l'humanité, depuis un temps
antérieur à l'histoire connue, est en décadence, a perdu
l'unité de vues, l'unité de doctrine qui la faisait une
elle-même ; — ou l'humanité se dirige vers l'unité de
vues, de doctrine et de croyance, et, par des efforts
inouïs, s'y achemine péniblement ; — ou l'humanité a
toujours été et sera toujours ce qu'elle est, divisée, dis-
cordante, inquiète, incapable de tomber d'accord sur
une seule des grandes questions qu'elle se pose toujours
et où ses destinées sont intéressées. — Dans le premier
cas, le sens commun est dans la préhistoire ; dans le
second il est dans l'avenir ; dans le troisième il n'est
nulle part. Dans les trois cas il n'est pas dans l'humanité
que nous connaissons, et vouloir le tirer de ce que nous
connaissons de l'humanité est parfaitement chimérique.

Ce qui trompe dans cette question du sens commun
dont nous ne nous inquiétons plus beaucoup, mais qui
a beaucoup préoccupé nos pères, c'est qu'il existe, il
faut le reconnaître, un sens commun relatif. Dans un
groupe social, dans une classe, dans une nation, — et
c'est précisément ce qui fait qu'un groupe, une classe,
une nation existent et persévèrent dans l'être, — il y a
un sens commun ; et ce sens commun, qui fait office de

vérité, fort précieux et fort utile, est pris par ce groupe, cette classe ou cette nation pour le sens commun de l'humanité, par cette illusion bien connue qui fait que dans un salon, si un homme emploie un mot ou fait un geste inusité dans ce salon-là, il passe immédiatement pour un être étranger à l'humanité. — Chaque groupe humain a donc *un* sens commun qu'il prend pour *le* sens commun, et dont il tire une philosophie ; et quand Victor Cousin dit que la philosophie, c'est le sens commun prenant conscience de soi, il a parfaitement raison pour la philosophie des Français au XVIIe siècle ou pour la philosophie des Allemands au XIXe, etc. ; mais pour la philosophie générale, c'est autre chose ; et il faut être, comme lui, non un Montaigne contemplant l'humanité tout entière du fond de sa librairie solitaire, mais un professeur, homme d'un groupe et centre d'un groupe, et habitué à penser en commun, et à croire que l'humanité « est f . te comme notre maison » pour avoir une illusion de cette sorte.

Les philosophes, en général, ont songé, non à tirer une philosophie du sens commun, mais à faire une philosophie qui pût devenir le sens commun de l'humanité, non à *philosopher* le sens commun, mais à créer un sens commun qui serait philosophique. Surtout ils se sont aperçus que tirer, par maieutique, une philosophie du consensus du genre humain, c'est tirer, de quelque chose qui n'existe pas, quelque chose qui a des chances de n'exister point.

Mais si les trois idées générales de Cousin sont très contestables, c'est merveille comme elles s'ajustent bien entre elles, s'engrènent et presque s'organisent bien. C'est ce qu'il avait de remarquable ; c'était un très bon esprit systématique. Taine s'en est bien aperçu. « Il compose bien une leçon. Il n'y a pas à dire. » Il compose bien une leçon et il compose fort bien, avec des idées fragiles ou faibles, un système très spécieux. Ses trois idées essentielles ont entre elles un lien étroit. Remarquez-vous que l'éclectisme, au fond, c'est le sens commun, ou, du moins, l'acte le plus fréquent, l'acte habituel du sens commun ? Le sens commun (et il est bien entendu pour qui a lu ce qui précède que par sens commun j'entends les habitudes courantes de la race dont nous sommes, et non le sens commun de l'humanité, qui n'existe pas), le sens commun choisit toujours une certaine moyenne des opinions philosophiques, politiques et même littéraires qui se produisent dans le monde et dont il a connaissance. Il est admirable pour trouver toujours « qu'il y a une part de vérité là-dedans ; » mais que le contraire, sans être vrai, n'est pas faux non plus entièrement. Il est éminemment conciliateur. Ce qu'il a de particulier, c'est qu'il réussit à être éclectique sans glisser au scepticisme. — Les esprits supérieurs qui ont une tendance à l'acquiescement deviennent sceptiques. Ce sont eux qui disent : « Cela est si vrai que le contraire est parfaitement exact ; » ce sont eux qui disent : « Monsieur un tel n'est pas sceptique ; *car il y a des choses auxquelles il ne croit pas.* » Eux, croient à toutes choses également, et c'est où ils trouvent l'équilibre même de leur esprit. — Tout différent d'eux, le sens commun, lui, croit à une partie de chaque doctrine, et pour le reste, il dit : « Ici cette doctrine va trop loin. » Il réunit, lui aussi, dans sa créance, des opinions contradictoires ; mais c'est sans s'en apercevoir et avec un art vraiment merveilleux de ne s'en apercevoir pas.

Un exemple : le sens commun croit au devoir et il

y joint toujours l'idée du mérite et du démérite. Ce ne sont pas deux idées à joindre et à appuyer l'une par l'autre ; ce sont deux idées contradictoires, contraires et qui s'excluent, et dont l'une devrait laisser l'autre dans l'esprit où elle est accueillie. « L'homme de sens commun » dit : « Je dois, je suis obligé. Je fais le bien parce que je dois le faire. » Et il dit tout aussitôt : « Je dois être récompensé si je fais le bien. Et je le serai, en ce monde par la satisfaction de ma conscience, en l'autre par le bonheur. Et je crois fermement que j'aurai ces récompenses. » —Si vous le croyez fermement, vous ne faites pas le bien par devoir, mais par intérêt, et même vous ne croyez fermement que vous serez récompensé que pour vous encourager à faire le bien, preuve que vous ne le faites pas par devoir. Si vous faisiez le bien par devoir, vous n'auriez jamais l'idée d'une récompense dont l'existence ou seulement l'espoir vous empêche de faire le bien pour l'amour du bien. Non seulement vous n'auriez pas cette idée, mais vous la repousseriez avec horreur, comme corruptrice, comme réduisant en vous toute vertu à un calcul, c'est-à-dire comme abolissant en vous toute vertu. Le seul homme vertueux au monde, le seul homme agissant par devoir est l'homme qui, au contraire, est fermement convaincu que la vertu est une duperie, qu'elle n'est jamais récompensée par le monde, jamais récompensée hors de ce monde, et même très mal récompensée par la conscience, laquelle est très dure pour les honnêtes gens, très indulgente et même muette pour les coquins, et par conséquent est, non pas plus bienfaisante, mais plus cruelle à mesure qu'on la satisfait davantage. Voilà le seul homme au monde, s'il existe, qui fasse le bien par devoir. — Ce

n'est pas que je méprise, ou repousse même, l'eudé-
monisme. C'est une bonne doctrine ; c'est par elle, et
peut-être bien par elle seule, que le bien se fait. Je fais
remarquer seulement qu'obligation morale et eudémo-
nisme, qu'idée du devoir et idée de récompense sont
parfaitement destructrices l'une de l'autre en bonne
logique ; et en même temps que ces deux idées vivent
paisiblement côte à côte, bien plus, semblent s'appuyer et se confirmer l'une l'autre dans la philosophie
du sens commun. — Et aussi Cousin les a-t-il accueil-
lies l'une et l'autre et mariées ensemble avec empres-
sement. — Il y a donc entre le sens commun et l'é-
clectisme étroit parentage, et le sens commun n'est
pas loin de me paraître l'éclectisme lui-même sous
une forme peu raffinée.

De même entre la raison spontanée et le sens commun, rapport étroit. Cousin l'a vu lui-même et très
bien exprimé. « Le sens commun est la raison naturelle ; la philosophie est la raison réfléchie. » Voyez-
vous qu'il donne au sens commun le nom même qu'il
donne à sa chère raison spontanée, et à la philosophie le
nom même qu'il donne à la raison qui raisonne. Au
fond sa raison spontanée c'était le sens commun, c'est-
à-dire la philosophie avant qu'elle démontre, la philosophie populaire. On s'en doutait un peu ; il en vient
à le reconnaître de bonne grâce. Et pourquoi ne le
reconnaîtrait-il pas ? La raison spontanée, à le bien
prendre, est un expédient auquel on a recours pour
affirmer tout ce qu'on ne peut pas démontrer. Or c'est
ce que fait le sens commun, et ce qu'il a toujours fait.
La philosophie de chaque peuple, à chaque moment de
son histoire, est faite de ce qu'il a besoin de croire
pour se consoler ou pour entretenir ses espérances. Ces

croyances, répondant à des besoins intimes, il ne se les démontre pas, il les affirme. Il n'aime pas beaucoup qu'on les démontre. Il n'est pas sans craindre qu'au cours de la démonstration elles ne s'obscurcissent, ou qu'au bout de la démonstration elles ne tombent. Mais cependant il est flatté qu'on les prenne assez au sérieux pour les entourer d'un appareil philosophique et d'un apparat oratoire.

Cela fait deux tendances. La philosophie de Victor Cousin les satisfaisait assez toutes deux. Une philosophie qui mettait à part, en lieu sûr, cinq ou six vérités essentielles fortement affirmées par une raison spontanée à laquelle on n'a pas de comptes à demander ; et qui, ensuite, revenait sur ces vérités, à titre de raison réfléchie, pour les mettre en belle lumière et les lier en un beau système ; cette philosophie donnait au sens commun de 1818 à la fois sécurité et satisfaction esthétique, à la fois des garanties, et les plus fortes du monde, contre le scepticisme, et des jouissances philosophiques très vives, et cette illusion agréable à l'amour-propre, qu'on ne se bornait pas à affirmer sans preuve, comme les religions étaient accusées de faire. — Et une religion laïque se trouva ainsi formée, qui était celle que l'opinion d'une grande partie du peuple français demandait alors.

Cette religion était à peu près celle du *Vicaire savoyard*. Sans recourir au surnaturel et à la révélation, sans les repousser non plus, mais avec la prétention de n'en avoir pas besoin, elle affirmait la réalité du monde extérieur, l'existence de l'âme distincte des sensations et non composée d'elles, le libre arbitre, la loi morale, l'immortalité de l'âme, les peines et récompenses d'outre-tombe, Dieu personnel. Elle était faite tout entière pour encourager et rassurer l'activité humaine. Elle ne contenait rien de ce qui, aux yeux du sens commun, endort, paralyse ou décourage l'activité. Ni pessimisme, ni fatalisme, ni scepticisme. Elle contenait tout ce qui donne à l'activité de la sécurité et une excitation salutaire. Agissez, car vous le pouvez (libre arbitre) ; car vous ne dépendez pas des sensations que vous recevez (âme distincte des sensations) ; car vous n'êtes pas égaré au milieu d'un brouillard de vaines apparences (réalité du monde extérieur) ; car c'est un devoir (loi morale) ; car vous serez récompensé d'avoir bien agi (mérite et démérite, récompenses et peines d'ici-bas et d'ailleurs) ; car, même malheureux ici, vous aurez votre revanche (immortalité de l'âme) ; car il y a un maître, un père, un juge, un rémunérateur et un vengeur (Dieu).

Ce catéchisme constitué, Cousin dut s'apercevoir de ce qui avait dirigé sa pensée pendant cinq ans, de 1815 à 1820, peut-être à son insu même ; c'était l'idée de fonder une religion qui eût les conclusions du christianisme sans être le christianisme. — Les philosophes se divisent en deux classes : ceux qui essaient de trouver quelque chose, sans vouloir savoir à l'avance ce qu'ils doivent trouver : ceux qui savent à l'avance ce qu'ils veulent trouver et qui raisonnent l'œil fixé sur le but qu'ils poursuivent. — Les premiers sont des esprits scientifiques : la vérité est à trouver ; je la cherche, elle sera ce qu'elle pourra ; elle m'étonnera peut-être, peut-être me désolera, peut-être me ravira quand je l'aurai atteinte ; peut-être ne m'apparaîtra-t-elle jamais ; je n'en veux rien savoir d'avance ; mon métier est de la chercher, je la cherche. — Les autres, qui ne sont nullement blâmables, sont des moralistes, des

hommes d'État, des patriotes aussi, et des philanthropes. L'essentiel pour eux est de donner aux
hommes comme vérité ce qui leur est le plus utile,
parce qu'ils ont remarqué que les hommes aiment à se
diriger par l'utilité, sans doute, mais par la vérité
aussi, et sont plus satisfaits quand ils se sentent à la fois
dans le salutaire et dans le vrai. Et, dès lors, ces philosophes raisonnent ainsi : ce qu'il est bon que les
hommes croient pour agir, pour agir bien et pour agir
utilement les uns pour les autres est ceci. Notre métier
est de donner à ceci toutes les apparences du vrai. Nous
y réussirons comme nous pourrons. Tantôt nous affirmerons, tantôt nous démontrerons ; mais tout ce qui
est utile à la bonne santé du genre humain, nous l'en-
tourerons, selon nos forces, de toutes les affirmations,
démonstrations et hypothèses, conservatrices, pré-
servatrices, défensives et réconfortantes aussi, que
nous pourrons trouver ; et enfin , ces affirmations,
démonstrations et hypothèses, nous les coordonnerons
le mieux possible pour qu'elles puissent passer pour
la vérité, le vrai pour les hommes étant ce qui fait
système.

Il y aurait peut-être un troisième parti à prendre
qui serait de dire aux hommes : réglez-vous sur l'utilité, puisque c'est l'utilité qui importe, sans vous opi-
niâtrer à confirmer l'utile par le vrai, l'utile étant clair
et le vrai ne l'étant point. Mais il faut confesser que
l'humanité a toujours aimé à revêtir ou qu'on revêtît
du caractère auguste de vérité absolue ce dont elle a
besoin pour vivre, pour aimer la vie ou pour la supporter. Les philosophes philanthropes ont acquiescé à
ce vœu ; et c'est ce que faisait Victor Cousin.

Il faisait, après tout, ce qu'ont fait, d'instinct, et

lentement, au cours de leur développement, les grandes religions modernes. Elles sont parties d'une idée morale, qui est restée comme leur centre, comme leur noyau, comme leur principe de vie, et tout autour de cette idée elles ont rassemblé, entassé, jusqu'à la compromettre quelquefois, tout ce qui, à leur avis, pouvait la confirmer, la soutenir, la garantir des doutes, la défendre contre les objections ; et ç'a été tout un système psychologique, tout un système historique et tout un système métaphysique. Et la preuve dernière du tout, c'était, pour elles, la révélation.

Cousin faisait de même ; et la preuve dernière du tout, c'était, pour lui, la raison spontanée et universelle. C'est ce qui me faisait dire en commençant qu'il avait l'esprit religieux. Mais ce qui lui manquait, c'était le sentiment religieux. Il manquait à Victor Cousin et il manquait au système de Victor Cousin. Quand les religions donnent pour leur preuve dernière la révélation, elles ne jettent pas seulement une dernière ancre à la foi, elles donnent un aliment divin à la sensibilité. Elles nous montrent un Dieu, ou un demi-Dieu, un père, en tout cas, de l'humanité, pourvu de lumières supérieures et nous les communiquant, et en même temps souffrant ou mourant par amour pour nous, ce qui fait que notre sensibilité est intéressée dans notre croyance, ce qui fait que nous aimons ce que nous croyons, et que, si notre esprit épouse le Dieu révélateur, notre cœur épouse le Dieu martyr. L'humanité peut avoir un penchant intellectuel, mais non pas un élan d'amour pour la raison spontanée et impersonnelle. Cela fait un désavantage. Esprit religieux, cœur non religieux, Cousin avait fondé une religion laïque un peu sèche, et écrit un catéchisme laïque un peu froid. Toujours est-il que telle était son œuvre, qui ne laissait pas d'être grande, quand il descendit de sa chaire en 1820.

III

Il en descendit par mesure administrative, le gouvernement d'alors craignant l'influence sur la jeunesse de ce professeur éloquent, qui ne faisait pas toujours seulement de la métaphysique, et qui, ne négligeant aucun moyen de succès, avait recours quelquefois au plus facile et au plus sûr, *maledicere de priore*.

Cette disgrâce lui fut utile. Elle rompit l'unité, qui sans elle eût été trop grande, de sa vie. De 1820 à 1830, Cousin ne fut pas du tout ce qu'il avait été de 1815 à 1820 et ce qu'il devait redevenir après 1830. De 1820 à 1830 il fut un philosophe. Disons, pour ne pas dépasser les bornes convenables de l'injustice, que de 1820 à 1830 il fut un philosophe libre, indépendant, non asservi à un but pratique, ne conformant pas ses démonstrations à une conclusion voulue d'avance, n'obéissant pas, dans l'élaboration de ses doctrines, à l'influence d'une cause finale, enfin qu'il fut un homme de science et d'investigation philosophique, purement et simplement, comme un étudiant d'Iéna ou comme Descartes dans son poêle. Il avait déjà vu l'Allemagne, en 1817 et en 1818 ; il la revit encore. Il avait vu Hegel et Schelling. Il les revit et s'éprit d'eux, tout à fait à la manière de Mme de Staël, sans peut-être les comprendre entièrement, ce qui est permis, mais en saisissant parfaitement en eux ce qui en fait la grandeur, l'esprit d'abstraction puissante et

l'esprit de construction audacieuse. Il était en face de
merveilleux poètes logiciens. Or il était artiste, non
seulement amoureux de beaux tableaux, de belles
estampes et de belles reliures, mais amoureux de beaux
poèmes bien ordonnés. Toutes les fois qu'il a été
critique, il l'a été en artiste, refaisant l'œuvre qu'il
étudiait pour la mieux faire comprendre et unissant
l'invention à l'intelligence. Les grands édifices
métaphysiques d'outre-Rhin le jetèrent dans l'enthousiasme. Il crut bien un peu avoir fait comprendre
à Hegel le système d'Hegel ; mais c'est peut-être ce
qu'il faut pour s'éprendre vraiment des belles choses.
Quel est le critique qui ne s'est pas dit qu'il aurait fait
comprendre à Racine tout ce qu'il y a de beau dans
Bérénice? Il revint d'Allemagne métaphysicien hardi,
sans avoir rien perdu de ses admirables qualités oratoires. Ses prudences d'autrefois furent oubliées. Il
se jeta de toute son ardeur dans la spéculation philosophique pure, indépendante, allant, non où il voulait
aller, mais où elle le conduisait. Autrefois, par exemple,
il se serait dit : « Il ne faut pas être panthéiste, parce
que le panthéisme mène au fatalisme ou au scepticisme. Qu'un panthéiste intelligent et subtil y échappe,
il est possible ; mais la foule à qui l'on enseignera le
panthéisme se dira que si nous sommes des modifications nécessaires de l'Être unique, nous ne sommes
pas ce que nous voulons être, mais ce qu'il est nécessaire que nous soyons dans l'ample sein de l'Être unique, et que le mot de volonté n'a plus de sens ; et elle
sera fataliste ; ou elle se dira que si nos pensées sont
des modes de la pensée universelle, elles sont toutes
légitimes, qu'il n'y a pas d'erreur, rien de faux,
rien de vrai, mais des nuances variées du prisme uni-

que, et elle sera sceptique. Un système se juge, non en lui, mais en ce qu'il devient nécessairement ou très probablement dans la déformation qu'il subit en descendant au fond de la foule. Le panthéisme est dangereux, donc il est faux. » — Voilà, sans doute, ce que Cousin se serait dit en 1820. Il ne songe plus à se le dire en 1825 ; et en 1828, remonté dans sa chaire sous un ministère plus libéral, il s'écriera bravement, sauf à s'en repentir plus tard : « Le Dieu de la conscience n'est pas un Dieu abstrait, un roi solitaire, relégué par delà la création sur le trône d'une éternité silencieuse et d'une existence absolue qui ressemble au néant même de l'existence. C'est un Dieu à la fois vrai et réel, à la fois substance et cause, toujours substance et toujours cause, n'étant substance qu'en tant que cause, et cause qu'en tant que substance, c'est-à-dire étant cause absolue, un et plusieurs, éternité et temps, espace et nombre, essence et vie, individualité et totalité ; principe, fin et milieu ; au sommet de l'être et à son plus humble degré ; infini et fini tout ensemble ; triple enfin, c'est-à-dire à la fois Dieu, nature et humanité. »

Quand il prononçait cette phrase, du reste admirable, Cousin avait perdu son criterium et sa boussole de 1818. Son criterium, c'était l'utilité pratique ou le danger pratique d'un système. Sa boussole, c'était, sans qu'il le sût, ou sans qu'il voulût le savoir, le christianisme. L'œil fixé sur le christianisme, non primitif, mais sur le christianisme fixé et établi, il se proposait toujours, peut-être inconsciemment, de fonder une philosophie qui, sans appel au surnaturel, eût toutes les conclusions du christianisme, qui, tout compte fait, fût le christianisme, moins le surnaturel.

Or le christianisme s'est bien gardé de confondre Dieu
avec le monde ; et il a recueilli avec soin et renforcé
avec vigilance le vieux dogme hébraïque de la création, parce que, à se sentir distinct, très précisément
et formellement, de Dieu, l'homme se sent plus personnel et par suite plus responsable, ce qui est, pour une
doctrine pratique, le plus important et même la seule
chose importante. Il y a les doctrines qui ont été produites dans l'esprit humain par la raison ; il y a les
doctrines qui ont été produites dans l'esprit humain
par la morale, par l'instinct moral et le désir de le
satisfaire et de le soutenir. Toutes les doctrines religieuses modernes sont de cette dernière sorte. Les
doctrines de Cousin première manière en étaient aussi.
Dans sa seconde manière il changeait de camp, de
tactique et d'esprit. Il oubliait de fonder une religion. Un événement survint qui le ramena au dessein
d'établir une religion en lui fournissant les moyens de
bâtir une Eglise.

IV

Cet événement ce fut la Révolution de 1830. Elle
le fit pair de France et membre du conseil supérieur
de l'Université pour le département de la philosophie,
c'est-à-dire chef absolu de la philosophie en France.
Je dis chef absolu de la philosophie et non pas seulement de la philosophie officielle ; car, à cette époque,
la liberté de l'enseignement n'existant pas, et les éta-
blissements non universitaires devant envoyer leurs
élèves dans les collèges de l'Etat pendant les deux
dernières années, précisément, de la vie scolaire, tous

les Français faisant leurs études passaient entre les
mains des professeurs de philosophie nommés et sur-
veillés par M. Cousin, en d'autres termes recevaient
la vérité philosophique de la bouche de M. Cousin.

Cette papauté ne l'enivra point ; elle le rendit à la
fois plus despotique et plus sage et circonspect. Il vit
très bien, en homme d'Etat très avisé, l'immense coup
de partie qui lui était offert, et qui n'était offert absolument qu'à lui. Tout autour de lui on ne parlait que
de la nécessité d'un nouveau pouvoir spirituel et des
moyens de le fonder. Il était convaincu de la nécessité
ou de l'utilité d'un nouveau pouvoir spirituel, et il
n'avait pas besoin de le fonder : on le lui donnait. Et
on le lui donnait dans les meilleures conditions du
monde, puisque c'était l'éducation que l'on mettait entre ses mains. Juste au même temps, Comte disait : « Le
pouvoir spirituel est essentiellement relatif à l'éducation. » Ce pouvoir spirituel Cousin se promit d'en user
avec une rigueur, une suite, une vigilance, une passion
d'omnipotence et une ardeur d'infaillibilité toutes
sacerdotales, et il se tint parole. Mais il fut très pénétré
aussi des redoutables responsabilités qu'un pareil ponti-
ficat lui imposait. Il fallait réduire en dogmes plus précis que jamais l'essentiel de sa philosophie, en supprimer
tout ce qui était hasardeux, et l'arrêter, l'immobiliser
comme sur des tables de la Loi. Il le fit avec décision
et fermeté. Il revint à son *credo* de 1820, le réduisant
du reste et lui donnant une netteté définitive ; il ef-
faça autant qu'il put le souvenir de ses leçons de 1828,
et enfin, et surtout, il n'écrivit plus ; il ne fit plus un
seul livre philosophique. On s'est étonné que Victor
Cousin, depuis 1830 jusqu'à sa mort, se soit borné à
publier en les remaniant ses anciens cours, et, du reste,

n'ait écrit que des livres d'histoire littéraire. C'était
nécessaire. Ce n'était pas se désintéresser de sa philosophie, c'était la servir plus que jamais ; c'était faire à
sa doctrine, pour qu'elle restât stable, le sacrifice des
inventions, des découvertes et des investigations nouvelles que M. Cousin pouvait faire. Il avait deux cents
prêtres sur le territoire français, chargés de propager
sa parole. Pour qu'ils pussent le faire avec précision,
il fallait qu'il ne parlât plus. Ils n'auraient pas pu le
suivre année par année dans le développement d'une
pensée qui aurait été changeante, quand même elle
n'eût pas été capricieuse, et renouvelée, quand même
elle n'eût pas été nouvelle. Puisqu'il était devenu
dogme, il fallait qu'il devînt immuable ; pour rester
immuable, il fallait qu'il fût muet.

Il le fut. Même à l'École Normale où il faisait encore
un cours paternel aux élèves de troisième année,
M. Jules Simon nous apprend qu'il faisait de la péda-
gogie plutôt que de la philosophie. C'était, même là,
presque nécessaire. Cousin dut sentir alors la secrète
difficulté de toute religion qui s'établit. Pour qu'une
religion soit puissante sur les âmes, il faut qu'elle soit
vivante et qu'elle soit fixée. Il lui est malaisé d'être
l'un et l'autre. Trop vivante elle est trop mobile, trop
fixée elle semble morte. Mobile, discutée, se discutant,
se transformant, évolutive, elle n'a pas l'apparence de
dogme qui lui est nécessaire ; immobile, arrêtée, figée,
elle n'excite pas, ne passionne pas, ne remue pas les
imaginations et par elles les cœurs. Les religions depuis longtemps fondées échappent à cette antinomie
parce qu'à la fois elles ont assez d'antiquité, ont depuis assez longtemps répété d'une manière essentielle
leurs dogmes invariables pour paraître toujours dogma-

tiques, et à la fois soulèvent ou discutent des questions
de détail nouvelles où s'attache l'intérêt des foules.
Celles-ci aiment leur religion pour ses nouveautés,
apparentes ou réelles, et croient l'aimer pour ses
dogmes, et somme toute, l'aiment tout entière. Une
religion nouvelle a deux chances d'insuccès : son immobilité ou sa flexibilité excessive. C'est précisément pour
cela que les religions se fondent très difficilement et
que les religions qui ont réussi à se fonder durent
longtemps. Cousin allait au plus pressé, qui était de
donner à son établissement philosophique une certaine
tenue et consistance, pour que les fondements en fussent
solides.

C'était un programme très précis qu'il imposait à
ses lieutenants spirituels, un programme tout entier
inspiré de la pensée de 1820, qui était que l'enseignement philosophique est un rouage social et doit
être subordonné à son utilité sociale. Même, à proprement parler, l'enseignement philosophique n'est pas
et ne doit pas être la philosophie. Ce sont deux choses
très distinctes. Cousin le proclamait nettement dans son
discours à la Chambre des pairs du 21 avril 1844 qui
fut une sorte de manifeste : « *Autre chose* est la philosophie considérée comme science, dans la solitude du
cabinet ou dans une académie, *autre chose* la philosophie comme matière d'un enseignement public donné
à la jeunesse au nom de l'État. Ne perdez pas de vue
cette distinction ; elle est la clef de toutes les difficultés. La science de la philosophie, par sa sublimité
même, est à la fois la gloire et l'écueil de l'esprit humain. Elle a ses lumières et elle a ses ombres ; elle est
pleine de vérités éternelles et d'opinions particulières...
Mais dans un collège il n'y a point d'étude de luxe ;

tout est dirigé vers l'*utilité*, vers l'*utilité pratique*. Là on néglige les côtés hasardeux et changeants de la science pour s'attacher à ses parties les plus fermes et les plus sûres, et c'est sur celles-là qu'est assis l'enseignement. » Quelles étaient ces parties fermes et sûres, nous les connaissons déjà : « Spiritualité de l'âme, liberté de l'homme, loi du devoir, distinction de la vertu et du vice, du mérite et du démérite, divine providence et ses promesses immortelles inscrites dans nos besoins les plus intimes, dans sa justice et dans sa bonté (récompenses et peines d'outre-tombe). » C'était ce qu'il fallait enseigner, au minimum, et j'ajoute aussi au maximum, parce que, remarquez-le bien, si tout en enseignant ce *credo* on y ajoutait, on tombait aussitôt dans ces « opinions particulières » de la philosophie « considérée comme science » et l'on donnait dans ces questions qui sont « à la fois la gloire et l'écueil de l'esprit humain. » Le programme était donc limitatif en même temps qu'il était impératif, et il ne fallait ni y ajouter ni en retrancher. On sait du reste que Cousin tenait la main à ce qu'il en fût ainsi et qu'il n'admettait pas d'indiscipline dans ce que M. Jules Simon a appelé son « régiment » : « J'ai appris, disait-il un jour à un professeur, que vous avez des idées bien dangereuses sur l'espace ; » et il est certain qu'au point de vue strictement pratique et utilitaire où se plaçait Victor Cousin, il peut y avoir des théories de l'espace très dangereuses, par leurs origines lointaines ou leurs conséquences éloignées.

Cette dictature philosophique dura une vingtaine d'années. Pendant vingt ans Cousin essaya de fonder ce que Comte et Stuart Mill dans leur correspondance appelaient familièrement la « pédantocratie. » C'était une expérience à faire, et, après tout, des diverses organisations d'un nouveau pouvoir spirituel essayées de 1830 à 1850, c'est celle-là qui a eu les plus grandes apparences de succès. Elle contenait, nonobstant, un vice radical. Elle organisait quelque chose d'essentiellement inorganique.

Qui pouvait être cousinien ? Procédons par élimination aussi complètement, aussi scrupuleusement aussi, que nous le pourrons. Ceux qui trouvent dans une religion un attrait de sensibilité et qui vont y chercher une grande émotion ? Il ne pouvait y avoir dans l'Eglise de Cousin que des émotions oratoires. — Ceux qui ont besoin d'un dogme arrêté et imposant qui les débarrasse du tourment du doute ? Dogme pour dogme, ceux du christianisme sont plus arrêtés et plus maitrisants que ceux du spiritualisme de 1830. — Ceux qui sont sensibles à l'antiquité vénérable des doctrines ? Malgré les efforts de Cousin, très ingénieux, pour rattacher Cousin à Maine de Biran, Maine de Biran à Descartes et Descartes à Socrate, la tradition de la nouvelle Eglise restait flottante et les Pères de la nouvelle Eglise étaient un peu espacés dans le temps. — Ceux qui sont insensibles au besoin de dogme et qui cherchent la vérité générale comme on cherche une vérité d'histoire naturelle, c'est-à-dire ceux qui n'ont ni sentiment religieux ni esprit religieux ? Ceux-ci aiment la philosophie et recherchent les philosophes, mais les veulent absolument indépendants, sont en défiance et déjà en fuite dès qu'ils les soupçonnent d'être emprisonnés dans une discipline et de dire non absolument ce qu'ils pensent, mais ce qu'ils croient qu'il faut dire. Or les disciples de Cousin étaient emprisonnés par leur maître et Cousin emprisonné dans le souci de maintenir ses disciples. Les uns étaient dans la servitude de l'obéissance, l'autre dans la servitude du commandement. — Ceux *qui sont chrétiens*, mais qui ont été entamés par le x VIII° siècle et qui voudraient un christianisme dont le surnaturel fût exclu ? C'est à cette dernière classe d'esprits et aussi à la précédente que s'adressait spécialement Victor Cousin, et c'est à toutes deux que s'applique le mot d'éléments inorganiques dont je me servais tout à l'heure.

Les penseurs libres qui cherchent la vérité générale sans aucune idée préconçue sur ce qu'ils désirent qu'elle soit, écouteront, liront les philosophes, mais ne s'organiseront jamais et n'acquiesceront jamais à une philosophie organisée, fût-elle de leur goût. Ce sont des individualistes intellectuels, quelquefois par vraie supériorité d'esprit, plus souvent par vanité et infatuation ; mais ce sont des individualistes, et c'est à l'individualisme qu'on ne fait pas sa part. Affranchissez-le des liens du christianisme ; cela ne lui suffit pas ; ce qu'il veut c'est être autonome. Le protestantisme, si voisin de lui, si proche parent de lui qu'il est son fils, ne lui a pas suffi. Il n'est d'une philosophie qu'à la condition qu'elle soit sienne, et qu'il se persuade qu'il n'en est pas, mais qu'elle est de lui. Et, partant, toute philosophie ayant même l'apparence d'une Eglise lui déplaira, alors même qu'elle dira précisément ce qu'il pense. C'est cet élément « négateur, » c'est-à-dire indisciplinable, qui faisait le désespoir d'Auguste Comte, parce que lui aussi voulait fonder un pouvoir spirituel. Ce n'est pas avec lui qu'on organisera jamais autre chose qu'une Société de secours mutuels. Il est tellement partisan de la liberté de penser qu'il préfère la liberté de penser à la pensée même. Il est inorganique

par définition parce que son fond même est ne pas
aimer à penser en commun.

Quant aux demi-chrétiens, ils étaient plus assimi-
lables, et c'est bien pour cela que l'Eglise de Cousin a
subsisté pendant un temps appréciable. Le « Déisme »
a existé en France pendant un demi-siècle environ,
véritablement sincère et assez fort. Croyance en Dieu,
en la Providence, en l'immortalité de l'âme, aux peines
et récompenses d'outre-tombe, avec cette conviction
qu'on éliminait le surnaturel de la conception du
monde, ç'a été l'état d'esprit d'un grand nombre de
Français de la première partie de ce siècle. Ce n'était
pas un système très bien lié. Il était plein de surnaturel
en prétendant le supprimer. Il repoussait le christianisme comme trop miraculeux pour des esprits virils, et
il croyait, sous le nom de Providence, à une interven-
tion continuelle du surnaturel à travers la nature en
faveur de l'homme ; il repoussait la foi et il était
plein de croyances assez dénuées de raisonnements,
et qui auraient eu besoin de la raison spontanée de
Cousin, c'est-à-dire d'une espèce de foi laïque, pour
s'appuyer. « L'évidence » est une foi ; c'est la foi de
ceux qui ont foi en eux. Il repoussait la prière en
croyant à la Providence ; c'est-à-dire qu'il était convaincu de la communication de Dieu avec l'homme,
mais n'admettait pas la communication de l'homme
avec Dieu. Il n'était pas très logique. Mais enfin cet
état d'esprit existait et était assez répandu. Il était
un reste d'habitudes religieuses dans des esprits
qui ne comprenaient plus la religion, ou que des
passions soit politiques, soit moins avouables encore,
en écartaient. Le système de Cousin s'accommodait
assez à cet état d'esprit, d'autant mieux qu'il en était

sorti. Le fameux « sens commun » où Cousin avait cru entendre la voix même de l'humanité n'était pas autre chose que l'état d'esprit de la bourgeoisie moyenne de 1830. Cousin était le philosophe de la clientèle de Béranger.

Mais cet état d'esprit était évidemment transitoire. Moitié religieux, moitié athée, le déisme était un composé d'athéisme en formation et de christianisme en décomposition. C'était une matière inorganique parce qu'elle était mêlée et confuse. On ne pouvait avec elle rien fonder de durable. Des hommes qui étaient dans ces idées, les uns, chez qui l'élément religieux était plus fort, devaient revenir au christianisme, les autres, chez qui l'élément négateur était prépondérant, devaient aller au scepticisme ; quelques-uns même étaient beaucoup plus prêts qu'ils ne croyaient pour le positivisme. Au milieu de cette dispersion, le « spiritualisme » devait rester ce qu'il est en son fond, une tendance d'esprit, menant ici ou là suivant les caractères ; mais non pas un point d'aboutissement. Il a été un assez bel effort pour se passer de la religion en la gardant. C'était un compromis difficile à maintenir.

Il y aura des esprits qui se passeront de religion, et aussi de philosophie ; il y en aura d'autres qui ne pourront pas se passer de religion. A l'écart il y aura quelques esprits qui chercheront le vrai avec un profond respect pour ceux qui croient l'avoir trouvé, et un léger mépris pour ceux qui n'en ont pas souci ; mais ils ne formeront jamais ni une église, ni même une école ; il est dans leur destinée d'être solitaires. La solitude est la condition de l'indépendance, l'indépendance est la condition de la recherche. Le métier du philosophe est de penser et d'exciter à penser. Il ne doit pas y avoir de professeurs de philosophie ; la philosophie ne s'enseigne pas ; il doit y avoir des hommes qui réfléchissent devant les jeunes gens et qui leur donnent le goût de réfléchir. C'est un goût très noble, et ce goût seul, communiqué à de jeunes esprits, est une école de moralité. Aimer à penser dégoûte de tout autre chose, à ce point même qu'il en dégoûte trop ; mais cet excès en général n'est pas à craindre. Inutile donc d'embrigader ies professeurs de philosophie. Disciplinés ils ne formeront pas le pouvoir spirituel qu'on a rêvé ; libres ils auront une influence spirituelle très forte et toujours salutaire.

V

Ce n'en a pas moins été une très belle vie intellectuelle que celle de Victor Cousin. Il a restauré, presque créé l'enseignement philosophique en France.

Il a fait entrer, dans les préoccupations du public, d'abord, dans la vie scolaire, ensuite, trois sciences presque entièrement nouvelles chez nous : la philosophie étrangère (anglaise et allemande) ; l'histoire de la philosophie ; et la philosophie de l'histoire, cette dernière tellement arbitraire, telle qu'il l'a enseignée, et tellement de pure imagination, que je n'ai même pas voulu en parler ; mais encore c'était une impulsion donnée, dont les suites ont été grandes.

Il a construit un système fort bien lié, vaste et imposant, dont les fondements sont extrêmement fragiles ; mais nous n'en sommes sans doute pas à nous étonner ou indigner de la fragilité des bases d'un système philosophique.

Enfin il a constitué un « pouvoir spirituel » qui a duré, sous sa direction, une vingtaine d'années, se prolongeant de soi-même sans qu'il le dirigeât, une dizaine d'années encore.

C'est compter presque dans l'histoire de l'humanité que d'avoir été l'homme qui a fait ces choses, et qui, sauf dans les dernières années de sa vie, les a maintenues avec ténacité, intelligence, dévouement et dignité. Cousin avait certainement quelque chose en lui des fondateurs de religion ; il était comme une réduction un peu mince, un peu grêle, mais non point ridicule, de ces grandes figures. Qui a connu l'Université de 1840 sait ce que valait Cousin et ce qu'il fut. Il avait donné à l'Université de France une idée élevée de sa mission et un ton, un air que, sans qu'elle y mette exagération, il n'est nullement mauvais qu'elle ait. Elle se croyait une église et le mot de sacerdoce n'était point alors une métaphore de distribution de prix. Il correspondait à un état d'esprit très réel, qui pouvait avoir son excès, qui pouvait avoir son côté plaisant, mais qui, au fond, était excellent. L'anticléricalisme même de l'ancienne Université, il a sans doute été chez beaucoup un voltairianisme assez étroit et borné ; mais il faut bien savoir que chez beaucoup aussi il était un instinct de rivalité analogue à celui d'un temple protestant à l'égard de l'église catholique. L'Université ne se défiait du clergé que parce qu'elle avait la prétention d'en être un, et cette prétention n'allait pas sans de grandes vertus qui en étaient et la suite et la compensation. Tout cela, c'était à Victor Cousin qu'elle le devait, et quoique mêlé de bon et de mauvais, c'était plutôt bon, et en tout cas, c'était quelque chose, et je n'en veux rien conclure, sinon que celui qui en était cause était quelqu'un.

Son œuvre, à la vérité, tout entière, a eu quelque chose d'un peu factice. Ceux qui l'ont connu personnellement, vu et entendu, ont trouvé qu'il sentait le comédien (chose qui ne s'aperçoit pas du tout dans ses œuvres), et il est bien certain qu'il a vécu toute sa vie dans des manières de fictions. Fiction, son système, qui était une espèce de christianisme démarqué sans réalité profonde, mais faisant illusion par les habiletés de l'arrangement et la beauté du décor. Fiction, son œuvre pratique, qui était une sorte de fausse Église et de pouvoir spirituel administratif, sans profond esprit religieux. Fiction, son style, très beau souvent, mais artificiel, et pastiche savant du style du XVIIᵉ siècle. Fiction même, si l'on veut encore, ses amours séniles, qu'on a raillées sans charité et sans esprit, pour les belles dames du XVIIᵉ siècle, dont il respirait le parfum dans les in-folio et adorait les traits dans les musées. C'est vrai qu'il a un peu vécu dans le factice et s'est souvent épris du superficiel. Mais tant que les choses humaines seront elles-mêmes très superficielles et très factices, il ne faut guère reprocher à un homme d'être la dupe ravie, enthousiaste et éloquente des apparences. Tout compte fait, il a eu les gestes et il a joué le rôle d'un grand homme; et de plus d'un grand homme on se demande, à l'examiner de près, s'il a été beaucoup plus loin que le geste et que le rôle.

AUGUSTE COMTE

I

Auguste Comte, né en 1798, à Montpellier, dans
une famille « monarchique et catholique, » ce qu'il ne
faudra pas oublier, était un enfant nerveux, impatient,
très intelligent, très avide d'instruction, d'une préco-
cité d'esprit extraordinaire, de ceux qui ont des mé-
ningites tôt ou tard, comme disent les médecins. Il
était sensible, ardent et indiscipliné, très capable de
s'éprendre passionnément d'un maître favori, — et par
deux fois, avec son professeur Encontre, à Montpellier,
et avec Saint-Simon, cela lui est arrivé, — plus capable
encore de secouer le joug scolaire et la discipline, et
d'avoir, relativement à l'autorité, une sorte de défiance
ombrageuse ou de défi passionné. Il était à l'École
polytechnique à seize ans, grand travailleur, grand
dévoreur de livres, surtout philosophiques, ayant lu,
paraît-il, Fontenelle, Maupertuis, Adam Smith, Fréret,
Duclos, Diderot, Hume, Condorcet, de Maistre, de
Bonald, Bichat, Gall, etc., et trouvait du temps pour
diriger une insurrection de famille dans l'École et pour
la faire licencier. Un instant secrétaire chez Casimir

l'érier, mais peu fait pour ce rôle, surtout auprès d'un homme aussi volontaire qu'il l'était lui-même, il le quittait vite, et allait droit à Saint-Simon, dont tout, en apparence, le rapprochait.

Saint-Simon, à cette époque (1817), était le réformateur abondant et tumultueux qui avait chaque matin un projet de reconstitution du monde entier sur de nouvelles bases. C'était un excitateur merveilleux ; mais, sans lectures approfondies, continuel improvisateur, il devait trouver en Auguste Comte, déjà si pourvu, comme un dictionnaire intelligent, toujours ouvert aux recherches et sachant les éclairer. D'autre part, Comte avait besoin d'un esprit original, prompt, impétueux, le sien étant à la fois rapide pour concevoir et très empêché et embarrassé pour exposer, comme il arrive à tous ceux qui ont une foule d'idées à la fois et même toutes leurs idées à la fois. — Ils travaillèrent ensemble assez longtemps, cinq ou six ans, et l'empreinte de Saint-Simon sur Comte fut, comme nous le verrons, ineffaçable. Ils se brouillèrent, l'un et l'autre étant extrêmement orgueilleux et personnels, ce qui rend difficile toute collaboration, étant du reste l'un au terme extrême et l'autre au point de départ de son évolution, ce qui fit que Comte fut choqué chez Saint-Simon de certain esprit religieux et « couleur théologique » où il devait arriver plus tard et s'enfoncer beaucoup plus que Saint-Simon lui-même.

A partir de ce moment, Comte marcha tout seul, parfaitement séparé des saint-simoniens, des socialistes, des libéraux, et en un mot de tous les partis et de tout le monde ; vivant péniblement de leçons de mathématiques, des fonctions de répétiteur à l'École polytechnique pendant quelques années, plus tard des subsides de ses disciples, ou plutôt de ses fidèles ; souffrant d'un mariage peu heureux, puis d'un divorce pénible ; trouvant dans un grand amour ou plutôt dans une de ces adorations mystiques dont il arrive assez souvent aux quinquagénaires d'être comme enivrés, un ravissement d'une année, puis, après la mort de l'idole, une occupation exquise du cœur, un « entretien » doux et cher qui a consolé et illuminé ses derniers ans ; triste du reste, aigri, très irrité et assez raisonnablement, s'il était jamais raisonnable d'être irrité, contre ceux qui ne l'avaient nommé ni professeur de mathématiques à l'École polytechnique, ni professeur de philosophie scientifique au Collège de France ; extrêmement orgueilleux, Dieu merci, et trouvant dans cet orgueil le réconfort de tous ses déboires ; laborieux jusqu'à la fin, ce qui est encore meilleur comme consolation et comme soutien ; mourant enfin, trop tard, disent quelques-uns, ce qui n'est pas notre avis, assez jeune encore, ayant à peine touché au seuil de la soixantaine, l'esprit plein de la grande œuvre qu'il avait faite, et le cœur tout ravi encore du souvenir de celle qu'il avait aimée.

C'était, ce me semble, un homme extrêmement naïf et prodigieusement orgueilleux. Il y avait en lui de l'enfant précoce, du polytechnicien et du professeur, c'est-à-dire un esprit très nourri, absolu dans ses idées, et très séparé du reste du monde. Il connaissait peu les hommes, comme tous ceux chez qui l'éveil des idées a été si hâtif et si enivrant qu'ils n'ont vécu qu'avec elles dans leur enfance et dans leur jeunesse. Il est très rare que le sens psychologique naisse dans l'âge mûr. Comte ne l'eut jamais. Il est comme effrayé de l'injustice des hommes à son endroit, comme s'il était possible aux hommes de démêler en quelques années le mérite d'un homme supérieur à eux. Il s'étonne de l'inconstance, de l'ingratitude, de l'étourderie, du peu de perspicacité, de l'absence de dévouement, comme si ce n'était pas là le fond commun, naturel et éternel de l'humanité, et comme si l'on ne devait pas, dès qu'elle n'est pas persécutrice, être très content d'elle. Une lettre de lui à Littré est un monument d'ingénuité. Il s'y plaint de sa femme, « presque dépourvue de cette tendresse *qui constitue le principal attribut de son sexe*, » dénuée de « l'instinct de bonté » et de « l'instinct de vénération, » en un mot, — ce qui pour Comte est un arrêt des plus durs, — « nature purement révolutionnaire. » Il s'y étonne et s'irrite de ce que « Mme Comte espéra toujours *le transformer en machine académique* lui gagnant de l'argent, des titres et des places. » Voilà les choses qui surprennent Comte comme des anomalies stupéfiantes. Évidemment il a passé par ce monde sans y comprendre un mot, sans avoir un grain, non seulement des facultés d'observation morale, mais même de cette clairvoyance élémentaire que l'on a à vingt-cinq ans, et qui sert, selon les natures, ou à se faire une place dans la société telle qu'elle est faite, ou à la subir sans irritation.

Son orgueil, que j'ai qualifié de prodigieux, et qui n'était peut-être pas plus grand que celui d'un autre, mais qui paraît immense parce qu'il n'a pas pour contrepoids le sens du réel et qu'il est comme mis en liberté par sa naïveté même, ne connaissait pas de bornes. Cet homme, tranquille et simple, dans sa petite chambre d'étudiant, sans faste dans ses manières froides et polies, sans aucune *vanité*, ne voyait pas de rang dans

le monde, et non pas même le plus élevé de la hiérarchie spirituelle, qui ne lui fût dû, et du reste réservé,
assuré dans l'avenir, comme au seul être qui peut-être
l'eût jamais mérité. Les orgueils mêmes des poètes
lyriques les plus adulés par les autres et par eux-
mêmes n'approchent pas de celui-là, encore qu'en pareille affaire il soit difficile de mesurer.

Absolu, intransigeant, indiscipliné, orgueilleux et
naïf, c'est de ces défauts ou de ces qualités (car qui
sait ?) que se font d'ordinaire les individualistes ombrageux et les libéraux jaloux. Benjamin Constant en est
le type le plus net et le plus frappant. « Ce que je
veux, disent ceux-là, c'est penser à ma guise, vivre à
mon gré, croire à ma façon, et ce que je demande à la
société assez impertinente où la naissance m'a placé,
c'est qu'elle ne me gêne point dans ces manières de
vivre, de penser et de croire. En retour je ne la gênerai point non plus, et je ne prétends lui imposer aucune manière d'être et d'agir ; et laissons-nous tranquilles mutuellement : c'est la meilleure façon de nous
aimer les uns les autres. » — Mais il peut arriver un
résultat tout contraire des mêmes tendances d'esprit.
Un homme constitué de la même manière que celui
que nous venons d'entendre peut être frappé de l'état
d'anarchie générale où de pareils penchants risquent
de mener tout droit l'humanité. Il peut se dire que si
l'homme est sociable, c'est sans doute pour vivre en
commun, ce qui n'est pas possible s'il ne vit pas dans
une pensée commune, une croyance commune, un
dessein commun ; que le pire mal n'est peut-être pas
de se tromper, de partager une erreur collective, mais
peut-être « que chacun dans sa loi cherche en paix la
lumière ; » parce que de ces efforts dispersés il ne

résulte rien que le plaisir pour chacun de la recherche, et parce que ce n'est là qu'une promenade, dans une forêt, d'une foule d'hommes qui ne se voient ni ne s'entendent, exercice peut-être agréable et certainement stérile. — Ce qu'il faut c'est donc, au lieu de tendre à l'anarchie, la combattre au contraire ou la prévenir. Ce qu'il faut c'est donner aux hommes la même méthode de penser, et par suite la même pensée, et par suite la même façon de vivre. Il faut tendre à l'unité, comme de Maistre le disait hier. Unité de pensée, unité de morale, unité d'efforts, c'est à la fois le but de l'humanité et à cette condition qu'elle peut marcher. Au fond le libéral est un sceptique. S'il ne tient pas à l'entente et à la discipline, c'est qu'il ne croit pas que l'humanité puisse gagner quelque chose à faire quelque chose ; car il doit bien se douter qu'en ordre dispersé elle ne fera rien. Quiconque croit à l'œuvre de l'humanité, quiconque croit un progrès possible, doit vouloir l'unité de plan, par conséquent l'unité de pensée et l'unité de foi. — C'est là le fond même de la pensée d'Auguste Comte, comme c'est le contraire de la pensée de Constant, parce que Constant est un individualiste toujours sur la défensive, et Comte un *concentrationniste* décidé ; Constant un sceptique découragé, et Comte un optimiste et un progressiste résolu ; si l'on veut encore, Constant un homme né protestant, et Comte un homme né catholique et qui au fond l'est toujours resté.

Mais entre unitaires il y a un désaccord possible. Les uns disent : « Il faut l'unité. Il la faut absolument, sous peine de mort, ou de régression indéfinie vers un état primitif inconnu, mais peu engageant. Mais cette unité, elle existe ; elle est forte. C'est le catholicisme.

Il n'y a rien de plus unitaire au monde que la pensée catholique. Unité, continuité, c'est l'esprit même du catholicisme. Gardons le catholicisme, restaurons-le, restituons-le dans son intégrité. » — D'autres disent : « Il ne faut pas attacher la cause de l'unité à celle d'un système qui est ruiné. Il ne faut pas la compromettre et la perdre en cette compagnie. Le catholicisme est condamné ; il l'est comme une conception du monde qui a reçu tant de démentis de l'expérience, qu'en écartant cette conception l'humanité a fini par réprouver l'esprit même du catholicisme, lequel était bon. Garder cet esprit, cela est possible, et même c'est ce que l'on peut faire de mieux, et même il n'y a pas autre chose à faire ; mais le garder pour coordonner et organiser une nouvelle conception générale des choses, laquelle aura pour elle l'autorité de l'expérience acquise, des lumières nouvelles que l'humanité s'est faites, voilà le but. C'est une religion nouvelle à fonder, et c'est, *dès le principe, dès ses commencements,* quoiqu'il ne prononçât pas encore le mot, ce qu'Auguste Comte a voulu faire.

Et ici reparaissent, pour trouver leur emploi, tous ces penchants qui auraient pu, n'eût été l'effroi et l'horreur de l'anarchie, faire de Comte un individualiste et un libéral radical. L'indépendance farouche de l'esprit fait des individualistes de ceux qui ne tiennent pas à imposer leurs idées aux autres, et des autoritaires de ceux qui caressent cette espérance ; et ceux-ci seront les autoritaires de leur autorité et non pas d'une autre, mais ils n'en seront qu'autoritaires plus obstinés. Indiscipliné, Comte continuera à l'être, mais en prétendant imposer aux autres une discipline très rigoureuse ; absolu dans ses idées, il le sera toujours, en n'autorisant que lui à l'être, et en exigeant des autres la foi en lui ; et son orgueil trouvera son compte à cette œuvre de création intellectuelle et morale, et sa naïveté l'aidera à croire qu'elle est relativement facile et de prompte réalisation. Avec ses instincts Comte ne pouvait être qu'individualiste solitaire et retranché, ou chef, très dominateur et haut placé, de quelque chose. Dans les deux cas, c'est être isolé. Et avec sa croyance au progrès et sa passion de l'unité, il ne pouvait pas être individualiste. Restait qu'il voulût être pontife suprême d'une religion nouvelle, et c'est ce qu'il a voulu être et ce qu'il a été.

II

Ne voir de salut que dans l'unité de pensée, combattre l'anarchie sous toutes ses formes, ç'a donc été l'œuvre continue d'Auguste Comte. L'anarchie, il l'a aperçue tout de suite, dès 1820, tout autour de lui. Qu'y voyait-il ? Des savants, des hommes politiques, des moralist e des philosophes, tous inspirés par les principes et guidés par les méthodes les plus différentes, travaillant chacun sur un plan qui était à lui, nullement tous ensemble sur un plan commun. Voilà un chantier bien mal tenu et sur lequel on ne bâtira rien de solide.

Ce qui frappe d'abord c'est la division du travail, non soumise à un dessein général. La division du travail est chose excellente, à la condition qu'elle soit établie par quelqu'un qui sache vers quoi convergent les efforts ainsi divisés. S'ils ne convergent nulle part, elle ne produira absolument rien. Ou plutôt elle aura un résultat déplorable : la séparation et l'éloignement de plus en plus grand des hommes les uns relativement aux autres. En industrie la division du travail abêtit les ouvriers, en science elle sépare et éloigne les uns des autres les hommes instruits. Nous travaillons depuis quelques siècles à nous désunir. L'état d'esprit d'un littérateur ou d'un moraliste est tellement différent de celui d'un ingénieur ou d'un industriel qu'ils ne se comprennent les uns les autres qu'à condition de parler de futilités.

Cet état est déplorable, prohibitif de tout progrès. Dès 1825, dans un article du *Producteur* (*Considérations philosophiques sur les sciences et les savants*), Comte le signale avec effroi : « Le perfectionnement de nos connaissances exige indispensablement sans doute qu'il s'établisse dans le sein de la science une division du travail permanente ; mais il est tout aussi indispensable que la masse de la société, qui a continuellement besoin de tous ces divers résultats à la fois pour adopter les doctrines scientifiques comme ses guides habituels, les tienne pour branches diverses d'un seul et même tronc. » C'est ce qui est très loin d'avoir lieu. Comte dira plus tard : « Tout en reconnaissant les prodigieux résultats de cette division, il est indispensable de ne pas être frappé des inconvénients capitaux qu'elle engendre par l'excessive particularité des idées qui occupent exclusivement chaque intelligence individuelle. Craignons que l'esprit humain ne finisse par se perdre dans les travaux de détail. » Et encore : « La spécialité croissante des idées habituelles doit inévitablement tendre, en un genre quelconque, à rétrécir de plus en plus l'intelligence. C'est ainsi que la première cause élémentaire de l'essor graduel de l'habileté humaine paraît destinée à produire ces esprits très capables sous un rapport unique, et monstrueusement ineptes sous tous les autres aspects. »

Voilà une première cause d'extrême division et dispersion qui aura les conséquences les plus graves parce qu'elle ne peut que s'accroître de tous les progrès même auxquels elle contribuera.

Il y en a bien d'autres : tous les penseurs, et même ceux qui se croient les plus énergiques adversaires de cette idée nouvelle, sont dominés par le dogme très antidogmatique et très « antisocial » de la « liberté de conscience. » La liberté de conscience est excellente comme arme de combat pour détruire le pouvoir théologique, comme le dogme de la souveraineté nationale pour renverser la souveraineté royale ; mais ce ne doit être qu'une opinion transitoire, car elle est toute négative, nullement féconde, nullement directrice, et tout le contraire de directrice. C'est ce que Comte s'efforçait de faire entendre dans ce même *Producteur* (*Considérations sur le pouvoir spirituel*), et c'est ici que l'on vit bien éclater le contraste et le conflit entre l'esprit du XVII° siècle et l'esprit de la petite école nouvelle. Benjamin Constant protesta très vivement : «... Et enfin, s'écria-t-il ironiquement (dans une lettre au journal l'*Opinion*), la liberté de conscience elle-même, ce qui est bien plus grave, la liberté de conscience elle-même, moyen de destruction, bon aussi longtemps que l'erreur subsiste, ne doit plus exister quand on a découvert la vérité ! » — A quoi Bazard répondait : Mais, après avoir été une œuvre de combat, la liberté de conscience à l'état de règle, de loi générale, n'est qu'un état d'esprit stérile et comme puéril, par-

faitement impuissant. Elle est « l'effet d'une désorga-
nisation, d'une destruction, » et, « prise comme
dogme, *elle suppose que la société n'a pas de but* ; » elle
suppose « *qu'il n'y a pas de liberté sociale ;* car enfin on
ne songe pas à l'invoquer contre la physique, » et si
elle a un office, « sa tâche, ayant été jusqu'à présent
de détruire, est désormais d'empêcher que rien ne s'é-
tablisse. » — Débat infiniment intéressant qui montre
assez que dans ce petit cénacle du *Producteur*, sous
l'inspiration de Saint-Simon, c'était bien une école
autoritaire toute nouvelle qui essayait de se fonder
et qui avait déjà tout son esprit.

Il n'y a pas jusqu'au mot de Bazard : « *On ne l'invoque pas contre.la physique,* » qui ne soit bien significatif. Ce que Comte voudra fonder, c'est une
« physique sociale, » contre laquelle on ne puisse pas
plus invoquer la liberté de conscience que contre
la physique ; et déjà, dans le *Producteur*, il dit le mot :
« Nous avons une physique céleste, une physique terrestre, une physique végétale et une physique animale.
Il nous faut encore une physique sociale. » — Dès le premier
jour, Auguste Comte veut qu'on arrive à constituer
une autorité intellectuelle qui soit invincible à toute
anarchie et répressive de toute anarchie.

Mais une cause d'anarchie intellectuelle bien plus
profonde et d'effets bien plus grands que les précédentes, c'est le mouvement de la civilisation elle-même.
Nous en avons déjà vu un effet dans la division et subdivision des sciences qui va précisément contre la constitution de la science à mesure même qu'elle crée la
science ; un autre effet de cette marche de la civilisation, c'est ce qu'elle laisse derrière elle de principes
caducs, utiles à un certain moment, inutiles un peu

plus tard, nuisibles enfin, et qui à l'heure où nous sommes, par exemple, luttant entre eux, luttant aussi avec les principes nouveaux qui devraient les avoir remplacés tous, font, dans un même cerveau humain, un conflit d'idées maîtresses inconciliables, un conflit de siècles différents dans une même minute, un conflit de plusieurs anachronismes se heurtant les uns contre les autres, et d'autre part se heurtant contre des actualités ; bref, la plus terrible et dévastatrice psychomachie qui se soit vue ; mais non pas qui doive se voir ; car elle puisera dans les temps qui viendront de nouveaux éléments et de nouvelles ressources de combat.

Pour bien comprendre cela, c'est l'histoire de l'humanité intellectuelle qu'il faut faire. On peut, pour abréger, la diviser en trois grandes périodes : il y a eu un âge théologique, un âge métaphysique, et il y a un âge scientifique.

L'âge théologique, qu'on peut subdiviser lui-même en période fétichique, période polythéique et période monothéique, est un âge de l'humanité où l'on attribuait tout phénomène à un agent, à un être semblable à l'homme.

Autant de phénomènes, autant de dieux particuliers qui les créent, comme nous soulevons une pierre ou brandissons une massue : voilà le fétichisme.

Autant de groupes de phénomènes, autant de dieux qui y président, qui les veulent, phénomènes maritimes relevant de Poséïdon, phénomènes célestes relevant de Zeus : voilà le polythéisme ; c'est une concentration du fétichisme.

Tous les phénomène possibles ayant pour cause continue un seul être, une seule volonté, relevant de lui, dépendant d'elle : voilà le monothéisme ; c'est une concentration du polythéisme.

Dans ces trois périodes, cent mille, cent ou un être, semblables à l'homme, qui meuvent ou qui meut, qui régissent ou qui régit les phénomènes naturels ; de l'une à l'autre période une centralisation successive de ce pouvoir jusqu'à ce qu'il soit ramassé en un seul être tout-puissant : voilà l'âge théologique de l'humanité.

L'âge métaphysique, beaucoup plus court du reste, est beaucoup moins net, et n'est qu'une transition. En cet âge l'humanité attribue la création des phénomènes non plus à des êtres, non plus à un être, mais à des abstractions. On ne dira plus Cérès, on dira la Nature ; on ne dira plus Zeus, on dira l'Attraction, et l'on sera porté à croire que la Nature est un être et que l'Attraction en est un autre. C'est l'état naturel d'un esprit qui est habitué à voir dans le monde des causes qui sont des êtres, et qui, déjà n'y saisissant plus que des lois, prend ces lois pour des causes et ces causes pour des êtres, et leur donne, par habitude, des noms propres. Si cette opération de l'esprit était très précise et si cette tendance de l'esprit était très forte, elle ramènerait au polythéisme ; elle peuplerait l'univers de lois prises pour des causes habillées en êtres, qu'on adorerait. Mais ce penchant est faible ; il n'est qu'un reste de théologie exténuée et effacée, et il ne va pas plus loin qu'à créer un système d'allégories ; mais encore il habitue trop l'esprit à se payer de mots, ou il le maintient dans l'habitude de s'en payer.

Le troisième âge est l'âge scientifique. Dans celui-ci l'homme renonce à connaître les causes des phénomènes. Qu'elles soient des êtres multiples, un être unique, des entités métaphysiques, il n'en sait rien, et ne sait qu'une chose, c'est qu'il ne le saura jamais. Il se borne à découvrir les lois des phénomènes ; c'est-à-dire à savoir, autant qu'il peut, comment les phénomènes ont l'habitude de se passer. C'est tout ce qu'il s'accorde, et, tout le reste, il se l'interdit. Il n'est ni déiste ni athée : il est ignorant ; il n'est ni métaphysicien ni antimétaphysicien : il est *citramétaphysicien* ; c'est à la métaphysique, exclusivement, qu'il s'arrête, sans savoir s'il y en a une ou s'il n'y en a pas, et ne sachant rien sur ce point si ce n'est qu'il ne peut rien en savoir. Il ne connaît que des faits et certaines répétitions constantes des faits, qu'il appelle les lois de ces faits ; et son savoir n'ira jamais au delà, et jamais au delà n'ira sa recherche, qui du reste est indéfinie.

Or de chacun de ces états successifs reste dans le suivant et dans tous les suivants un résidu qui s'amincit toujours, jamais ne disparaît, et qui l'encombre et qui les encombre. — Il reste du fétichisme dans le polythéisme : par exemple Poséïdon est bien le dieu de la mer, mais chaque flot est un triton qui obéit à peu près à Poséïdon, mais qui a encore sa petite personnalité. — Il reste du polythéisme et du fétichisme dans le monothéisme : par exemple Dieu est Dieu ; mais il y a des saints qui ont leur autorité et des vierges locales qui font des miracles. Il reste dans l'âge métaphysique du monothéisme avec du polythéisme et du fétichisme ; et, derrière les entités métaphysiques, le métaphysicien adore un Dieu, et ce Dieu a son cortège mentionné tout à l'heure. Et dans l'âge scientifique il reste des préjugés métaphysiques et des conceptions monothéiques, polythéiques et fétichiques.

De telle sorte que l'humanité croit s'affranchir et

se surcharge, croit marcher à la simplification et se
complique. Chaque homme moderne, selon son tour
d'imagination, est plutôt monothéiste qu'autre chose,
ou plutôt fétichiste qu'autre chose, ou plutôt scientifique qu'autre chose, et voilà une cause d'anarchie, de
conflit habituel entre lui et les autres hommes ; —
mais de plus celui-là qui est surtout monothéiste est
en même temps un peu polythéiste, un peu fétichiste
et un peu métaphysicien ; celui-là qui est surtout
métaphysicien est en même temps un peu polythéiste,
un peu monothéiste, un peu scientifique ; et ainsi de
suite, et cela fait une anarchie dans chaque cerveau.
Chaque esprit humain est un raccourci de l'humanité et présente le même spectacle d'incohérence intellectuelle que l'humanité tout entière. Le monde
surabonde d'idées maîtresses inconciliables qui s'entre-
lacent et de croyances contradictoires qui s'enche-
vêtrent. La civilisation, en accumulant idées générales
sur idées générales, entasse l'une sur l'autre des
lumières qui deviennent des ombres. Le cerveau
humain est une nuit profonde où circulent et luttent
des feux follets de diverses couleurs qui, éblouissant
l'esprit sans l'éclairer, ne font que l'obscurcir davantage.

Tels sont les principaux éléments de l'anarchie intellectuelle du monde moderne.

Les derniers siècles l'ont-ils diminuée? Ils l'ont aug-
mentée. Ils ont été un effort pour affranchir l'humanité des derniers restes de l'esprit théologique et de
l'esprit métaphysicien, et, à cet égard, ils ont en apparence diminué l'anarchie intellectuelle. Mais ils n'ont
en ceci que donné un des moyens de la diminuer plus
tard, et en attendant ils l'ont aggravée. Car par quoi

ont-ils remplacé ou prétendu remplacer et théologie et métaphysique ? Par la liberté de penser, la liberté de croire et la liberté de parler. Rien de meilleur pour détruire ; rien de plus vain pour fonder. On s'est habitué à croire que la liberté était quelque chose en soi, était une doctrine, une doctrine capable de se transformer en réalité, de produire des faits, de créer un état moral et un état social. C'est faux. La liberté est quelque chose de négatif, ce qui veut dire en français qu'elle est un rien. La liberté est le droit de ne pas accepter l'état moral et l'état social que l'on rencontre ; elle n'est pas une force capable de créer un état moral ou un état social quelconque. Elle est désorganisatrice par avance et inorganisatrice par définition. Elle consiste à dire : « Vous croirez ce que vous voudrez. » D'accord, et, s'il s'agit de briser un joug, excellent ! S'il s'agit de fonder une communauté par l'embrassement d'une idée commune, néant. De l'état de liberté ne peut sortir aucune idée créatrice de quelque chose, sinon à condition qu'on sorte de cet état. C'est une idée uniquement négatrice et un état uniquement négatif. Les libéraux sont gens qui ne savent que dire : non. La liberté est un *nolo* et un *veto* individuel. De « je ne veux pas » et « je vous arrête » prononcé et posé avec énergie par trente millions d'hommes rien ne saurait résulter qu'une sorte d'immobilité farouche. Il s'agit pourtant de marcher, d'agir, et de faire quelque chose.

Il y a plus : l'état de liberté n'est pas seulement état d'impuissance ; il est état de conflit et de discorde. Il est la discorde considérée comme un dogme et tenue pour une institution. Ces trente millions d'hommes ne disent pas « je ne veux pas » seulement à leurs chefs, aux maîtres que la suite des temps a pu leur laisser ; ils se le disent les uns aux autres. L'esprit de liberté devient une habitude sociale. On ne s'attache pas à la liberté seulement comme à un droit, on y prend plaisir comme à l'exercice d'une passion. Il y a une passion libérale, et un libéralisme passionné. L'homme est très fier de « penser par lui-même, » et comme, à l'ordinaire, il ne pense pas, c'est la liberté en soi, le plaisir de nier ceux qui pensent, sans penser lui-même, qu'il chérit.—Trente millions d'orgueils solitaires, sans raison d'être et sans prétexte, exaltés par la conscience d'exercer un droit sacré, inquiets dès que, par un acquiescement momentané à la pensée d'autrui, ils s'avisent qu'ils cessent ou vont cesser de l'exercer ; donc conflit voulu, créé de rien quand il n'a pas de matière, inventé pour le plaisir quand il n'a pas d'occasion, discorde cultivée avec amour, honorée et consacrée de noms honorables, voilà en son fond l'état de liberté. — C'est l'anarchie sacrée reine du monde.

Les philosophes du XVIII° siècle, à la suite du protestantisme, ont créé cet individualisme affolé. Ont-ils eu tort ? Pas le moins du monde : à chaque siècle suffit sa peine. L'urgent c'était de briser les anciennes idoles. Le plus important pour le penseur, qui ne fait jamais qu'aider un peu la marche naturelle des choses, c'est de voir ce qu'il a à faire au siècle où il est. Au XVIII° siècle ce qu'il y avait à faire c'était une table rase. On l'a faite, soit ; mais nous n'avons plus rien à raser. La période de transition est passée. Continuer à crier *liberté*, c'est vouloir que la société, parce qu'on l'a désorganisée comme étant mal organisée, ne s'organise plus. C'est faire d'un cri de guerre une constitution ; c'est faire d'une négation un principe de vie nouvelle. Assez de négatif : c'est un principe positif que maintenant il faut trouver.

Qu'on fasse bien attention à ce sens du mot *positif*. C'est le premier sens du mot, et c'est le vrai dans la pensée des premiers positivistes. Positivisme, dans l'acception courante du mot, est devenu l'opposé d'hypothétique et de conjectural. Il signifie ne croire qu'aux faits et à certains rapports reconnus constants entre les faits. Dans les commencements son vrai sens était autre. Il signifiait le contraire de négatif, comme le veut la bonne langue traditionnelle ; il était opposé à ce qu'il y avait de purement négatif, prohibitif et destructeur dans la philosophie du XVIII° siècle. Il signifiait mettre quelque chose à la place de rien. C'est dans ce sens que Comte emploie sans cesse l'expression de *politique positive* dans le *Producteur* de 1825.

Voilà donc l'état anarchique de l'humanité et plus particulièrement de la France au lendemain de la Révolution française. Par la division du travail dans le domaine scientifique ; par le conflit des différentes et contraires idées maîtresses que les phrases successives de la civilisation ont laissées dans les cerveaux humains ; par les idées de liberté et le tort qu'on a de croire qu'elles sont la solution définitive ; par l'individualisme et le tort qu'on a de s'y attarder comme à un état définitif ; l'anarchie intellectuelle et par suite morale la plus complète règne partout. Le XIX° siècle piétine sur place avec impatience, avec colère, avec inquiétude, et, qui bien pis est, avec complaisance. Il est une halte dans l'incertitude. Il faut probablement sortir de là.

III

Pourquoi? dites-vous. Parce que « l'esprit humain tend constamment à l'unité de méthode et de doctrine ; c'est pour lui l'état régulier et permanent: tout autre ne peut être que transitoire ; » parce que jamais le monde n'a vécu que rassemblé autour d'une idée générale qui lui donnait sa méthode de recherches, d'études, d'explications pour toutes choses ; parce qu'il change de principe directeur, mais non pas de nature, et que sa nature est d'avoir un principe directeur ; parce que, donc, il en faut un nouveau, les anciens ayant l'un après l'autre disparu, en laissant derrière eux des ombres gênantes d'eux-mêmes, mais en perdant leur vertu directrice, leur force d'idées vivantes. Il faut un nouveau principe directeur pour sortir de l'anarchie ; ou l'on en sortira tout de même, mais en retournant aux principes directeurs anciens et en leur donnant la vie factice qu'ils peuvent toujours recouvrer, parce que toujours ils laissent d'eux-mêmes quelque chose dans l'esprit des hommes. Sortons donc de l'anarchie par la découverte d'un nouveau principe.

Mais comment ?

Réfléchissons un peu. Nous disions peut-être un peu trop tout à l'heure que liberté de penser n'importe quoi était tout ce que les deux ou trois derniers siècles avaient laissé derrière eux. Ils ont laissé cela surtout, et ce que l'homme moderne aime en apparence le plus, c'est n'accepter aucune doctrine et croire qu'il en a une à lui ; cependant il semble qu'une nouvelle puissance intellectuelle s'est levée depuis trois siècles qui a quelques-unes au moins des caractères qu'avaient les anciennes. Les hommes croient à la science un peu comme ils croyaient autrefois aux choses de foi. Sceptiques, oui, en religion, en philosophie, en politique quelquefois, en morale souvent ; penseurs libres ou libres penseurs, oui, en théologie, en métaphysique, en sociologie et en éthique ; en physique, non, en astronomie, non. Voilà des millions d'hommes qui croient que la terre est tournante et le soleil fixe, qui le croient absolument, sans être aucunement capables de se le démontrer. Ceci est une foi, une foi d'un nouveau genre, qui n'est pas accompagnée de sentiment ni de passion; mais c'est une foi. La foi consiste à croire sur parole quelque chose qu'on n'a pas découvert soi-même, qu'on ne peut pas se prouver, et qu'on n'a la prétention ni d'avoir découvert ni de pouvoir prouver. Voilà une foi nouvelle.

Elle n'est même pas si dépourvue de sentiment et de passion que nous le disions tout à l'heure ; car elle sait, ou sent, qu'elle est en opposition avec les anciennes, et cela lui donne une certaine ardeur et zèle d'apostolat, du moins pour quelque temps. Enfin voilà une foi. Si le mot paraît bien ambitieux, disons qu'une nouvelle autorité intellectuelle s'est élevée entre les hommes, qui a quelque chose du prestige qu'avaient en elles les religions anciennes, de leur majesté, de leur puissance, de leur décision. Elle est quelque chose que l'on croit et qu'on ne discute pas.

Notez de plus que la science semble bien gagner progressivement, continûment, tout le terrain que les religions et les métaphysiques paraissent perdre. Non seulement la science est une nouvelle manière de croire; elle est aussi une nouvelle manière de jouir par l'esprit;

elle est un goût, et un goût de plus en plus vif. Le vieil
homme, l'animal métaphysicien, disparaît ; l'homme
nouveau, l'animal qui collectionne des faits et groupe
des faits, se fait légion. Il y a là une mode. Une mode
qui dure trois cents ans en s'accusant de plus en plus
est un signe très considérable. Dans les habitudes
d'esprit, dans les livres, dans les journaux et bro-
chures, la science, l'observation, la découverte, la sta-
tistique occupent la place que jadis les discussions
théologiques, philosophiques, casuistiques occupaient-
C'est un âge nouveau de l'humanité qui commence.
C'est un nouveau principe directeur qui paraît dans
le monde et qui s'y installe avec tous les caractères
essentiels des principes directeurs anciens. Voilà
qui est dit, l'humanité sera désormais scientifique,
comme elle a été polythéiste, monothéiste et métaphy-
sicienne.

Seulement le nouveau principe directeur est encore
très gêné par la persistance des précédents et par leur
obstination à ne pas mourir. Ce qu'il faut c'est débarrasser le nouveau principe de ses voisins et rivaux
peu dangereux, mais qui l'offusquent, impuissants, mais
qui surtout l'empêchent d'être seul. Il faut donc d'abord
repousser, exterminer absolument l'esprit théologique
et l'esprit métaphysique ; — ensuite débarrasser la
science *de ce qu'elle a gardé en elle-même de l'esprit
théologique et métaphysique*, et ceci est le plus important, parce que, de ce qu'elle en garde ainsi, elle soutient d'autant l'esprit rival et prolonge l'existence de
son ennemi, par elle-même, aux dépens d'elle-même ;
— enfin systématiser les sciences et en former un
seul corps, animé d'un esprit unique très nettement
déterminé, et ceci est le plus important, parce que la

science a cette infériorité sur les principes anciens d'être multiple au lieu qu'ils étaient uns : il y a eu *la* religion ; il y a eu *la* métaphysique ; mais c'est jusqu'à présent, par une sorte de complaisance littéraire, qu'on dit *la* science : il y a des sciences, séparées les unes des autres ; il faut, pour qu'elles soient fortes, qu'elles soient ramenées à l'unité ; et c'est pourquoi la systématisation des sciences est le plus important des trois projets que nous venons de former.

Le premier va de soi, et la réalisation en est presque achevée. C'est précisément la tâche que le XVIII° siècle s'est donnée et a accomplie, la tâche destructrice. Sur ce point, il n'y a qu'à le répéter ; redire que par définition le surnaturel est inaccessible à l'homme, qui est naturel ; redire que la métaphysique est le rêve d'un être qui, saisissant des lois, croit saisir des causes, ou la rhétorique d'un homme d'esprit qui, donnant un nom à une loi, la voit dès lors, par une sorte d'allégorie, comme un être réel et un petit dieu vivant. Tout cela a été dit, doit être répété tant qu'il y aura des gens qui n'en seront pas convaincus, mais peut être laissé comme tâche aux ouvriers en sous-ordre de la réforme intellectuelle. — Et précisément ce sera l'office des héritiers attardés du XVIII° siècle, des légataires de l'esprit négatif, des hommes qui ne vont pas plus loin qu'à dire : « Nous repoussons les anciennes croyances. » Il faut bien qu'ils servent à quelque chose.

Le second projet est plus vaste, plus minutieux aussi, et plus rude. C'est une sorte d'épuration des différentes sciences pour les purger de ce qu'elles gardent en elles-mêmes d'esprit théologique et d'esprit métaphysique. Ce n'est pas si peu qu'on pourrait croire.

Les physiciens parlent du « fluide électrique » et de l' « éther lumineux, » les chimistes, des « affinités, » comme si c'étaient des êtres très puissants mettant en mouvement la matière parce qu'ils le veulent ; les biologistes parlent du « principal vital » et des « forces vitales, » comme si ceux-ci étaient des personnages qu'on aurait vu tendre les tissus et charrier le sang ; les psychologues parlent du *moi* comme si, au fond de l'homme, il y avait un *homunculus,* prenant conscience de tout ce qui se passe dans la machine humaine et la dirigeant. Ce sont là des entités toutes gratuites, produits de l'imagination spéciale qui est l'imagination métaphysique. Ces prétendues solutions « présentent évidemment le caractère essentiel des explications métaphysiques, » à savoir « la simple et naïve reproduction en termes abstraits de l'énoncé même du phénomène. » Les pierres lancées de la terre y retombent. La cause en est l'attraction, nous dit-on. Cela veut dire : « Les pierres lancées de la terre y retombent. » Absolument rien de plus. Disons donc : « Les pierres lancées de la terre y retombent, » ce qui est une loi, et ne parlons pas d'attraction, ce qui a l'air d'être une cause, et ce que, l'esprit tout pénétré d'imagination métaphysique, nous allons prendre pour une cause, et vaguement pour un être, dans cinq minutes.

Toutes les sciences possibles sont ainsi peuplées d'entités dont on pourrait faire tout un système allégorique, et rien n'est plus naturel ; car ces trois états, théologique, métaphysique, scientifique, et même ces cinq états, fétichique, polythéique, monothéique, métaphysique, scientifique, par lesquels l'humanité a passé, *chaque science y a passé elle-même ;*

ou plutôt, ce qui revient au même, chacun de ces états étant simplement le résumé des tendances de l'esprit humain, l'esprit humain, en chacun de ces états, n'étudiait chaque science qu'avec des tendances dominées par ce penchant général, et à chaque science a donné successivement un tour fétichique, un air polythéique, une couleur monothéique et un caractère métaphysique ; et c'est des résidus de tout cela qu'il faut nettoyer la science actuelle.

Mais la plus métaphysique et la plus détestable des entités, c'est la finalité. L'ancienne conception de l'univers se ramenant toujours à considérer ce qui s'y passe comme analogue à ce que fait l'homme, de même que l'on considérait un arbre comme un homme qui lève les bras au ciel, et la mer tempêtueuse ou le ciel tonnant comme un homme en colère; de même, l'homme agissant toujours dans un dessein et en vue d'un but, on considérait l'univers comme une œuvre ayant un but, dirigée par une volonté, présidée par une intention, marchant où quelqu'un la guide, et chaque partie de l'univers, tout pareillement, comme une fin où a tendu une intention, en même temps que comme un moyen tendant à une fin plus générale. — Ainsi, la terre n'est ni trop froide ni trop chaude pour nous tuer, ni trop molle ni trop dure pour notre poids et pour nos charrues : c'est qu'elle a été faite pour nous, pour nous servir de séjour et d'empire. Elle a été composée de telles et telles matières pour être ce qu'elle est, voilà un premier dessein ; elle est ce qu'elle est pour que nous y puissions vivre, voilà un second dessein plus général; nous y vivons pour une fin plus générale encore et plus haute que c'est à nous de comprendre. — Or creusons ceci : il revient à dire que si la terre était autre, nous

n'existerions pas ; voilà tout. La terre étant ce qu'elle
est, nous y sommes ; mais ce n'est pas une raison pour
qu'elle ait été faite ainsi *afin* que nous y soyons. Cela,
nous n'en savons rien. Où l'on voit dessein poursuivi,
on n'est légitimement autorisé qu'à voir effet produit ;
où l'on voit finalité, on n'est légitimement autorisé à
voir que conditions d'existence. « Pour qu'il y ait
végétation il faut qu'il y ait terre végétale » ne signifie pas du tout que la terre végétale ait été faite avec
prévoyance pour qu'il y eût végétation ; mais, simplement qu'il y a végétation là où il y a terre végétale.

Il n'est pas une finalité qui résiste à cette réflexion
si simple. Les causes finales sont un immense système
anthropomorphique. Elles viennent de l'impossibilité
où l'homme a été longtemps de concevoir autre chose
que lui, et de concevoir quoi que ce soit de créé comme
fait autrement que ce qu'il fait lui-même. Le monde
est un beau mécanisme ; jamais l'homme n'a fait une
mécanique autrement que pour un de ses besoins et
dans un but très déterminé : donc le monde a un sens
et un but. Il est possible ; mais rien ne nous le dit ;
nous n'en savons rien. Le raisonnement précédent repose sur cette prémisse que le monde a été fait par un
homme, ce qui n'est pas prouvé, et ce qu'il faut prouver avant de faire le raisonnement qui précède. La
finalité n'a donc aucun caractère scientifique. Elle doit
être reléguée dans le domaine des hypothèses. C'est de
la pure métaphysique. Encore une idole, comme dit
Bacon, à éliminer du domaine de la science. C'est la
plus imposante, la plus antique et la plus fortement enracinée.

Voilà les principaux résidus métaphysiques qu'il faut
écarter de la pensée humaine pour qu'elle devienne pu-

rement et simplement scientifique. Au fond, cette élimination, si radicale qu'elle paraisse, se ramène au mot de Bacon : « Je ne fais pas d'hypothèses. » Toutes ces entités métaphysiques sont simplement des conjectures qui dépassent les faits, avec ce caractère particulier qu'elles sont de nature à les dépasser toujours. L'hypothèse, non seulement est permise en recherche scientifique, mais elle y est utile, à la condition d'être telle qu'elle soit destinée à disparaître dans sa vérification. Au cours de mes observations je suppose que tel fait, que je rencontre souvent dans telles circonstances, se rencontrera toujours dans ces mêmes circonstances : je fais une hypothèse. Mais voyez bien le caractère de cette hypothèse : elle est destinée à périr si elle n'est pas vérifiée et aussi si elle l'est. Ces circonstances de tout à l'heure, je les provoquerai mille fois. Si le fait que j'ai observé ne s'y reproduit que de temps en temps, j'abandonne l'hypothèse ; la voilà morte. Si le fait se reproduit mille fois, l'hypothèse est vérifiée, elle est une loi : donc elle n'est plus une hypothèse ; la voilà morte. — Mais les entités ou les lois universelles que nous avons appelées métaphysiques ne sont pas de même nature. Elles ne sont pas destinées à s'absorber dans les faits dont elles auront provoqué la découverte ; elles sont destinées à les dépasser toujours. Rien ne prouvera jamais l'existence du principe vital considéré comme force à part dans le tourbillon d'une vie animale. C'est une hypothèse agréable à l'esprit, qui paraîtra toujours vraisemblable et ne se vérifiera jamais, parce qu'elle domine trop les faits pour y rentrer et s'y perdre. Rien ne prouvera jamais l'existence du moi, distinct des phénomènes psychologiques. C'est une conjecture commode, mais qui planera toujours sur les faits sans qu'il y ait aucune raison pour qu'elle se confonde avec eux et s'évanouisse en s'y incorporant. Rien ne prouvera jamais la finalité. C'est une vue générale très séduisante et très satisfaisante, mais qui n'est pas vérifiable parce qu'elle transgressera toujours les faits qu'elle prétend expliquer. Ils n'y entreront jamais de manière à la remplir. Elle ne disparaîtra donc jamais ; elle n'est pas destinée à disparaître. C'est pour cela qu'elle est fausse *a priori* ; c'est pour cela qu'elle n'a pas le caractère d'hypothèse scientifique. L'éternité probable d'une hypothèse est sa condamnation. Une hypothèse n'est recevable qu'autant qu'elle est caduque, qu'autant qu'on peut prévoir qu'elle n'aura pas la vie longue, puisque c'est sa mort même qui doit être son triomphe. La science repousse donc les hypothèses qui ont l'air de vouloir être immortelles : c'en est la marque.

De plus, ces résidus métaphysiques que contient encore la science, sans compter qu'ils favorisent la paresse d'esprit en le payant de mots, l'inclinent à la métaphysique proprement dite. Rien n'est plus sain à l'esprit humain que de grouper des faits et d'en chercher les lois ; rien ne lui est plus dangereux que de croire découvrir des causes. La cause trouvée, ou crue découverte, il se repose sur elle, explique tout par elle, et ne cherche plus rien. Les phénomènes les plus intéressants passent devant lui sans qu'il se baisse pour les étudier. Il arrive à une sorte d'extase continue qui l'endort et le paralyse. Il y a une sorte de fatalisme intellectuel qui est un produit assez ordinaire, presque nécessaire, du moins très naturel, de l'esprit métaphysique.

Il y a plus encore. Une cause trouvée ou crue décou-

verte, c'est une espèce de Dieu qu'on adore jalousement, et avec une passion, comment dire? une passion
théologique, et c'est tout dire. Il y a beaucoup d'esprit
théologique dans l'esprit métaphysique. L'homme qui a
découvert une loi en cherche une autre; l'homme qui
a cru découvrir une cause est une espèce de dévot et
de prêtre qui admire et adore cette cause d'autant plus
qu'il s'y admire et s'y adore. Il est dans le secret d'une
force du monde revêtue d'un caractère auguste et
sacrée, et il participe à ses mystères. Il devient irritable, intraitable et orgueilleux.

Ces défauts, qui du reste sont toujours à craindre
avec les hommes, même avec ceux qui ne connaissent
ni théologie, ni métaphysique, ni science, ont cependant quelque chance d'être moindres dans un esprit
exclusivement scientifique. Ce serait déjà bonnes conditions de sagesse quand il n'y aurait que ceci que le
pur homme de science vit constamment avec les faits
et ne consent jamais à les perdre de vue. Le commerce
des faits est excellent, parce que nous sommes des faits
nous-mêmes, très contingents, très éphémères et très
bornés, et que nous sommes évidemment destinés à
vivre avec eux. C'est vivre conformément à notre
nature que de disséquer des grenouilles et faire attention aux valves des pétoncles, qui, du reste, sont des
chefs-d'œuvre que Bernard Palissy admirait. — Et
puis l'homme qui collectionne des faits, qui fait des
classifications et qui cherche des lois n'a jamais fini, et
par conséquent n'arrive jamais ni à la contemplation
extatique, ni au dogmatisme hautain et colérique. Les
lois naturelles à découvrir et à vérifier, c'est, Dieu
merci, le travail de Pénélope, lequel est le plus intelligent et le plus avisé qui ait jamais été, parce qu'il n'a

pas de raison de finir. La nature à la fois se prête si largement et échappe si subtilement à nos recherches, qu'une fois que nous avons établi patiemment une loi de certains faits, raisonnable, judicieuse et qui résiste et subsiste, très bonne à garder par conséquent ; de nouveaux faits se présentent qui la vérifient ; de nouveaux aussi, cherchés pour la vérifier, qui la démentent, la déforment au moins, et la ganchissent, nous forcent à l'élargir, à la redresser, bref à la changer. Ainsi de suite et ainsi toujours. C'est précisément cela qu'évite l'homme qui trouve une cause très générale expliquant tous les faits possibles à l'avance, parce qu'elle les dépasse tous éternellement. Ce qu'il supprime, lui, c'est l'infini de la nature ; il passe d'un bond par-dessus. L'homme de science l'accepte. Il l'accepte, parce qu'il est raisonnable de l'accepter, puisqu'il existe, puisqu'il est là ; aussi parce qu'un instinct secret l'avertit qu'à l'accepter il sera toujours ramené à l'étude, à la fréquentation quotidienne, au commerce continu des faits ; commerce infiniment salutaire à l'esprit par les habitudes de travail, de prudence, de patience et de modestie qu'il donne infailliblement, — à ceux, bien entendu, qui les ont déjà.

Et, donc, purifier la science de tous les résidus métaphysiques qu'elle contient encore, et, très particulièrement, comme Buffon le voulait déjà, de l'idée de finalité, voilà le second projet du philosophe positiviste.

Le troisième est de systématiser les sciences, de manière à en former un corps de doctrines, une philosophie. Ce projet, comme nous en avons averti, est le plus important des trois parce qu'il y a quelque chose de très particulier dans le conflit entre la science et la

théologie persistante et la métaphysique résistante.
Dans ce conflit, ce n'est pas la science qui lutte contre la
théologie et la métaphysique, c'est l'esprit scientifique
qui lutte contre la métaphysique et contre la théologie
parce que métaphysique et théologie sont constituées, la
science ne l'est pas. Ce n'est donc ici qu'un tour d'esprit,
qu'une habitude intellectuelle qui lutte contre des doctrines établies, organisées et solides. Ce qu'il faudrait
c'est que la science, animée tout entière du même esprit, soutenue de la même méthode, solidement en-
grenée, de manière que chacune de ses parties, liée aux
autres, appuyât les autres et fût appuyée par elles, tout
entière présentât un corps de doctrines capables de satisfaire l'esprit et de lui donner une assiette ferme.— En
un mot, il faudrait tirer de la science une philosophie
et constituer une philosophie exclusivement scientifique.

Il y aurait à cela un immense avantage. D'abord
cette philosophie répondrait au tour d'esprit signalé
plus haut, elle serait de notre âge. Ensuite, ferme et
consistante en ses idées générales, elle serait mobile et
progressivement évolutive, comme la science même.
La théologie a pour caractère, une fois constituée,
d'être immobile. La métaphysique a pour caractère de
tellement dépasser les faits que les faits nouveaux ne
l'émeuvent pas; les faits qu'on découvre, s'ajoutant
à ceux qu'on a découverts, passent au-dessous d'elle
et ne la touchent point, et c'est ainsi qu'elle est aussi
immobile que la théologie. La philosophie scientifique
pourrait probablement, sans jamais changer ni d'esprit
ni de méthode, avoir une plus grande élasticité et
comme une faculté de compréhension progressive. Elle
aurait des chances ainsi de constituer un troisième état

qui serait plus durable que les deux autres, ou plutôt de
faire du troisième état où nous sommes déjà, un état qui
serait définitif. Il faut donc essayer de systématiser les
sciences pour en tirer une philosophie, extraire de l'ensemble des sciences cette « philosophie première » dont
a parlé Bacon.

Pour former des sciences un seul corps, il faut
d'abord les classer. D'après quelles règles? Cela a
déjà été essayé par Bacon, par d'Alembert, par d'autres encore ; mais remarquez comme l'ancien esprit,
qu'on le regarde comme théologique ou comme métaphysique, l'ancien esprit qui dominait toute philosophie
autrefois, l'esprit par lequel l'homme se considérait
comme le centre de toutes choses, l'esprit anthropo-
centrique, a encore dirigé ces essais de classification.
Bacon classait les sciences selon qu'elles se rappor-
taient à la mémoire, à l'imagination ou à la raison ; d'A-
lembert adoptait cette classification et en proposait en
même temps deux ou trois autres selon qu'il considérait l'ordre logique de nos connaissances ou l'ordre historique dans lequel il supposait que l'humanité les a
acquises ; mais toujours ces classifications avaient un
caractère subjectif ; elles étaient le résultat d'une analyse plus ou moins bien faite de l'esprit humain. La
véritable classification doit avoir un caractère objectif.
Les sciences sont des constatations et des comptes rendus
de phénomènes. Ce sont les phénomènes qu'il faut
regarder et les caractères de ces phénomènes qu'il faut
bien saisir, d'abord pour les grouper ; puis, pour, de
chacun de ces groupes, faire l'objet bien défini d'une
science bien délimitée ; puis pour rattacher chacune
de ces sciences à une autre, de manière à former une
chaîne continue.

Suivant quel ordre sera faite cette chaîne? Ne sera-t-il pas naturel d'aller ici du simple au composé, et de ranger les sciences suivant la complexité de plus en plus grande de leur objet? N'est-il pas naturel de considérer que les phénomènes les plus simples et les plus généraux sont le fondement sur lequel les plus compliqués viennent s'établir? L'homme, par exemple, est évidemment un être très complexe ; la science de l'homme est à un degré très élevé de complexité. Or l'homme est un animal pensant, un animal moral, un animal sociable ; voilà des choses à étudier, psychologie, éthique, sociologie. — Mais l'homme ne penserait, ni n'aurait d'idées ou sentiments moraux, ni n'aurait d'idées ou sentiments sociaux s'il ne vivait pas dans telles et telles conditions. Sa vie physiologique est donc la base sur laquelle repose sa vie psychique, morale, sociale. Il faut donc rattacher psychologie, éthique, sociologie à la physiologie ; et n'étudier celles-là que quand on est sûr de celle-ci. — Mais la vie physiologique de l'homme dépend des actions et réactions chimiques des éléments dont son corps est constitué. La physiologie repose donc sur la chimie comme sur sa base. — Mais la chimie dépend des conditions générales dans lesquelles vit la planète que nous habitons ; elle repose sur la physique comme sur son fondement. — Mais la vie de la planète dépend du système astronomique où elle est placée et des conditions dans lesquelles elle y est placée ; elle serait autre, et autre sa constitution physique, et autres les lois chimiques de ses éléments, et autres les physiologies de ses animaux, et autres nous serions nous-mêmes, si elle appartenait à un autre système, ou si, dans le même système, elle était plus proche ou plus éloignée du soleil, ou si l'inclinaison de son axe sur l'écliptique était différente. La physique terrestre repose donc sur la physique céleste et en dépend, et l'astronomie est la base de toutes les sciences humaines.

Enfin l'instrument essentiel avec lequel nous mesurons, pesons, évaluons toutes choses et notons exactement les rapports des choses entre elles est une science qu'on appelle la mathématique, et qui est comme l'introduction à toutes sciences parce qu'elle en est la clef.

Mathématique, astronomie, physique, chimie, physiologie, morale, sociologie, — voilà donc l'ordre dans lequel doivent se ranger les sciences par relations de dépendance, voilà proprement la hiérarchie des sciences.

On voit que la loi qui règle cette hiérarchie des sciences est leur *généralité décroissante* et leur *complexité croissante*. Au principe une science pure qui n'embrasse aucune matière, qui ne s'applique à rien de matériel ; puis une science qui n'est presque encore que la précédente, puisqu'elle ne s'applique qu'à des phénomènes très généraux, qu'à des distances et des mouvements ; puis, successivement, des sciences, physique, chimie, physiologie, etc., qui s'appliquent à des phénomènes de plus en plus complexes ; et enfin les sciences de l'homme, qui s'appliquent à l'être le plus complexe que nous connaissions.

Cette classification, si on l'accepte, entraîne déjà toute une philosophie. Si l'on consent à faire dépendre la science de l'homme de la physiologie, la physiologie de la chimie, la chimie de la physique, la physique terrestre de la physique céleste, c'est l'ancienne conception générale des choses qui est *retournée* pour ainsi parler. La tendance ancienne de l'homme dans l'état

théologique, et encore dans l'état métaphysique, était
d'aller au monde en partant de lui-même. Tel il se connaissait ou croyait connaître, tel il se connaissait ou
croyait connaître l'univers. Ce qu'il connaissait de lui-
même, il l'appliquait à l'univers pour l'expliquer. Il
se connaissait comme volonté ; et, successivement, il
logeait une volonté dans chaque phénomène, dans
chaque grand groupe de ces phénomènes, dans l'ensemble, dans l'universalité des phénomènes. Il se connaissait comme sensibilité, et successivement, il logeait un être sensible, bon, méchant, irascible, reconnaissant, vindicatif dans chaque objet, dans chaque
grand groupe d'objets, dans l'univers entier. Il se connaissait comme moralité, et successivement il logeait
un être facteur de moralité, voulant le bien, bon au
bon, méchant au méchant, dans chaque chose, dans
chaque grand groupe de choses, dans l'ensemble éternel des choses. Il se connaissait comme intentionnalité,
comme n'agissant jamais ou ne croyant jamais agir que
dans un dessein, en vue d'un but ; et successivement
il logeait dans chaque coin de l'univers, dans quelques
grandes régions de l'univers, dans la totalité de l'univers, un être qui avait un dessein et qui le poursuivait ;
de telle sorte que, successivement, l'univers était une
collection de petits royaumes, de grands royaumes, et
enfin un seul royaume, gouverné par un roi qui le
menait vers une fin connue de lui ; l'univers avait un
sens et un but ; il n'était pas un *fait*, il était une *œuvre*,
une œuvre se continuant sous nos yeux dans la direction de son achèvement.

Ainsi l'homme faisait l'univers à son image, projetait son portrait dans l'infini. L'univers était un
agrandissement de lui-même. Quand il s'appelait lui-

même microcosme, ce qu'il voulait dire, c'est que l'univers était un géant. Toutes les sciences étaient des dépendances de la science de l'homme, et en étaient, du reste, des imitations.

Si, à l'inverse, nous admettons que la science de l'homme est une dépendance de toutes les sciences, ce n'est plus l'univers qui est un prolongement de l'homme, c'est l'homme qui est un prolongement de l'univers. Il dépend de lui, vit de sa vie, a des lois seulement plus complexes, mais qui sont en leur fond les mêmes que celles qui régissent la matière universelle. Il est une résultante du monde entier, au lieu qu'il semblait autrefois que le monde résultât de lui. Au fond, dans les anciennes conceptions, l'homme créait l'univers. A le comprendre organisé sur le modèle de lui-même, vraiment il le créait à son image ; il entretenait en lui-même cette illusion que le monde procédait de lui. Ce n'est pas l'homme qui crée le monde, c'est le monde qui crée l'homme. Dès que l'homme aura cette idée bien nette en son esprit, c'est précisément tout l'inverse de l'ancienne philosophie qu'il aura comme à la base de toutes ses conceptions possibles.

Voilà ce que contient déjà la simple classification nouvelle des sciences, la hiérarchie des sciences.

Il n'est pas besoin de faire observer de plus, que Comte a été guidé dans le tracé de sa nouvelle classification par son horreur et sa défiance de la métaphysique. D'instinct il a donné le premier rang aux sciences absolument dépouillées de toute métaphysique, et fait dépendre les sciences mêlées d'éléments métaphysiques de celles qui n'en contenaient pas. De la mathématique et de l'astronomie à la psychologie et à la morale il y a pour lui comme un *decrescendo* de pureté scientifique. Mathématique et astronomie sont pures de tout mélange métaphysique ; physique, chimie et physiologie le sont moins ; psychologie et morale en sont pénétrées. Ce qu'il faut donc, c'est bien mettre sous la dépendance des sciences qui ne contiennent pas de métaphysique, celles qui en contiennent encore : « L'astronomie est aujourd'hui la seule science qui soit enfin réellement purgée de toute considération théologique ou métaphysique. *Tel est, sous le rapport de la méthode, son premier titre à la suprématie.* C'est là que les esprits philosophiques peuvent efficacement étudier en quoi consiste véritablement une science. » — En allant de l'astronomie à la morale, « nous trouverons dans les diverses sciences fondamentales des traces de plus en plus profondes de l'esprit métaphysique. »

La guerre à la métaphysique est donc à la fois le but de Comte et sa méthode. A la fois il veut la détruire, et il est guidé dans la constitution de son système par la présence ou l'absence de la métaphysique dans l'objet de ses recherches. Le criterium de la vérité est pour lui l'absence de l'esprit métaphysique, et ce criterium lui donne sa méthode même.

Tant y a que la classification vraie des sciences, selon Auguste Comte, est celle que nous venons de résumer. Maintenant quel est le but de cette classification ? Le but est de constituer une science de l'homme et une morale qui n'aient pas besoin de métaphysique ; c'est ce que Comte tient pour le plus important de son œuvre ; c'est à quoi il a appliqué son plus grand effort. Cet effort, il est intéressant d'en tracer le progrès, d'en mesurer la grandeur, d'en estimer les résultats.

IV

Le but c'est donc de constituer une morale, ou, plus généralement, une science de l'homme, qui n'ait pas besoin de métaphysique. Car remarquez qu'il y a entre les sciences de l'homme et les sciences de la nature comme un grand trou, un hiatus énorme, par-dessus lequel il faut faire un saut, ce qui est étrange, la nature n'en faisant pas, la nature présentant partout une remarquable continuité. Les sciences de la nature, quelque mêlées qu'elles aient été d'éléments métaphysiques, en sont assez facilement nettoyables. Les idées métaphysiques qui y ont été introduites ne sont guère que choses verbales, manières de dire, espèces d'allégories que l'on peut assez aisément dissiper, comme fantômes. Mais dans les sciences de l'homme la métaphysique règne en maîtresse, et la théologie y a son dernier refuge. Ici ce n'est pas la guerre à des mots dangereux qu'il faut faire ; mais à des idées profondément enracinées. Abandonner toutes les sciences naturelles à la philosophie positive, réserver les sciences de l'homme à une philosophie métaphysico-théologique paraît être la tendance générale de l'homme moderne et même de l'homme en général, cette sorte de distribution apparaissant déjà dans ce que nous connaissons de la philosophie antique.

L'homme, — qui a toujours dit : Le monde et moi, comme s'il ne faisait pas partie du monde, — croit en effet très facilement, obstinément aussi, peut-être pour jamais, que l'univers a sa loi et lui la sienne.

9***

Quand il en arrive à ce point, qui est un progrès, de ne plus organiser le monde à son image, comme nous voyions qu'il le faisait tout à l'heure, il accorde à l'univers de n'être pas sur le modèle de l'homme ; mais il ne consent pas que l'homme soit sur le modèle de l'univers, et il s'attribue des conditions de vie, et des lois de vie toutes différentes de celles du monde. Par exemple il dira que le monde est soumis à des lois fatales et que l'homme est libre ; que le monde n'offre pas trace de moralité et que l'homme est un animal moral ; que le monde ne pense pas et que l'homme pense ; que le monde n'offre pas trace de sentiments désintéressés et que l'homme est capable d'aimer pour le seul plaisir d'aimer, etc. Ainsi se forme cette manière d'abîme entre l'homme et la nature et d'abîme entre les sciences de la nature et les sciences de l'homme qui doit être une illusion, qui n'a rien de rationnel, qui doit autant scandaliser notre raison qu'il séduit notre amour-propre. Car, que seul dans l'immense univers, un atome imperceptible ait sa loi à lui, qui non seulement soit différente des lois universelles, mais leur soit contraire ; qu'il y ait une exception radicale aux lois invariables de l'univers immense et que cette exception énorme ne s'applique qu'à un seul être tout petit et infime ; qu'il y ait deux lois de l'univers, radicalement différentes, l'une pour l'univers, l'autre pour un ciron ; on conviendra que c'est bien étrange, et n'entre pas dans les manières ordinaires de raisonner et de juger du vraisemblable.

Cet abîme, évidemment fictif, il s'agit de le combler ; cet homme il s'agit de le faire rentrer dans le monde dont il se croit séparé : entre les lois de l'univers et la loi de l'homme il s'agit de renouer la chaîne ; entre les sciences de la nature et la science de l'homme il s'agit de jeter le pont.

Ce n'est pas aussi difficile qu'on le croit. Il suffit de reconnaître que l'homme se distingue de la nature par certaines supériorités, et de montrer ensuite que ces qualités supérieures ne sont pourtant que les développements de choses qui sont déjà dans la nature, et que par conséquent il appartient bien aux lois universelles, mais seulement aux lois universelles arrivées chez lui à une plus grande complexité, à une plus grande délicatesse. De cette manière, entre l'homme et l'univers, la distinction subsistera, la contrariété cessera. L'homme sera un animal supérieur, comme l'animal est un végétal supérieur ; il ne sera pas je ne sais quel monstre intellectuel et moral dans l'ample sein de la nature.

Examinons en effet. Ce qui le distingue du reste du monde, c'est qu'il pense, — c'est qu'il est sociable, — c'est qu'il est moral. Tout cela se trouve à un degré inférieur avec une moindre délicatesse, mais tout cela se trouve dans la nature.

C'est devenu une banalité que de réfuter Descartes refusant la pensée aux animaux. Les animaux pensent, les animaux raisonnent ; l'homme pense seulement d'une façon plus compliquée et plus ingénieuse ; il n'y a là qu'une différence de degré. — L'homme ne se sépare pas plus de la nature par la sociabilité que par la pensée. Il y a des animaux tellement sociables qu'ils ne peuvent pas vivre autrement qu'en société, tout comme l'homme ; il y a des sociétés animales. Ces sociétés qui existent sans théologie, sans métaphysique, et même sans moralité, si l'on prend ce mot dans le sens que lui ont donné les définitions des philosophes, nous expliquent que la société humaine peut n'être pas fondée sur les idées abstraites ou sur les idées surnaturelles où l'on prétend d'ordinaire qu'elle s'appuie et sans lesquelles on s'assure qu'elle s'écroulerait. Elles nous montrent, à l'état embryonnaire, il est vrai, la société naturelle, la société faite et maintenue par les seules nécessités biologiques de l'animal qui en fait partie. Retenons cela pour plus tard.

Enfin l'homme est un animal moral. Nous voici arrivés à une vraie différence, non pas irréductible, mais considérable, entre l'homme et la nature. La nature n'enseigne pas la moralité à l'homme. Ni l'astronomie, ni la physique, ni la chimie, ni le règne végétal, ni le règne animal ne donnent à l'homme des leçons de moralité. Il est très vrai. Cependant considérez la morale humaine tout entière, en n'écartant que celle qui a un caractère d'exaltation mystique, que l'on peut par conséquent tenir pour un simple rêve de l'imagination, et à laquelle, du reste, nous reviendrons : vous vous apercevrez qu'elle peut toute se ramener à l'instinct social, lequel, nous l'avons vu, n'est pas exclusivement humain et se rencontre déjà dans l'animalité.

Décomposons la morale humaine. Elle est faite de devoirs envers soi-même et de devoirs envers les autres. Savez-vous bien ce que cela veut dire ? Qu'elle est faite d'égoïsme et d'altruisme. Le devoir envers soi-même est de l'égoïsme intelligent. Il consiste à nous entretenir sains, vigoureux, actifs, maîtres de nous, en bon état physique intellectuel et moral ; il consiste à nous aimer avec une vigilance minutieuse ; c'est l'égoïsme d'un être réfléchi. Rien n'est plus *naturel* que l'égoïsme. Il n'y a pas encore là un divorce extraordinaire entre l'homme et la nature. Du reste rien n'est plus légitime, et rien ne doit plus soigneusement être conservé que cet égoïsme-là. Il faudrait y ramener l'homme s'il y avait danger qu'il s'en écartât. Il n'est pas, cela va sans dire, toute la moralité, mais, loin qu'il en soit le contraire, il en est le fondement. Nous n'aimons les autres qu'à condition que nous nous aimions nous-même. Le désespéré, par exemple, qui n'aime plus la vie, qui ne s'aime plus, est parfaitement indifférent à ses semblables. L'homme qui détruit en lui les racines mêmes de l'égoïsme, détruit du même coup les raisons qu'il a de trouver malheureux les hommes qui souffrent, ceux-ci ne souffrant que parce qu'ils s'aiment. « Si donc on pouvait supprimer en nous la prépondérance des instincts personnels, on aurait ruiné notre nature morale au lieu de l'améliorer. » La plus grande parole altruiste qui ait été dite est : « Aimez votre prochain comme vous-même. » Elle suppose qu'on commence par s'aimer, et elle l'exige. Mais quelle que soit la valeur morale de l'amour de soi, et on voit qu'elle est grande, tous les devoirs de l'homme envers lui-même se ramènent à cet amour, et on reconnaîtra qu'il n'a aucun fondement métaphysique, et que l'homme ne se distingue nullement de la nature en l'éprouvant.

Quant aux devoirs envers les autres, c'est l'altruisme, et l'altruisme peut paraître au premier abord antinaturel. Examinons. L'altruisme se compose de pitié, de sentiments de famille, de charité. La pitié est précisément cette part, remarquée déjà tout à l'heure, que l'égoïsme a dans l'altruisme même. La pitié est une réflexion de l'homme sur lui-même reportée sur l'être qui lui ressemble. Elle est un égoïsme qui réfléchit et qui s'élargit. C'est pour cela qu'elle n'existe pas chez les enfants, très égoïstes, mais incapables encore de réflexion et de généralisation. L'homme qui a pitié voit une souffrance supportée par un être qui lui ressemble et se dit qu'il pourrait être à la place de cet être, qu'il y pourrait être très facilement, et de là son mouvement de générosité. — C'est pour cela que ce mouvement est plus vif, comme on sait, pour le voisin que pour le simple concitoyen, pour le concitoyen que pour l'étranger, pour l'étranger que pour l'animal, pour l'animal supérieur que pour l'animal avec lequel nous ne nous sentons plus rien de commun. C'est pour cela aussi que les hommes sont dits généreux à proportion qu'ils le sont pour des êtres plus éloignés d'eux. C'est que leur égoïsme généralisé, leur faculté de souffrir en autrui, s'élargit ici d'une façon qui nous les montre comme très réfléchis, très intelligents, très pénétrés de la solidarité de tous les êtres. Les meilleurs des hommes sont ceux qui aiment les bêtes, à la condition qu'ils n'en oublient pas d'aimer les hommes. Voilà l'analyse exacte de cette forme de l'altruisme qui est la pitié.

Les sentiments de famille se ramènent plus aisément encore à des sentiments tout naturels. La biologie suffit à expliquer, et à fonder la famille telle que nous la voyons organisée partout. La famille est chez l'homme ce qu'elle est chez les animaux, avec cette seule différence, qui n'est qu'apparente, qu'elle dure plus longtemps. La famille très forte, on le sait, et qui a quelque chose de vénérable chez un très grand nombre d'animaux, dure chez eux ce qu'il faut qu'elle dure pour que les jeunes soient mis en état de se suffire. Elle dure chez l'homme ce qu'il faut pour que les enfants échelonnés le long d'une vingtaine d'années soient mis en état de se suffire depuis le premier jusqu'au dernier. Elle dure par conséquent, par un simple effet des conditions biologiques de l'homme, depuis la jeunesse des époux jusqu'à leur vieillesse. Dans les sociétés primitives, elle se dissolvait alors, sans aucun doute. Par un sentiment de pitié, la société a exigé bientôt que la femme devenue vieille ne pût être répudiée par l'homme dont elle avait été l'épouse, et elle a ainsi institué un prolongement factice de la famille, mais un prolongement très court, surtout dans les temps où les longévités étaient rares, un prolongement qui n'était qu'une sorte de régularisation du cas qui était le plus fréquent par le seul fait des lois naturelles. Les sentiments de famille ne distinguent donc pas essentiellement l'homme de la nature. La famille humaine n'est qu'en apparence différente de ce qu'est la famille animale.

Reste la charité proprement dite, celle qui est, s'il en est de telle, sans mélange de pitié ou de sentiments domestiques, l'amour pur du prochain, l'élan du cœur, la passion de l'homme pour l'humanité. Elle est très rare, du reste, et n'est pas sans quelque danger ; il faut souhaiter à la fois qu'elle se généralise et qu'elle se règle très rationnellement, ne soit pas je ne sais quelle exaltation assez stérile où l'imagination a la plus grande part. Mais enfin elle existe, et nous sommes précisément de ceux qui ne désirent rien tant sinon qu'elle devienne universelle. Qu'est-elle donc ? Mais, il semble bien, rien autre chose que l'instinct social, c'est-à-dire la volonté qu'a l'espèce de persévérer dans l'être. Elle est l'intinct social très développé ; soit. Mais il est assez singulier qu'on veuille donner un autre nom et surtout une autre origine à quelque chose, parce que cette chose tend à sa perfection. Ce n'est pas une raison, cela.

L'instinct social a été, cela est bien probable, un sentiment très grossier en ses commencements. Il n'allait qu'à se serrer les uns contre les autres à l'approche du danger, comme font les moutons ; il n'allait qu'à sentir la solidarité qui doit unir la horde, la tribu, le clan. Peu à peu, parce que l'homme a une faculté de généralisation, il est allé jusqu'à sentir la solidarité d'une grande nation tant qu'il y en a d'autres qui la menacent, d'un grand empire tant que ses frontières sont attaquées ou exposées aux attaques ; il ira jusqu'à sentir la solidarité de l'humanité tout entière tant qu'elle aura dans les animaux nuisibles, dans les convulsions de la planète qu'elle habite et de l'atmosphère où elle vit, des ennemis dangereux, c'est-à-dire toujours ; il n'en est pas moins l'instinct primitif par lequel les moutons se massent. L'altruisme c'est l'égoïsme de l'espèce dans une espèce très intelligente ; c'est l'instinct social poussé très loin, mais ce n'est jamais que l'instinct social. Il n'a aucun fondement métaphysique, et n'a besoin d'aucun fondement métaphysique. Il est ceci : l'homme veut vivre ; il le veut comme personne, et il le veut comme espèce ; à mesure qu'il comprend mieux qu'il ne vit que socialement, que dans et par l'espèce, il le veut plus énergiquement comme espèce que comme personne.

Tous les sentiments donc qui nous « distinguent des animaux, » d'abord ne nous en distinguent pas, si ce n'est d'une différence de degré, ensuite se ramènent à l'instinct social qui est une chose parfaitement physiologique. La morale est physiologique, parce que la morale n'est que la socialité.

Il y en a bien une autre, ou même quelques autres, que l'imagination ou la subtilité des hommes ont inventées, ou je ne sais quel raffinement, bien inutile du reste, puisque la morale toute physiologique peut, nous l'avons montré, comporter toutes les sublimités et jusqu'au sacrifice. Il y en a d'autres. Mais examinez-les bien. Vous verrez *qu'elles sont immorales.*

(Elles sont immorales parce qu'elles sont indivi-duelles. Le stoïcien, contempteur de l'humanité, et qui fait le bien ou plutôt qui s'abstient du mal, pour sa propre satisfaction, pourquoi, vraiment, agit-il ainsi ? Impossible de lui trouver un autre mobile que l'orgueil. Réaliser la vertu en soi-même, cela flatte l'amour-propre, exerce, très inutilement, du reste, la volonté, dresse au sein de nous-mêmes une belle idole que nous adorons, et, d'ailleurs, est une occupation estimable. Mais d'abord c'est anti-social au premier chef; car cela a pour origine même un instinct anti-social : c'est pour me distinguer de mes semblables, de ceux qui sont physiologiquement mes semblables, que j'agis ainsi ; car si je ne m'en distinguais pas en me conduisant de la sorte, je n'éprouverais pas cette satisfaction intime qui est ce que je cherche. C'est donc bien pour m'en distinguer que je me fais cette morale-là ; or, m'en distinguer, c'est m'en séparer. A le bien prendre c'est même plus, c'est me procurer avec effort un motif de les mépriser. M'en distinguer, m'en sépa-rer, les mépriser, cela aboutit à les haïr, et au fond c'est ce que je cherchais. Il y a au fond du stoïcisme un commencement de haine pour l'humanité. Et cela est bien prouvé par la pratique : les stoïciens sont tous des misanthropes.

Remarquez, en outre, qu'au contraire de la morale sociale, cette morale stoïcienne perdrait sa raison d'être dans son triomphe. Si tous les hommes l'adoptaient,

elle n'existerait plus. Si tous les hommes réussissaient
à se procurer ce plaisir solitaire de réaliser en eux la
vertu, ils ne se distingueraient plus les uns des autres,
et la satisfaction intime qui est leur récompense, et
leur mobile parce qu'elle est leur récompense, disparaissant, leur morale sans mobile désormais, et privée
de sanction, s'écroulerait toute. Au contraire la morale
sociale, quand elle serait adoptée et pratiquée avec une
ardeur véhémente par toute l'espèce, n'irait qu'à quoi ?
A développer l'espèce, à l'augmenter en force et en
nombre, à la multiplier, ce qui ne donne à notre œuvre
pour limites que celles de la capacité et de la fécondité
de la planète, limites suffisamment éloignées pour nos
vœux et pour nos forces.

Songerez-vous à la morale chrétienne ? — En son
principe elle est la nôtre : « Aimez le semblable comme
vous-même ; » et par conséquent jusqu'ici nous n'avons
rien à en dire si ce n'est qu'elle est excellente. — En sa
dégradation elle est immorale. Elle promet des récompenses. Elle n'est plus dès lors « qu'un appel continu
et exorbitant à l'esprit de pur égoïsme... dont la préoccupation habituelle doit naturellement absorber la
principale sollicitude de chaque vrai croyant, auprès
duquel toute autre considération ne saurait manquer
de paraître très secondaire. Cette suprématie du salut
personnel constitue sans doute, ainsi que Bossuet l'a
montré, une indispensable condition d'efficacité sociale
pour toute morale théologique, qui autrement n'abou-
tirait qu'à consacrer une vague et dangereuse inertie...
Mais, pour être inévitable, un tel caractère n'en
manifeste pas moins l'un des vices fondamentaux d'une
telle philosophie, qui tend ainsi à atrophier par défaut
d'exercice propre la plus noble partie de notre orga-

nisme moral... » — Telle est la morale chrétienne dans
sa transformation, dans sa déformation moderne. Et
comment s'est-elle ainsi déclassée ? Tout simplement en
devenant, de morale sociale, morale individuelle, en
délaissant le « aimez-vous les uns les autres » pour le
« faites votre salut », en devenant d'humaine ascétique,
en passant de l'Evangile à l'*Imitation* ; nouvelle preuve
que toute morale qui n'est pas sociale tend à une sorte
d'immoralité, et que toute morale qui cesse d'être sociale
glisse vers cette imperfection, parce que tout ce qui
n'est pas social est individualiste et que tout ce qui est
individualiste est de l'égoïsme.

Revenons donc à la morale comprise comme un simple développement de l'instinct social, tout entière comprise en lui, constituée par lui, progressant avec lui,
et s'égarant à en sortir.

Et du même coup voilà le pont jeté enfin entre les
sciences de la nature et les sciences de l'homme.
L'homme n'a pas une loi propre, distincte de celle du
monde, surtout contraire à celle du monde ; il n'est
pas séparé de l'univers, il n'y est pas un monstre ; il
en est le prolongement naturel ; les racines de son
être moral comme de son être physique plongent dans
la nature ; il n'est pas une « chimère, » comme disait
Pascal, il n'est pas un être métaphysique : il est un
être naturel. Le grand effort pour établir des lois les
plus générales de la nature aux lois les plus particulières de l'homme une chaîne continue, des sciences
les plus générales de la nature aux sciences les plus
complexes de l'animal compliqué une série sans in-
terruption, est arrivé à une solution raisonnable.

Nous n'en avons pas fini pourtant avec l'homme ;
nous avons laissé de côté son caractère le plus dis-

tinctif. Ce n'est pas qu'il soit sensible, qu'il soit pensant, qu'il soit volontaire, qu'il soit moral, qu'il soit sociable, qui distingue le plus l'homme au milieu de ses frères inférieurs, qui sont les êtres, et de ses ancêtres, qui sont les choses ; — ce qui l'en distingue le plus, c'est qu'il est changeant.

Les animaux le sont aussi, ne l'oublions pas ; mais ils le sont peu. Ils sont susceptibles d'éducation, d'éducation par l'homme et d'éducation par les choses ; ils n'agissent pas toujours exactement comme leurs ancêtres ont agi. Et, qu'ils y soient contraints par l'homme, ou qu'ils y soient forcés par quelque changement de leurs entours, par quelque nouvel obstacle qu'ils rencontrent, ils se modifient. Mais, d'une part, ces modifications ne vont pas très loin ; et d'autre part ils ont une tendance très marquée à oublier ce qu'ils ont appris, à revenir à leur état traditionnel, à redevenir ce qu'ils ont été. Ils sont modifiables plutôt que changeants, ils sont modifiables d'une façon passive ; ils sont modifiés, ils ne se modifient pas. Ils subissent les changements que la nature ou l'homme leur impose ; mais, la nature ne changeant guère, ils participent de son immutabilité, et l'homme n'ayant que sur un petit nombre d'entre eux une action éducative, en leur ensemble ils ne changent point. — L'homme au contraire est changeant par nature ; il est modifiable spontanément. Il veut changer. Il tend sans cesse vers autre chose, il n'est jamais content de lui. Selon leur humeur, les philosophes appellent cela inconstance ou tendance au mieux, inquiétude ou progrès. Il n'importe ; le fait c'est un désir perpétuel de changement. Il n'y a qu'à considérer les jeunes gens, à quelque époque de l'histoire que l'on soit. A la grande indignation des pères, ils méprisent toujours leurs parents, se considèrent toujours comme plus forts qu'eux. C'est une chose providentielle, ce qui veut dire que c'est une loi de la nature humaine. C'est à la fois la condition du progrès et un obstacle au progrès : un obstacle au progrès, car cela fait perdre à chaque génération une partie du bénéfice qu'elle tirerait de l'expérience des générations précédentes ; une condition du progrès, car c'est à cause de ce mépris instinctif pour le passé que les nouveaux cherchent quelque chose. Tout compte fait, ce qui en résulte probablement c'est le progrès, parce que la sagesse ancienne s'étant réalisée, matérialisée dans des choses concrètes, monuments, inventions, instruments, institutions, qui s'imposent, ne peut pas être délaissée absolument, malgré le mépris qu'on en peut avoir, et subsiste ; à quoi s'ajoute la sagesse nouvelle en ce qu'elle a, à son tour, de durable et de destiné à devenir permanent.

Tant y a que l'homme veut changer, perpétuellement, et qu'il change. C'est pour cela qu'il a une histoire. L'histoire est le tableau de ce qu'on sait des changements que l'homme, en son instabilité continue, a apportés à son état. Et ceci est une nouvelle science de l'homme à laquelle nous n'avions pas voulu prendre garde jusqu'ici. Nous avions considéré l'homme jusqu'à présent, abstraction faite de son instabilité, considéré à l'état stable. Nous avions fait la science de la *statique sociale*. Il nous reste à le considérer dans son état instable, et à faire, si nous pouvons, la science de son instabilité, la science de la force qui le pousse à changer sans cesse, et des lois de cette force. Il nous reste à étudier la *dynamique sociale*. La *dynamis* sociale,

c'est précisément l'instinct de changement accompagné
de cette conviction qu'on change pour aller au mieux.
La loi de la dynamique sociale, c'est le progrès.

Le progrès peut être contesté parce qu'il n'est pas
rectiligne. Il a des hésitations, des découragements,
des regressions, des saillies aussi, vives et impé-
tueuses, et inconsidérées, qui sont ses plus grandes erreurs. Il a pourtant sa loi. Nous en avons vu comme
une esquisse quand nous considérions, à un autre
point de vue, les trois états principaux par où a passé
l'humanité. Revenons-y. Au fond de cette lente évolution, qu'apercevons-nous ? Une tendance constante,
sous les fluctuations superficielles, que l'humanité
semble avoir à s'éloigner de plus en plus de l'animalité, de l'état d'enfance, de l'individualisme, qui sont
trois choses analogues.— En remontant l'histoire, nous
nous avisons, et si l'histoire connue n'était pas si courte,
nous saurions sans doute « de certaine science, » que
l'homme a été un simple animal, à très peu près, pour
commencer. L'humanité a été longtemps impulsive.
Elle obéissait à des besoins et à des passions sur lesquelles la réflexion n'avait pas agi. Ce que nous appelons la raison est la faculté de coordonner des idées
et d'en faire des résumés précis qui ont un caractère
de généralité et qui nous servent à concevoir les choses
par ensembles. Cette faculté s'acquiert, elle n'est pas
primitive. L'animal a des idées ; mais ne les coordonne
pas. L'homme primitif était de même. Sa pensée allait
à chercher ingénieusement sa nourriture, à poursuivre
son plaisir immédiat, à se défendre de son ennemi. Ses
passions, contradictoires et incoordonnées aussi, le faisaient passer du rire aux larmes, de la colère à l'atten-
drissement. de l'égoïsme à l'altruisme, sans transition,

c'est-à-dire sans réflexion, surtout sans système ; car les passions se systématisent chez le civilisé et deviennent des idées fixes, tandis que chez le primitif elles sont dans un tumulte permanent. — Et de même qu'il était impulsif en ses premiers commencements, il voyait le monde comme un peuple d'êtres impulsifs. Il attribuait aux choses qui lui étaient favorables ou nuisibles des sentiments, des âmes très capricieuses qu'il fallait encourager dans leurs bonnes dispositions ou détourner des mauvaises par de bonnes paroles, de bons traitements, comme un cheval moitié docile, moitié rétif et ombrageux. Il voyait le monde comme un peuple d'animaux, étant animal lui-même.

Plus tard il est devenu enfant, état intermédiaire entre l'animalité et l'humanité. Impulsif encore, mais déjà raisonneur, il a appris à coordonner ses idées. Elles avaient déjà un certain caractère de généralité. Il est possible que ce soit les choses mêmes qui ont appris à l'homme à donner une certaine fixité à ses idées. Les choses, contrairement à ce qu'en pensait l'humanité primitive, ne sont pas des animaux ; les choses ne sont pas impulsives ; elles ne sont point passionnées et capricieuses, elles sont tout ce qu'il y a de plus régulier au monde. L'homme s'est aperçu de leur régularité, avec le temps, avec ses observations accumulées, avec sa réflexion. Dès qu'il les a vues sous ce nouvel aspect, elles ont insensiblement pris une influence sur lui. Il les a imitées. Il est resté un animal, et un animal violent ; mais il a su qu'il y avait au monde des choses qui n'étaient ni violentes ni capricieuses, qui étaient fortes, tranquilles et régulières, et, inconsciemment, à leur exemple, il est devenu un être coordonné, ne vivant pas au jour le jour et à la minute la minute ; ayant son plan comme le fleuve son cours, sa suite dans les idées et la conduite, comme le soleil sa carrière. C'est depuis ce temps que la contemplation des choses est la grande maîtresse de philosophie, et, quoi qu'on en puisse dire, de morale.

Et tout de même que tout à l'heure, l'homme en cette période a vu l'univers comme il se voyait lui-même. Il n'y a plus vu un peuple d'êtres capricieux, mais un peuple d'êtres encore passionnés, mais déjà raisonnables, capables de desseins suivis, capables de réflexions et de sagesse, administrant à peu près bien chacun son domaine, comme l'homme administre son âme, sa vie, sa maison, sa famille, sa tribu. Les dieux alors ne sont plus des animaux, des âmes obscures et bizarres, très inquiétantes ; ce sont des rois ou des patriarches, loin encore d'être bons, mais sensés, réfléchis, aimant mieux, tout compte fait, le bien que le mal, et à qui, en somme, en les priant et les servant bien, on peut se fier. L'humanité et ses dieux avec elle, qui sont ses œuvres et ses images, ont passé de l'animalité à l'état d'enfance.

Puis l'homme est devenu homme. Il est devenu un être chez qui l'intelligence l'emporte sur les passions. Cet homme a vu le monde d'une façon très différente encore de celle dont les hommes précédents l'avaient vu. Capable d'une très grande généralisation, il l'a vu dans son unité et son éternité. Il s'est dit qu'il était un, pensée réalisée d'un seul esprit, et éternel, pensée réalisée d'un esprit qui ne meurt pas. Idées vraiment nouvelles ! Car les anciens n'étaient pas sûrs que le monde eût été créé par un seul Dieu, et en tous cas le voyaient administré par plusieurs ; et ils se figuraient volontiers des dieux successifs, ceux-ci détrônant ceux-là et devant un jour être détrônés à leur tour. Le monothéiste est un être qui a le soupçon de l'unité du monde. C'est lui qui a découvert l'univers, et qui le premier le comprend. Pourquoi? Parce que lui-même est un homme tout nouveau. Il est capable d'une réflexion qui dépasse la longueur d'une vie humaine et de plusieurs vies humaines. L'histoire, déjà suffisamment longue, lui a appris que les choses physiques se sont comportées de la même manière depuis bien des siècles, qu'il y a là un dessein suivi depuis des milliers d'années avec une invariable constance. Il suffit d'une généralisation assez naturelle pour passer de cette constatation à l'idée de l'unité et de l'éternité du monde.

Voilà un homme tout nouveau, avons-nous dit. Sans doute. Cependant, qu'il ne croie pas être infiniment différent de ses ancêtres. Il croit à un Dieu un ; mais ce Dieu, universel pour sa raison, est pour son cœur aussi particulier et aussi local qu'un Pénate ou un Fétiche. Il le prie pour lui, il l'invoque pour lui, il lui demande des grâces particulières, il lui promet quelque chose, discute avec lui, ruse avec lui, a pour lui le genre de culte qu'a le sauvage pour sa poupée protectrice. Qu'est-ce à dire ? Que cet homme, moins impulsif que ses plus anciens aïeux, moins enfant que ses grands-pères, est encore un égoïste. Il vit en lui et pour lui, non dans l'espèce et pour l'espèce ; il n'a qu'accidentellement l'instinct humanitaire à l'état de passion, de sentiment profond. A ce titre, il est encore un animal ou un enfant. En un mot il est encore individualiste ; tant que l'individualisme ne sera pas aboli, l'évolution humaine ne sera que commencée. Tant que l'individualisme ne sera pas aboli, l'humanité ne

sera pas suffisamment détachée de l'animalité. La
morale est en formation ; elle ne sera achevée que
quand l'instinct social pour commencer, l'instinct
humanitaire ensuite, auront complètement remplacé
l'individualisme.

Et voilà la morale telle que la conçoit Auguste
Comte. Elle est toute *naturelle*, puisqu'elle n'est que
le développement d'un instinct très ancien, évidemment, et très profond de l'homme, l'instinct social ;
elle est régulière en son développement, puisqu'elle
suit le progrès naturel de l'humanité, puisqu'elle suit
les effets progressifs de la dynamique sociale, puisqu'il
n'y a qu'à la prendre là où elle est arrivée et à la pousser plus loin dans le même sens ; elle ne demande
rien ni à la métaphysique, ni à la théologie, ni aux
merveilles de l'abstraction, ni aux miracles de la révélation. Elle se fonde simplement en bonne physiologie, en bonne biologie et en bonne histoire. Elle prend
l'homme où il en est.

On pouvait craindre que cette philosophie positive,
ne voulant pas voir d'abîme entre les sciences de la
nature et les sciences de l'homme, ne pût jamais fonder une morale, n'y ayant aucune moralité dans
la nature. Mais il lui a suffi de prendre l'homme
vraiment tel qu'il est, c'est-à-dire comme un animal
social et *en même temps* comme animal intelligent,
capable de progrès, pour le montrer comme capable de
transformer progressivement l'instinct social en une
morale aussi complète, et aussi élevée et pure qu'on
peut la souhaiter.

Oui, l'homme n'a que des lois physiques, et primitivement il est un animal comme un autre ; mais une de
ces lois consiste à développer tellement le plus profond

de ses instincts primitifs qu'il s'écarte presque indéfiniment de ses conditions premières d'existence ; et il est de sa nature de se séparer de plus en plus de la nature jusqu'à subordonner en lui l'animalité à l'esprit. La morale complète, ou la socialité achevée, car ces mots sont exactement synonymes, sera le triomphe de la nature sur elle-même dans le mieux doué de ses enfants. — Pourquoi non ? L'homme, nous l'avons montré, voit toujours la nature comme il se voit lui-même. Le philosophe positiviste voit la nature remportant son dernier triomphe à se vaincre elle-même, comme l'homme n'est jamais plus grand que quand il triomphe de lui.

V

C'est cette morale qu'il faut achever ; c'est cette socialité qu'il faut amener à sa perfection ; c'est cette *physique sociale* qu'il faut rendre maîtresse de l'humanité. Pourquoi cela est-il nécessaire ? Comment peut-on y arriver ?

Cela est nécessaire parce que, au XIXe siècle, nous semblons bien être en un de ces moments de l'histoire où l'humanité recule, à un de ces moments du progrès où il y a regression, ce qui est, nous l'avons vu, une loi du progrès. La morale décline et la socialité diminue, ce qui est, comme on sait, la même chose. La morale publique décline par suite de l'anarchie intellectuelle. Il ne faut pas croire que l'incertitude des idées générales soit sans influence sur la moralité publique. Dans un temps où les paradoxes politiques, littéraires, phi-

losophiques les plus monstrueux sont choses de conver-
sation courante, il est impossible que le niveau moral
ne baisse point sensiblement : « L'inévitable résultat
général d'une semblable épidémie chronique a dû être
la démolition graduelle, maintenant presque totale, de
la morale publique, qui, peu appuyée, chez la plupart
des hommes, sur le sentiment direct, a besoin, par-dessus
tout, que les habitudes en soient constamment dirigées
par l'uniforme assentiment des volontés individuelles
à des règles invariables et communes... » La morale
domestique elle-même est profondément atteinte et
pour les mêmes causes. La loi du divorce est un des
signes les plus frappants du déclin de la moralité domestique. Les liens de la famille se relâchent continuellement et avec un progrès rapide. « Il est clair, »
en effet, « que les éléments nécessaires de toute sociabilité sont désormais, et doivent être de plus en plus,
directement compromis par une discussion corrosive
que ne dominent point de véritables principes et qui
tend à mettre en question, sans aucune solution possible, les moindres idées du devoir. » L'anarchie intellectuelle est la préface et elle est un agent de
l'anarchie morale. Cette anarchie remonte elle-même,
comme nous l'avons déjà indiqué, à des causes éloignées qui sont d'une extraordinaire gravité.

La regression dont nous parlons en ce moment peut
être considérée comme durant depuis trois siècles,
depuis le déclin du catholicisme, depuis le commencement de la *période métaphysique*.

Cette période a trois phases : le protestantisme, le
philosophisme, l'esprit révolutionnaire, qui règne
encore.

Avant le protestantisme le christianisme régnait,

sous la forme du catholicisme. Il avait inventé quelque chose de très grand et salutaire, que le monde n'avait jamais connu, du moins avec une pareille netteté et qui était la distinction du pouvoir spirituel et du pouvoir temporel. Rien de plus juste en soi, rien de meilleur en ses résultats. Rien de plus juste en soi ; car, d'abord, il faut un gouvernement ; ensuite les hommes ne sont jamais bien gouvernés dans leurs intérêts matériels par des savants, et jamais bien dans leur être intellectuel et moral par des gens pratiques. Les anciennes castes guerrières et castes religieuses des peuples d'Orient sont le témoignage, en ce sens, des plus anciennes civilisations, et comme une première ébauche des civilisations modernes. Il faut un gouvernement ; le gouvernement pratique qui gouverne les idées les gouverne mal, le gouvernement intellectuel qui gouverne les intérêts matériels les gouverne mal, et par conséquent il faut deux gouvernements.—Songez à ce qu'eût été le moyen âge sans le clergé. Il eût été un retour absolu à la barbarie primitive. Et encore, non, ce n'est pas vrai : l'esprit ne meurt jamais ; mais les hommes de pensée, qui eussent existé malgré tout, auraient, isolés, solitaires, dispersés, dépensé toutes leurs forces en je ne sais quelles influences individuelles sans portée, sans efficace, sans résultats. Il y aurait eu quelque chose de spirituel dans le monde ; mais point de gouvernement spirituel. Au lieu de cela, ces hommes de pensée trouvaient des cadres tout faits où ils se plaçaient d'eux-mêmes. Ils constituaient ainsi une aristocratie intellectuelle, ouverte, non héréditaire et solidement liée, c'est-à-dire la plus parfaite, ou la moins imparfaite que le monde ait vue ; laissant du reste à l'aristocratie temporelle l'office pour lequel elle est faite et qu'elle peut seule bien remplir. Le moyen âge a été l'époque où le monde a été le mieux organisé.

Il n'y paraît pas au regard de l'observateur superficiel, parce qu'il ne tient pas compte des difficultés. Le moyen âge, abstraction faite de l'organisation ecclésiastique, c'est la barbarie pure, c'est une regression à la préhistoire. C'est la civilisation effacée. Qu'en un tel temps, qu'en un tel état, l'esclavage, non seulement n'ait pas reparu, mais ait été effacé, l'antiquité littéraire à peu près conservée, l'idéal moral maintenu, la dignité de la femme défendue, la polygamie réprimée, le souvenir du Christ conservé, une certaine unité morale de l'Europe établie, une communauté de pensée, capable de jeter tout l'Occident armé contre l'Orient, entretenue ; c'est une merveille presque inconcevable, et qui n'est due qu'à l'organisation et à la vitalité de l'église chrétienne. Moralité, elle est là, accomplissant des prodiges eu égard à la matière sur laquelle elle s'exerça. Socialité, elle est là, analogue, mais supérieure à celle — *societas generis humani* — que l'Empire romain avait établie dans le monde.

Curieuse transformation, très bien vue par De Maistre, l'Empire romain n'est pas mort. Il revit spirituellement. On n'a mis au tombeau que son corps. L'Empire romain spirituel vit plus que jamais. Il réunit les âmes européennes en un seul faisceau. Il commande, il inspire, il anime ; il fait la paix et il fait la guerre. Il suscite les seules grandes choses qui sont faites alors. La louve romaine nourrit encore l'univers.

> *Optima nutricum nostris, lupa Martia, rebus,*
> *Qualia creverunt mœnia lacte tuo!*

Ce qui eût été à souhaiter c'est que le catholicisme

eût été évolutif, qu'il eût pu « s'incorporer intimement le mouvement intellectuel. » Il pouvait le faire. Une religion n'est vraiment condamnée à mort que quand l'humanité trouve un principe moral plus élevé que celui que cette religion a trouvé elle-même, et pareille défaite ne pouvait jamais, ne pourra jamais atteindre le christianisme. Quel que soit le progrès de l'humanité, indéfiniment en avance sur elle par son idéal moral, et pourtant toujours intelligible par elle à ce point de vue, le catholicisme pouvait accepter tout ce que l'humanité lui apportait de science nouvelle, l'approuver, le ranger à sa place comme moyens nouveaux de perfectionnement de l'espèce, le subordonner à la fin dernière qui est le perfectionnement moral, c'est-à-dire le subordonner au christianisme lui-même, et rester toujours ainsi à la tête de l'humanité en marche.

Mais d'abord, comme Saint-Simon l'a indiqué, le catholicisme avait commencé à se perdre par l'abandon de son principe, qui est la séparation du temporel et du spirituel ; il était devenu partiellement un gouvernement civil ; ensuite il s'était attaché à la tradition littérale. Penchant très naturel et très funeste. Très naturel : surtout au moyen âge ce qui fait l'autorité c'est l'ancienneté, la longue possession et l'obscurité mystérieuse des origines. Le catholicisme a voulu avoir des ancêtres très éloignés, se rattacher à la Bible, aux théologiens hébreux, montrer le monothéisme comme la plus ancienne religion de l'univers et soi-même comme le dépositaire et l'héritier de la plus ancienne pensée religieuse, affirmer une tradition continue du premier homme, et de Dieu même jusqu'à lui. C'était chose très imposante. Ce penchant était naturel.

Il était funeste, parce qu'il contraignait le catholicisme à l'immobilité. Il le forçait à tenir la science biblique comme vérité éternelle. Il le forçait à repousser tout ce qui dans la science moderne contredisait la science du peuple le plus ignorant de l'univers. Il le forçait à se mettre en travers de tout le mouvement de la pensée moderne. Il n'a réussi qu'à « en être dépassé ; il n'a pu dès lors maintenir son empire qu'en perdant le caractère progressif pour acquérir peu à peu le caractère profondément stationnaire et même éminemment rétrograde qui le distingue si déplorablement aujourd'hui. » — Cette « décadence mentale » pouvait-elle « se concilier avec une promulgation indéfinie de la prépondérance morale ? » Non. Malgré « l'excellence de la morale chrétienne, dont les préceptes seront toujours profondément respectés de tous les vrais philosophes, » il n'en est pas moins que « l'influence morale s'attache nécessairement à la supériorité intellectuelle, sans laquelle elle ne saurait exister solidement ; car ce ne peut être que par une pure transition très précaire que les hommes accordent leur confiance dans les chers intérêts de leur vie réelle à des esprits dont ils ne font plus assez de cas pour les consulter à l'égard des plus simples questions spéculatives. » La science devait donc écarter progressivement l'humanité du catholicisme. C'est ce qui eut lieu dès le commencement du xv⁰ siècle.

A partir de ce moment trois assauts ont été livrés successivement à l'ancien pouvoir spirituel : c'est, comme nous l'avons dit, le mouvement protestant, le mouvement philosophique et le mouvement révolutionnaire.

Le protestantisme commença par être tellement dans l'esprit même du catholicisme et dans ce que cet esprit avait de plus contraire à la marche naturelle de l'humanité, qu'il n'aurait fait aucun mal aux catholiques s'il était resté lui-même ce qu'il était. Comme le catholicisme, il prétendait rester immobile, avec cette différence qu'il y tenait plus que le catholicisme lui-même ; il remontait à la primitive église et reprochait au catholicisme de s'en écarter ; il s'attachait à la Bible et reprochait au catholicisme de ne pas s'en pénétrer assez. Il était une secte ultracatholique, une hérésie par rigorisme, un catholicisme intransigeant.

Cela ne dura pas. On donne aux hommes les opinions qu'on leur prête ; un parti finit par mériter la définition que font de lui ses adversaires. S'apercevant que, n'ayant pas de papauté, les protestants étaient divisés en plusieurs écoles qui ne disaient pas toutes la même chose, les catholiques affirmèrent des protestants ce que les protestants avaient affirmé des catholiques, à savoir que les protestants variaient, n'étaient pas immobiles, changeaient, dans l'espace, d'une école à l'autre, dans le temps d'un moment à l'autre. « Soit ! répondirent les protestants, et c'est notre supériorité. Nous ne sommes pas attachés à une lettre aride et à une formule morte. Nous faisons notre foi par une constante réflexion personnelle. Nous, nous sommes le libre examen se faisant sa croyance par l'étude. Nous sommes des vivants. » — Quand ils eurent trouvé cela, les protestants avaient cause gagnée, et aussi perdue, ayant trouvé l'arrêt de mort de leurs adversaires et aussi le leur. Celui de leurs adversaires : car en face d'une religion enchaînée par elle-même et engagée dans son passé comme un Terme dans sa gaine, ils dressaient une religion libre, progressive, capable de tout ce que la libre recherche scientifique lui apporterait. Le leur : car, n'y ayant pas de limite au libre examen, ils créaient une religion illimitée, donc indéfinie, donc indéfinissable, qui ne saurait pas, le jour où le libre examen lui apporterait l'athéisme, si l'athéisme fait partie d'elle-même, ou non ; une religion qui ne saurait pas où elle s'arrête et jusqu'où elle va ; une religion destinée à s'évanouir dans le cercle indéfini du philosophisme qu'elle a ouvert. Toute la libre pensée étant impliquée dans le libre examen, toute la libre pensée, tout le philosophisme, toute l'anarchie intellectuelle étaient contenus dans le protestantisme, dès qu'il cessait d'être un catholicisme radical.

Ajoutez à cela que, comme entrée de jeu, il supprimait la grande invention chrétienne, la distinction du temporel et du spirituel. Pour lutter contre le catholicisme, il faisait rentrer sous le pouvoir temporel, d'abord le pouvoir spirituel protestant, ensuite le pouvoir spirituel catholique. Il mettait dans chaque nation protestante l'autorité spirituelle suprême aux mains du souverain civil. Il forçait, dans chaque nation catholique, le clergé catholique à se serrer autour du souverain civil ; et « c'est seulement à cette époque de décadence que commence essentiellement, entre l'influence catholique et le pouvoir royal, cette intime coalition spontanée d'intérêts sociaux... » A partir de ce moment il est presque vrai de dire que, comme il y a *des* protestantismes, il y a aussi *des* catholicismes, un par peuple, chose absolument contraire au principe, à l'esprit, et à la salutaire influence du catholicisme, et destructrice de sa constitution, de son organisation et de sa vertu. L'esprit catholique vit encore, ici, là et plus loin ; mais le monde catholique n'existe plus.

C'est alors que, du sein du protestantisme émancipé

et hasardeux, d'une part, du sein de l'antiquité renaissante d'autre part, le philosophisme s'élance, se dégage,
se développe et se répand. Il est la pensée humaine
libre, indisciplinée, sans autorité spirituelle qui la guide,
l'éclaire ni la contienne. Il est la pensée individuelle,
sans aucun besoin de lien, de communauté, de communion avec d'autres pensées. Il va, sans plan arrêté,
ce qui serait contraire à son humeur propre, mais il va
cependant, du protestantisme orthodoxe au protestantisme libre, du protestantisme libre au déisme, du
déisme au naturalisme et du naturalisme à l'athéisme.
— Pourquoi cette progression au lieu d'une pure et
simple anarchie, et d'un pur et simple chaos, ce qui
semblerait naturel, la pensée étant toute libre et tout
individuelle? D'abord à cause d'une progression dans
l'audace qui est habituelle à l'esprit de l'enfant, je veux
dire à l'esprit humain, quand il s'affranchit après une
longue discipline. Ensuite à cause du mouvement
scientifique rapide, précipité et mal compris. La science
exclut la métaphysique, elle s'en passe et doit s'en passer. Ce n'est pas à dire qu'elle la nie ; elle se refuse
seulement le droit d'y entrer. Mais les esprits enivrés
de certitude scientifique, de ce que la science ne prouvait pas Dieu, conclurent qu'elle prouvait qu'il n'existait pas. Il serait aussi ridicule à la science de prétendre prouver la non-existence de Dieu que son existence,
puisque dans les deux cas ce serait s'occuper de surnaturel, ce qui par définition la dépasse ; mais de l'abstention de la science à cet égard les esprits légers ont
conclu à la négation ; et l'athéisme, ou la tendance à
l'athéisme, a été le dernier terme du philosophisme
pseudo-scientifique.

A un point de vue plus général encore, l'esprit du

philosophisme a été essentiellement négateur et négatif. Né d'une « protestation » contre l'ancienne organisation spirituelle, ce qu'il a poursuivi comme instinctivement c'est toute organisation spirituelle, et même sociale, l'organisation sociale étant un effort organisateur de l'esprit, et même morale, la réglementation morale étant le plus grand effort organisateur de l'esprit humain. « L'homme artificiel » de Diderot, créé par la civilisation pour remplacer l'homme naturel, et qu'il faut détruire tout entier, c'est la vue la plus nette à la fois et la plus générale, le terme extrême, logique et fatal de tout le mouvement philosophique des trois siècles. « Depuis le simple luthéranisme primitif jusqu'au déisme, sans en excepter ce qu'on nomme l'athéisme systématique, qui en constitue la phase extrême, cette philosophie n'a jamais pu être historiquement qu'une protestation croissante et de plus en plus méthodique contre les bases intellectuelles de l'ancien ordre social, ultérieurement étendue, par une suite nécessaire de sa nature absolue, à toute véritable organisation quelconque. » Au fond le mouvement des esprits depuis le XVI° siècle jusqu'à 1789 est une révolte ayant l'individualisme comme tendance, le nihilisme pour terme.

L'esprit révolutionnaire est venu ensuite, qui, lui, est un essai d'organisation. Il a essayé d'organiser quelque chose avec les principes uniquement désorganisateurs que, comme héritier de l'esprit philosophique, il avait entre les mains. De la libre pensée individuelle il a fait le dogme de la liberté, — de l'esprit anti-hiérarchique il a fait le dogme de l'égalité, — de l'esprit anti-autoritaire il a fait le dogme du suffrage universel.

Tous ces principes sont autant de négations aux-quelles on donne des noms positifs. Rien d'excellent comme la liberté de penser, de chercher, d'écrire, de parler, mais, évidemment, à la condition qu'elle abou-tisse, et par conséquent qu'elle cesse. Quand vous vous donnez à vous-même, personnellement, la liberté de chercher ce que vous avez à faire, c'est probablement, non pas pour le chercher toujours, mais pour le trou-ver ; et quand vous l'aurez trouvé, pour vous y tenir et vous y lier ; et, donc, pour sortir de l'état de liberté où vous étiez provisoirement mis. La liberté n'est donc qu'un état négatif, nécessaire quelquefois, pour arriver à un état positif où elle cesse et doit cesser. Elle est essentiellement un expédient provisoire. La proclamer comme principe permanent est un non-sens. C'est déclarer qu'on a pour maison l'intention de chercher librement les moyens d'en bâtir une. La liberté est principe de destruction ou principe de recherche ; en faire un principe de *constitution* répu-gne dans les termes, ne peut pas même être dit dans une langue bien faite.

Il en est tout de même de l'égalité. L'idée d'égalité comme principe destructeur d'une hiérarchie mauvaise est excellente. C'est un sophisme salutaire, comme il y en a dans les temps de lutte. Comme principe orga-nisateur elle ne signifie rien, parce qu'elle est l'expres-sion de quelque chose qui n'existe pas, qui n'existe *jamais*. C'est précisément une des grandes différences entre l'homme et les animaux. Entre les animaux d'une même espèce, il n'existe que des inégalités phy-siques assez faibles du reste, et quasi aucune inégalité intellectuelle. Il n'y a pas d'animaux de génie, il n'y a pas d'animaux idiots. Ils ont une intelligence commune à l'espèce tout entière. Voilà pourquoi ils peuvent former des républiques égalitaires. Chez l'homme les différences physiques existent, et, incomparablement plus grandes, les différences intellectuelles. On peut même dire que l'espèce humaine est organisée aristocratiquement par la nature même. Elle est pourvue d'intelligence en quelques-uns de ses individus, très rares, et pourvue de l'instinct d'imitation en son ensemble. De cette façon quelques-uns inventent, les autres acceptent l'invention, et la civilisation se fait et se maintient. Cela a été remarqué très bien par Buffon. Le caractère même de l'espèce humaine est donc l'extrême inégalité. L'égalité n'existe pas. — Si on la proclame et si on essaye de l'établir, que fait-on ? Rien, ou une autre inégalité. On ne peut pas établir l'égalité ; car on ne fait rien contre la physiologie et on ne décrète pas l'abolition de l'histoire naturelle ; mais on peut renverser l'inégalité, faire dominer ceux qui dominaient hier par ceux qui étaient dominés. Cela n'est pas très heureux; mais c'est possible ; et en proclamant l'égalité c'est ce qu'on a fait. On a dit : « Personne n'aura plus de pouvoir qu'un autre. » Immédiatement quelqu'un a eu plus de pouvoir qu'un autre, mais ce n'a pas été le même ; ç'a été l'être collectif composé des plus nombreux. La foule a pris immédiatement le pouvoir qu'autrefois tenait l'élite, une élite peut-être mal choisie, mal *sélectée*, mais enfin une élite.

Et remarquez qu'ici il ne s'agit pas du pouvoir gouvernemental ; il en sera question plus loin ; mais d'une sorte de pouvoir spirituel. La foule a été investie du droit d'avoir seule raison. Il existe des parias dans l'organisation moderne, ce sont ceux qui pensent par eux-mêmes ; ils sont mal vus d'une foule qui pense collectivement, par préjugés, par passions générales, par vagues intuitions communes. Ils sont suspects comme originaux, comme ne pensant pas ce que tout le monde pense, comme n'acceptant pas les banalités intellectuelles. Ils ne sont ni suivis, ni étudiés au moins, ni guettés avec attention, parce que, par suite du dogme nouveau, le *respect* s'est écarté d'eux, même au sens étymologique, très humble, du mot.

L'imitation persiste, certes : elle est physiologique, elle est éternelle ; seulement elle a changé d'objet ; *la foule s'imite elle-même;* elle écarte l'esprit original, l'inventeur, comme objet d'imitation. Or l'imitation de l'individu inventeur par la foule imitatrice étant la condition même de la civilisation, il y a risque pour celle-ci ; ou au moins elle va prendre une tournure très nouvelle, imprévue, et dont on ne peut rien prévoir. « Le progrès continu de la civilisation, loin de nous rapprocher d'une égalité chimérique, tend, au contraire, par sa nature, à développer extrêmement les différences intellectuelles entre les hommes… Ce dogme absolu de l'égalité prend donc un caractère essentiellement anarchique et s'élève directement contre l'esprit de son institution primitive, aussitôt que, cessant d'y voir un simple dissolvant transitoire de l'ancien système politique, on le conçoit comme indéfiniment applicable au système nouveau. »

Enfin le suffrage universel est l'expédient d'une société désorganisée et le signe qu'elle l'est. A peu près dans le même temps que Comte écrivait la *Philosophie positive*, Girardin disait : « Le suffrage universel, c'est : Il faut se compter ou se battre. Il est plus court de se compter. On se bat dans la barbarie. Dans la civilisation on se compte. » Rien de plus juste, rien de plus lumineux, et rien qui montre mieux que le suffrage universel est la barbarie raisonnée, la barbarie exacte, la barbarie mathématique, la barbarie rationnelle, mais la barbarie. En barbarie qui doit commander ? Les plus forts. Qui sont les plus forts ? Les plus nombreux. Ne nous battons pas, comptons-nous ; c'est-à-dire voyons, sans nous battre, qui sont les plus forts. Une société qui a proclamé la liberté et l'égalité, qui a supprimé la hiérarchie ! ne peut plus connaître qu'une loi, celle de la force, si tant est qu'elle veuille qu'encore pourtant on reste en société. C'est à cette loi qu'elle a recours en donnant l'empire au nombre.

— Au moins ce n'est pas l'anarchie ! — Non, puisque c'est l'expédient pour y échapper ; mais c'est quelque chose qui est tout près de l'être ; parce que ce système, comme tout à l'heure l'égalité, donne un office spécial à quelqu'un qui n'est pas fait naturellement pour le remplir. Il donne la décision au nombre. La foule est très bien faite pour contrôler, pour juger les œuvres faites et les hommes après qu'ils ont agi ; pour décider, non ; comme tout à l'heure elle était reconnue bien faite pour imiter avec intelligence les inventions faites, non pour inventer. Or prendre une décision, c'est inventer, c'est avoir une idée, c'est avoir une initiative. La foule n'est point faite pour cela. Vous lui donnez un office qui n'est pas dans sa vocation. Qu'arrivera-t-il ? C'est qu'elle ne l'exercera pas ! — Eh bien ! tant mieux. C'est ce que vous voulez. — Non pas ! De par sa nature elle ne l'exercera pas, et de par le droit que vous lui donnez, et dont elle sera fière, elle ne voudra pas que d'autres l'exercent. Elle ne sera pas une supé-

riorité et sera jalouse des supériorités. Elle ne gouvernera pas; est-ce qu'elle le peut? et elle ne choisira
jamais ceux qui sont faits pour gouverner. Elle « con-
damnera éternellement tous les supérieurs à une arbitraire dépendance envers la multitude de leurs inférieurs, par une sorte de transport aux peuples du droit
divin tant reproché aux rois. »

Ce système a plongé la foule dans une espèce d'é-
tourdissement : « Quels doivent être les profonds
ravages de cette maladie sociale en un temps où
tous les individus, quelle que puisse être leur intelligence et malgré l'absence totale de préparation
convenable, sont indistinctement provoqués par les
plus énergiques sollicitations à trancher journelle-
ment les questions politiques les plus fondamentales ? »

Cet étourdissement aboutit dans la pratique à cette
manière d'apathie jalouse qui fait que la foule ne gouverne pas, qu'elle n'aime pas qu'on gouverne, et qu'en
définitive il n'y a pas de gouvernement. C'est une sorte
d'anarchie indolente. — D'anarchie indolente, très
proche du reste de l'anarchie aiguë ; car la foule ne
gouvernant pas, ceux qui sont aptes à gouverner
ne gouvernant pas non plus, il est très facile à une
minorité, et à une minorité qui n'a pour elle ni la force
du nombre ni celle des lumières, de mettre en échec
cette société invertébrée et amorphe ; et par suite, dans
cet état plus que dans un autre, il est besoin, périodiquement, d'un gouvernement fort qui rétablisse l'ordre.
Ce gouvernement la foule, dans le besoin, le prend un
peu au hasard, selon les circonstances ; et en définitive une anarchie indolente, réveillée de temps en
temps par des anarchies aiguës, que réprime une

crise de despotisme, c'est l'histoire normale des démocraties.

De toutes ces anarchies tant intellectuelles et morales que sociales, il faudrait enfin sortir.

VI

On n'en sortira que par l'organisation d'un nouveau pouvoir spirituel. C'est le catholicisme qui avait raison. Il n'était pas la vérité comme conception générale du monde ; il l'était comme conception du gouvernement des hommes. Il a inventé le seul moyen de sauver la liberté sans glisser vers l'anarchie. La séparation du pouvoir temporel et du pouvoir spirituel c'est le fondement même de la liberté vraie, et l'antidote de l'esprit anarchique en même temps. Les libéraux veulent que tout ce qui est intellectuel dans l'homme, pensée, doctrine, croyance, théorie, religion, conscience, soit soustrait à l'Etat, et c'est, pour eux, la liberté. Ils ont raison de soustraire à l'Etat toute cette partie intellectuelle de l'homme ; et c'est précisément ce que fait la séparation du spirituel et du temporel. Mais ils ajoutent : « ... soustrait à l'Etat, *et tenu pour propriété sacrée de l'individu.* » C'est ici qu'ils tendent à un individualisme stérile qui a pour terme l'anarchie ; et c'est ici que nous intervenons pour dire : « Organisons, au contraire, en un pouvoir constitué, tout cet élément intellectuel de l'humanité pour le soustraire à l'Etat, et pour en faire quelque chose de constitué, de solide et de fécond. »

Au fond, le pouvoir spirituel c'est un état, lui aussi.

L'État civil c'est ce que les citoyens mettent en commun de forces matérielles pour faire de la nation un corps organisé ; le pouvoir spirituel c'est ce que les intelligences mettent en commun de forces intellectuelles pour en faire un organisme durable, fécond et progressif ; c'est un état spirituel. Il a existé, il a sauvé le patrimoine intellectuel de l'humanité ; il a empêché l'humanité de retourner à la bestialité pure ; il a sauvé la liberté intellectuelle ; il faut le restaurer. Il faut reprendre l'œuvre du catholicisme, en abandonnant ses théories ; il faut ressaisir son esprit de gouvernement pour organiser un pouvoir spirituel semblable au sien ; il faut concentrer l'effort scientifique de l'humanité moderne, comme il concentrait l'effort théologique, métaphysique, moral, littéraire et déjà scientifique de l'humanité ancienne.

Remarquez que ce pouvoir spirituel séparé du pouvoir civil a été un progrès sur l'antiquité ; donc il ne peut pas disparaître ; aucun progrès ne disparaît ; tout progrès est acquis et subsiste ; il se transforme, mais il ne tombe pas. — Remarquez de plus que ce progrès n'a pas fourni son évolution naturelle. Le catholicisme a eu dix siècles de formation, deux siècles de prépondérance, de Grégoire VII à Boniface VIII, cinq siècles de décomposition et d' « agonie chronique. » C'est un signe que « ce qui devait périr ainsi dans le catholicisme, c'était la doctrine, *et non l'organisation,* qui n'a été passagèrement ruinée que par suite de son adhérence à la philosophie théologique... » — C'est cette organisation qu'il faut rétablir.

Remarquez enfin que ce pouvoir spirituel ne périt jamais ; seulement il y a des époques anarchiques où il est exercé par n'importe qui. Il l'est de nos jours par

des littérateurs, des romanciers, des avocats, des jour-
nalistes. Il devrait l'être par des gens sachant quelque
chose. Organisons le pouvoir spirituel de la science. Il
y a une « papauté de l'avenir. » Ce sera une papauté
scientifique.

Cette idée n'est pas au terme des méditations d'Auguste Comte ; elle est au commencement, au milieu et
à la fin. Elle est en 1825 dans les articles du *Producteur*
sur « *l'organisation du pouvoir spirituel ;* » elle est
l'objet où tend le *Cours de philosophie positive* tout
entier. Le réaliser est ce qu'essaie la *Politique positive*.
Il n'y a aucune contradiction ni même aucun changement véritable dans la pensée de Comte de 1820 à
1857. On a, depuis longtemps, abandonné l'idée d'opposer la *Politique positive* à la *Philosophie positive*.
Celle-là est le développement naturel de celle-ci. Dans
la *Politique positive* l'organisation du pouvoir spirituel
se transforme simplement en une religion. Mais quelle
religion ? Religion non théologique, religion non métaphysique. Comte avait posé en principe que la morale
consistait à s'écarter progressivement de l'animalité,
de l'état d'enfance, de l'individualisme. Il en vient
naturellement à une morale sociale qui considère l'individu comme, en vérité, n'existant pas, et l'espèce
comme existant seule. Confondre ses intérêts avec ceux
de l'espèce, vivre en elle et en elle seule, ne considérer
que son progrès, se considérer comme une cellule
seulement de ce grand corps, voilà la morale. Mais
l'espèce ne doit pas être considérée seulement au temps
où nous sommes ; mais bien dans son ensemble depuis
qu'elle existe ; c'est donc à l'humanité tout entière, depuis
son commencement jusqu'à son avenir le plus éloigné,
que nous nous donnons corps et âme. De là le « culte de

l'humanité. » L'humanité est le dieu que nous devons adorer. A elle toutes nos pensées et en considération d'elle tous nos actes.

Voilà la *religion* de Comte dégagée de l'appareil liturgique dont son imagination s'est plu à la surcharger assez ridiculement. Car Comte est un curieux exemple à l'appui de sa théorie sur la survivance des anciens *états* à travers les nouveaux : il a l'esprit scientifique ; de la période métaphysique il garde le goût des abstractions et des subtilités ; et de la période théologique il garde l'esprit sacerdotal. Mais, dépouillée de certaines rêveries et surtout de certains arrangements ecclésiastiques, sa nouvelle religion se réduit à ceci : adorer l'humanité. Elle est une simple extension de sa morale. L'anti-anarchisme devait aller tout naturellement jusqu'à l'anti-individualisme, et l'anti-individualisme jusqu'à faire toute une morale de l'absorption de l'individu dans la communauté, et cette morale jusqu'à devenir une religion de la grande communauté humaine, un culte extatique de l'humanité.

C'est là que Comte s'est arrêté comme au terme naturel, très facile à prévoir, très attendu, ou qui devait l'être, de son évolution intellectuelle. Cette religion c'est au pouvoir spirituel de l'avenir, à la « papauté future » qu'elle devait être confiée. Elle devait embrasser, comme toutes les religions passées, la doctrine religieuse elle-même, la morale, la sociologie qui se confond désormais avec la morale puisque la morale se confond avec elle, la science et la propagation de la science, c'est-à-dire l'éducation.

Comment ce pouvoir spirituel se fondera-t-il ? Comme tous les pouvoirs spirituels se sont fondés, sans aucune participation de l'État civil, en dehors de lui, et sans la moindre hostilité contre lui ; cependant, il faut s'y attendre, contre son gré. L'État, depuis l'antiquité, a toujours une tendance très naturelle, et même honorable, quoique illégitime, à absorber le pouvoir spirituel, s'il existe, à se transformer en un pouvoir spirituel, s'il n'en existe pas. C'est donc à l'initiative individuelle qu'il faut s'adresser pour constituer le pouvoir spirituel nouveau. C'est précisément l'individualisme qu'il faut solliciter à mettre son énergie à se détruire, en lui persuadant que ce qu'il a de meilleur en lui revivra plus fort dans la collectivité où il saura s'absorber, et que des forces individualistes le nouveau pouvoir spirituel sera à la fois l'épuration et l'exaltation, n'utilisant pas celles qui sont factices ou éphémères et les laissant périr, renforçant, multipliant, éternisant celles qui sont destinées à durer.

Une grande association, internationale, comme le fut le catholicisme, acceptant les principes de la religion positive et s'engageant à les propager, trouvant plus tard son organisation et le détail de son administration, réunissant tous les hommes qui auront renoncé à tout esprit métaphysique et théologique, et propageant la science et la philosophie scientifique, voilà les bases du pouvoir spirituel de l'avenir. La civilisation est attachée à ce qu'il naisse et se développe.

Il ne se peut pas, du reste, qu'il ne naisse point. S'il en était ainsi, il y aurait une rupture entre le présent et le passé, ce qui ne s'est jamais vu, ce qui est contraire aux lois naturelles, qui sont celles de l'humanité comme de la nature entière. Alors l'état anarchique sera conjuré. « Tant que

les intelligences individuelles n'auront pas adhéré
par un sentiment unanime à un certain nombre d'idées
générales capables de former une doctrine sociale,
commune, on ne peut se dissimuler que l'état des
nations restera essentiellement révolutionnaire, malgré
tous les palliatifs politiques qui pourront être adoptés,
et ne comportera que des institutions provisoires. Il
est également certain que si cette réunion des esprits
dans une même communion de principes peut être une
fois obtenue, les institutions convenables en découle-
ront nécessairement, sans donner lieu à aucune
secousse grave, le plus grand désordre étant déjà
dissipé par ce seul fait. »

VII

Tel est ce grand système, un des mieux liés, un des
plus forts, et aussi un des mieux appuyés sur des
observations justes, que non seulement les temps
modernes, mais l'humanité entière ait vus naître. La
grande observation qui en fait la base consiste à avoir
bien vu ce penchant vraiment nouveau et en même
temps persistant de l'esprit humain à attacher à la
science la foi qu'il attachait autrefois au mystère. C'est
un « proverbe des gens d'esprit » que de dire :
« L'homme ne croit qu'à ce qu'il ne comprend pas. »
Il reste juste ; mais il est moins juste qu'autrefois. Se
rendre bien compte de ce changement et en chercher
toutes les causes et en prévoir tous les résultats, c'est
ce qu'a voulu Auguste Comte. Il en a tiré sa loi des
« trois états, » c'est-à-dire toute une philosophie de

l'histoire. Cette philosophie de l'histoire est merveilleuse d'ordonnance, de netteté, de vraisemblance même, et toute pleine d'idées de détail qui sont des fêtes pour l'esprit.

Elle reste contestable en son ensemble. D'abord elle encourt le reproche adressé à un des maîtres de Comte, c'est-à-dire à Bossuet. Elle laisse de côté la moitié ou les deux tiers du monde. Comte ne s'occupe ni des Indiens, ni des Chinois, ni des Mahométans, il ne s'occupe, de son aveu même, que *de la majeure partie de la race blanche*, en se bornant même, *pour plus de précision*, surtout dans les temps modernes, aux peuples de l'Europe occidentale. » — Pourquoi? Je crains que l'explication ne soit amusante. Parce que « nous ne devons comprendre, parmi les matériaux historiques de cette première coordination philosophique du passé humain, que des phénomènes sociaux ayant évidemment exercé une influence réelle sur l'enchaînement graduel des phases successives qui ont effectivement amené l'état présent des nations les plus avancées. » En d'autres termes, Comte ne tient compte pour établir sa loi historique que de ce qui ne la contrarie pas. Il l'avoue avec la naïveté assez ordinaire aux grands génies : « Ce puéril et inopportun étalage d'une érudition stérile et mal digérée qui tend aujourd'hui *à entraver l'étude de notre évolution sociale* par le vicieux mélange de l'histoire des populations qui, telles que celles de l'Inde, de la Chine, etc., n'ont pu exercer sur notre passé aucune véritable influence, devra être hautement signalé comme une source inextricable de confusion radicale dans la recherche des lois réelles de la sociabilité humaine, dont la marche fondamentale et toutes les modifications diverses devraient être ainsi simultanément considérées, *ce qui, à mon gré, rendrait le problème essentiellement insoluble.* » Ainsi le problème est insoluble si l'on en prend toutes les données ; mais nous n'allons en prendre que les données favorables à la solution que nous en voulons, et vous verrez comme il se résoudra bien. On pourrait fermer un ouvrage dont la partie essentielle débute par ce *postulatum*.

J'irai plus loin. Eût-il tenu compte de tout ce que nous savons de l'histoire de l'humanité, c'est évidemment si peu de chose, et ce que nous en ignorons dépasse d'une façon si formidable ce que nous en savons, qu'il n'aurait pas été admis, en bonne méthode scientifique, à en tirer une loi générale. L'humanité a été fétichiste, polythéiste, monothéiste, elle est encore fétichiste, polythéiste et monothéiste selon les endroits ; voilà tout ce que nous en savons. L'ordre et la succession de ces états d'esprit nous est parfaitement inconnu. Nous tirons de l'existence de ces états d'esprit cette conclusion que l'homme est un animal mystique jusqu'à nouvel ordre ; voilà tout ce que nous pouvons en déduire. N'allons pas plus loin, et si cela ne nous donne pas une loi de l'évolution humaine, tant pis pour nous. Il est essentiel de savoir se résigner.

Une partie de son système historique, qui marque bien ce que tout son système a d'hypothétique et de factice, c'est ce qui concerne le prétendu état métaphysique. Il a besoin comme transition entre l'état théologique et l'état scientifique d'un état métaphysique où l'humanité a vécu d'abstractions. Cet état il le fait de très courte durée. Je ne vois pas qu'il aille à plus de trois siècles, du XVIe au XIXe. Voilà un des trois grands états de l'humanité, un état qui dure trois

cents ans ; le premier ayant duré vingt mille ans, et
le troisième devant durer toujours ! L'histoire naturelle humaine est bien différente de l'histoire naturelle
proprement dite ! Et notez que durant cet état, l'état
théologique durait encore, ce que reconnaît Comte,
mais, de plus, avait encore pour lui les dix-neuf ving-
tièmes et très probablement les neuf cent quatre-vingt-
dix-neuf millièmes de l'humanité. N'en faudrait-il pas
conclure qu'il y a eu des métaphysiciens dans tous les
temps ; et qu'il n'y a pas eu de période métaphysique ?
Et voilà tout le système qui s'écroule.

En réalité il ne tient aucunement ; il n'est qu'une
hypothèse brillante, assez inutile, du reste, et dont
Comte pouvait très bien se passer. Il pouvait envisager
l'humanité, d'ensemble, comme partagée, très inégalement, entre l'esprit théologique, l'esprit métaphysique et l'esprit scientifique, et s'efforcer de prouver
qu'il y en avait deux de trop.

Quant à cette élimination même de l'esprit théologique et de l'esprit métaphysique, Comte la fait avec
sûreté, avec suite et avec une vigueur de dialectique
très remarquable. Il faut cependant faire une distinction. Comte est sensiblement exempt d'esprit théologique, et j'ai fait remarquer que quand il a transformé
sa morale en une religion, même de cette religion
toute idée vraiment théologique est absente ; mais il
n'est pas exempt, pas du tout, d'esprit métaphysique.
Il reproche aux métaphysiciens leurs entités ; il a les
siennes. Dans les mêmes pages où il raille les politiques encore imbus d'esprit métaphysique d'expliquer
les phénomènes sociaux par « la grande entité générale de la *nature*, » il énonce sa prétention de les
expliquer par « les lois naturelles » de la sociologie,

il montre ces « lois naturelles » agissant sur les hommes
et les pliant à leur empire et les faisant passer d'un
« état » à un autre ; et vraiment il me semble bien
voir là des abstractions personnifiées, nouvelles divi-
nités qui gouvernent le monde et qui sont écloses du
cerveau de notre penseur. En effet Comte n'a jamais
démontré pourquoi les hommes ont passé d'un état
à un autre état, par quelles *modifications propres*,
intimes, intrinsèques, de leur être ; et il semble, dès
lors, que ces lois de leur évolution s'imposent à eux
du dehors, les poussent et les forcent d'en haut, et nous
voilà en pleine conception métaphysique ; il semble
que l'homme ait passé par ces phases successives pour
satisfaire le dessein de je ne sais quelle providence.
Très souvent le cours de philosophie positive fait l'effet
d'un *Discours sur l'histoire universelle*, sans Dieu ; l'on
y voit les hommes *menés*, et menés avec une suite et
une rigueur inflexibles, sans qu'on sache par qui ; mais
ils le sont, ils rentrent dans un dessein qu'ils n'ont pas
conçu, qu'ils n'ont aucune raison de suivre et qu'ils
suivent. Il y a là une sorte de fatalité des lois de l'évolution. Cette fatalité est bien une entité métaphysique.
On peut l'écrire avec une majuscule.

De même il reproche aux métaphysiciens leurs
finalités, et il a la sienne : c'est le progrès. Il croit que
les lois de l'évolution ont un but, et ce but il le connaît : c'est le progrès, non pas indéfini, il n'y croit
pas, mais le progrès se prolongeant d'une façon qui le
fait paraître à nos yeux comme devant être indéfini.
Voilà la grande cause finale de la nature, et Comte
raisonne sans cesse en en tenant compte, quoiqu'il ait
dit qu'il ne faut jamais raisonner par cause finale ; et
non seulement il en tient compte, mais c'est le fond

même de tous ses raisonnements. Le progrès devait exister et c'est pour cela que l'homme a passé par le fétichisme, le polythéisme, etc. ; il doit continuer, et c'est pour cela que la séparation du temporel et du spirituel ayant été une fois trouvée ne peut pas se perdre, etc. Nous raisonnons ici par cause finale autant qu'il est possible de raisonner par cause finale.

Je sais bien que Comte est penseur trop pénétrant pour être dupe du mot progrès à la façon des auteurs de manuels pour instruction civique. Il sait que l'idée de progrès est extrêmement récente ; qu'elle date du XVIII° siècle, ou tout au plus de la « querelle des anciens et des modernes ; » que l'antiquité ne l'a jamais eue, et a eu plutôt l'idée contraire ; d'autre part, il ne croit pas du tout au progrès indéfini; il a même une page très spirituelle sur cette chimère de l'indéfini appliqué aux choses humaines: il est constant que l'homme civilisé mange moins que le barbare, et de moins en moins ; il est peu vraisemblable pourtant qu'il arrive à ne pas manger du tout ; ainsi du reste. Il écarte même quelquefois les mots de *progrès* et de *perfectionnement* comme n'étant pas scientifiques, et les remplace par le mot *développement;* mais encore le mot développement comporte une certaine idée, sinon d'accroissement, du moins d'extension régulière, de déploiement normal et heureux d'une force jusque-là enveloppée et comprimée, qui est bien analogue à ce qu'on entend généralement par progrès.

Or cela même n'est pas scientifique. Tout ce que nous savons en contemplant l'humanité dans sa carrière, c'est qu'elle change, c'est que les choses ne sont pas toujours la même chose. Nous ne savons exactement rien de plus. La loi de l'humanité c'est le changement : voilà une loi qu'on peut accepter ; changement pour le mieux, nous n'en savons rien, pour le plus compliqué même, ou pour le plus simple, nous n'en savons rien. Eloignement de l'animalité ; il est probable ; mais éloignement progressif et sans retour possible, nous n'en savons rien. Que l'homme ait été un animal et ait su s'arracher à l'animalité, il est vraisemblable ; qu'il continue et soit destiné à continuer à s'en éloigner de plus en plus, nous n'en savons rien ; car le progrès n'étant pas indéfini, comme Comte le reconnaît, il est possible que ce que l'homme peut en réalité, *soit atteint;* et depuis longtemps ; et qu'à partir du moment où l'homme s'est séparé nettement de l'animalité il n'ait fait que tourner dans un cercle ou osciller comme un pendule, changeant toujours, c'est sa loi, mais sans avancer. Or c'est bien sur l'idée qu'il avance et continuera longtemps, sinon indéfiniment, d'avancer, que Comte fonde tout son système. Il repose sur une hypothèse, et sur une hypothèse, non pas plus hypothétique que celle du progrès indéfini, mais plus fragile encore : il repose sur cette hypothèse que l'homme, ayant progressé au commencement, doit progresser jusqu'à une certaine date, *et que cette date n'est pas atteinte.* Oh ! qu'en savez-vous ? Qui vous a mis dans le secret de cette chronologie ?

Mais le grand point, le nœud du système, c'est le *pont jeté* entre les sciences naturelles et les sciences morales. Ici l'*instinct de la vraie question* est merveilleux, l'effort admirable, et les intentions excellentes. La vraie question de l'humanité est bien là en effet. Quelle est la loi de nos actions et où devons-nous la prendre ? En nous ? Hors de nous ? En nous elle est indistincte, quoi qu'on en ait dit. La conscience est vacillante et obscure. Notre âme est trop complexe pour que nous distinguions très facilement quelle est celle de ses mille voix que nous devons écouter. Il y faut toute une science, très difficile. Les hommes ont toujours désiré trouver hors d'eux la loi d'eux-mêmes. Ils l'ont demandée au monde. Le monde leur a très bien répondu. Gouverné par des dieux ou un Dieu assez justes, assez bons et assez charitables, il leur a répondu qu'il fallait être bons et justes, et une morale théologique plus ou moins élevée a été fondée. Mais ce monde, qui répondait ainsi, était très probablement un monde factice. C'était un monde que l'homme avait imaginé sur le modèle de lui-même ; qu'il avait créé, à qui il avait donné pour âmes ou pour âme, des êtres ou un être semblables à lui, un peu meilleurs que lui. Ce que l'homme écoutait donc c'était lui-même projeté par lui-même au bout du monde, et des extrémités de l'univers c'était la voix de lui-même, un peu meilleur, qui lui revenait. Si aucun divorce n'existait entre l'homme et la nature, c'est que l'homme voyait la nature comme gouvernée par un être qui n'était qu'un homme perfectionné. Au fond, c'était à lui-même qu'il obéissait, mais à lui agrandi, épuré et *cru autre*, ce qui était nécessaire pour qu'il obéît.

Mais quand les hommes, — à quelque époque du reste que, plus ou moins nombreux, ils s'en soient avisés. — ont vu, ou cru voir, que le monde était immoral, qu'il n'avait aucun sentiment de justice ou de bonté, qu'ils étaient les seuls êtres moraux de l'univers, ils ont été épouvantés. Ils se sont vus seuls, et ils se sont vus mystérieux. Ils se sont écriés : « Quelles chimères sommes-nous ? Quels monstres ?

Quels êtres incompréhensibles ? » Et alors le trouble
a été très grand dans l'humanité. Les uns ont osé
dire : « Eh bien ! soyons comme le reste de la nature.
C'est elle qui doit avoir raison. Soyons naturels.
Détruisons en nous l'être artificiel que quelques trom-
peurs sans doute ont fabriqué. Ne prétendons pas valoir
mieux que le reste de l'univers. » — D'autres ont dit :
« Eh bien ! soit ! La nature entière a sa loi qui est
méprisable, et nous avons la nôtre. Pourquoi non ?
Suivons la nôtre avec d'autant plus d'énergie que le
monde semble nous railler de la suivre ; nous nous
montrerons supérieurs à lui, et voilà tout. » Et la
rupture entre les lois naturelles et les lois de l'homme
a été consommée.

Enfin vient le positiviste qui dit : « Ce n'est pourtant pas possible ! Il ne peut y avoir de contrariété si
absolue entre une bestiole et tout l'univers. Il doit y
avoir un moyen de rattacher la loi de l'homme aux
lois générales. » Et il tente sa conciliation et sa réconciliation de la morale avec la physiologie.

S'il y réussissait, l'accord ancien, l'harmonie du
monde aux yeux de l'homme serait rétablie. L'homme
n'apercevait pas de rupture entre lui et le monde parce
qu'il voyait le monde semblable à lui ; de nouveau il
n'en apercevrait pas, parce qu'il se verrait semblable
au monde. Comte a très bien dit qu'il y avait synthèse des sciences morales et des sciences naturelles
dans l'esprit théologique ; séparation des unes d'avec
les autres dans l'esprit métaphysique ; synthèse nouvelle des unes et des autres dans l'esprit positiviste.
Mais le positiviste réussit peu dans cette conciliation,
et il y réussira peut-être de moins en moins. Plus les
sciences morales et les sciences naturelles seront

poussées avant, plus sans doute leur divorce s'accusera. Ce n'est point des différences qu'elles aperçoivent entre elles, c'est une contrariété. Plus la nature est connue, plus elle fait horreur à l'homme ; plus il la connaît, plus il est indigné de cette chose éternelle et énorme qui n'a pas de but, qui n'a pas de moralité, qui même est cruelle, sorte de monstre aveugle et féroce ; en tout cas, être, si c'est un être, aussi contraire que possible à tout ce que l'homme sent de bon en lui. Ce n'est pas à elle qu'il peut se résigner à demander des leçons de morale. Il lui ressemble trop peu pour n'avoir pas peur de lui ressembler. Il ne peut pas y avoir de morale naturelle, parce que la nature est immorale.

— Mais il peut y avoir une morale sociale, et fondée uniquement sur la socialité. — Nous voilà au point précis, en effet. Mais remarquez d'abord que vous abandonnez déjà votre ferme connexion entre les sciences naturelles et les sciences de l'homme. La morale science sociale, c'est la morale science humaine. Si c'est dans l'instinct social de l'humanité que je dois puiser la loi de mes actes, ce n'est plus dans la nature que je la puise. Ce n'est pas dans le *moi*, sans doute, mais c'est dans l'homme. Une morale sociale consiste à se représenter les hommes au milieu de la nature comme ayant leur loi à eux qu'ils n'empruntent qu'à eux : le divorce entre l'homme et la nature n'est plus supprimé, il est rétabli. Votre adversaire a cause gagnée.

De plus, la morale fondée sur l'instinct social est bonne, sans doute, parce que la morale dès qu'elle redevient humaine redevient bonne, mais combien incomplète ! La socialité est meilleure maîtresse de moralité que le naturalisme, mais non pas excellente ; la société est moins immorale que la nature, mais elle n'est pas d'une moralité très haute. Ce n'est pas à considérer les hommes, à les étudier, qu'on apprend à être d'une très pure vertu. N'a-t-on pas remarqué que la vie de société affine l'esprit et corrompt le cœur? Sans aller jusqu'aux paradoxes de Rousseau, dont, quoique solitaire et cénobite vous-même, vous êtes l'antipode exact, n'est-il pas vrai que les hommes sont faits pour vivre en société à condition de n'y pas trop vivre? La socialité inspire des sentiments fort moraux, à la condition presque de se soustraire à elle. Est dévoué à la société celui qui a l'instinct social très prononcé et qui ne se mêle pas à la société, qui la sert de loin, l'aimant moins elle même que l'idée abstraite qu'il s'en fait, et qu'il n'en garde qu'à la condition de la fréquenter peu. Cela ne laisse pas d'être significatif.

Généralisons. Considérons l'humanité en tout son ensemble, dans le présent et le passé. L'histoire est immorale, moins immorale que la nature, mais immorale. Moins que la nature, mais assez net encore, elle montre le triomphe de la force, de la ruse, de la violence, etc. Comme la fréquentation de la société, la contemplation de l'humanité est peu édifiante. Ici encore on est dévoué à l'humanité, à la condition de la connaître d'une façon un peu idéale et philosophique, comme vous, par exemple, la connaissez. Encore une fois, on peut trouver là une morale, mais il faut y mettre je ne sais quelle bonne volonté. Il semble que l'homme qui ne serait pas doué d'un instinct moral par lui même, qui n'aurait que l'instinct social, et qui fréquenterait les hommes et qui lirait l'histoire, serait un bon citoyen, soumis aux lois, non révolutionnaire, ce qui pour vous est la moitié de la vertu, bref un fort honnête homme ; mais dévoué aux hommes, charitable, généreux, capable de sacrifice, non ; ou l'on ne voit pas trop pourquoi il le serait. Dieu permette que tous les hommes arrivent seulement au niveau moral que la morale de Comte établit! mais encore ce n'est pas un niveau bien élevé.

On le voit bien quand Auguste Comte transforme la morale en religion. Cette religion de l'humanité est un retour inconscient à l'esprit théologique, ou, comme dit Comte, à l'état théologique. Elle ne contient pas un mot de théologie, sans doute, je l'ai dit ; mais elle procède comme l'homme procède en « état théologique, » en procédant moins bien. Il faut adorer l'humanité. Cela veut dire que le plus grand danger pour chaque homme étant de s'adorer soi-même, il faut qu'il adore un grand être permanent, éternel, producteur de moralité, semblable à chaque homme, mais meilleur que lui, et qui peut être pour chaque homme un bon modèle. Un être permanent, éternel, producteur de moralité, semblable à l'homme et meilleur que lui, et modèle à imiter pour l'homme, c'est précisément ce que l'homme adore dans l'état théologique. Comme c'est lui qui fait son Dieu, et comme il le fait à son image, c'est l'humanité divinisée qu'il adore ; c'est l'humanité épurée, subtilisée, purgée de tout ce qu'elle a de mauvais, centuplée en tout ce qu'elle a de bon ; mais ce n'est pas autre chose que l'humanité.

Seulement c'est l'humanité adorée indirectement ; et voilà la supériorité de la religion théologique sur la religion humanitaire. C'est l'humanité adorée sans que l'on croie que ce soit elle qu'on adore. De tout ce qu'il y a de bon dans l'humanité on a fait un être extérieur à elle, détaché d'elle, bien autrement impo-

sant, bien autrement séduisant aussi, auquel on
s'attache de cœur, d'âme, avec passion, toutes choses
que l'on ne fait pas si facilement à l'égard de l'humanité directement considérée, en songeant à la masse
d'éléments parfaitement indignes d'adoration qu'elle a
contenus.

Et ce Dieu nous commande d'aimer les hommes ; et
nous les aimons à cause de lui, nous les aimons en lui,
ce qui est plus facile que de les aimer directement.

L'homme dans l'état théologique fait donc exactement ce que fait Comte ; mais il le fait d'une manière plus complète, plus puissante, avec une force
d'abstraction plus grande, et de façon à ce que cela
serve à quelque chose. D'instinct ou d'adresse, pour
aimer l'humanité, il l'a transformée en un être adorable
qui n'est pas l'humanité et qui lui commande d'aimer
l'humanité. Avec ce détour on ne l'aime déjà pas
assez ; sans ce détour il n'est pas probable qu'on
l'aime guère. La religion de Comte n'aura jamais
beaucoup de fervents.

Quant au pouvoir spirituel destiné à propager cette
religion et cette morale, Comte savait trop bien et a trop
bien montré combien est fort l'individualisme moderne
pour avoir grande confiance dans l'établissement d'une
pareille force spirituelle, collective. Est-il même à
désirer qu'elle s'établisse, nous l'examinerons une autre
fois ; mais ce qu'aujourd'hui nous ferons remarquer,
c'est que la philosophie positive, particulièrement,
n'était pas apte à la fonder. Ce qui a toujours groupé
les hommes, c'est leurs passions, bonnes ou mauvaises.
La philosophie positive, froide comme la science, peut
éclairer les hommes, les instruire et même les améliorer ; elle ne les groupera guère. Elle n'inspire pas

l'exaltation, l'enthousiasme, qui fondent les églises. On m'objectera le stoïcisme, et c'est précisément au stoïcisme que je songe pour m'appuyer. Le stoïcisme a fait office de religion pendant quelque temps. Mais s'il a été si vite et si complètement, soit balayé, soit absorbé par le christianisme, c'est qu'il n'avait pas ces vertus excitantes dont je parlais ; et s'il n'a jamais été qu'une religion aristocratique, tandis que le christianisme a été si vite une religion populaire, c'est pour les mêmes causes.

Ce n'est pas à dire que l'influence de Comte n'ait pas été très grande. Elle a été immense. Adopté presque entièrement par Stuart Mill ; s'imposant, quoi qu'il en ait dit, à Spencer, ou, comme il arrive, coïncidant avec lui et s'engrenant à lui d'une manière singulièrement précise ; dominant d'une façon presque tyrannique la pensée de Renan en ses premières démarches, comme on le voit par l'*Avenir de la science;* inspirant jusque dans ses détails l'enquête philosophique, historique et littéraire de Taine ; se combinant avec l'évolutionnisme, qui peut être considéré comme n'en étant qu'une transformation ; le système de Comte a rempli toute la seconde moit é du XIXᵉ siècle, et on l'y rencontre ou tout pur, ou à peine agrandi, ou légèrement redressé, ou un peu altéré, à chaque pas que l'on fait dans le domaine de la pensée moderne. Il a rendu d'éclatants services à l'esprit humain. Personne n'a mieux tracé les limites respectives de la science, de la philosophie, de la religion et marqué le point où l'une, sans s'en douter, prend l'esprit et la méthode de l'autre, avec péril de tout brouiller et de tout confondre. Ces délimitations sont nécessaires et tout le monde y gagne ou doit savoir y gagner. Personne n'a mieux défini les trois tendances

essentielles de l'esprit humain, qu'il prend, sans doute
à tort, pour des époques, mais qui, sans doute éternelles, doivent être exactement définies pour que l'esprit
voie clair en lui-même. Sa pénétration, son intelligence,
à force de tout comprendre, l'a conduit à tout aimer,
sauf ce qui est décidément trop étroit, trop négatif,
trop exclusivement polémique, et un esprit de haute
impartialité règne dans toute son œuvre. Il a eu dans
l'avenir de la science, dans sa prépondérance finale,
dans son aptitude à suffire à l'esprit humain et à gouverner exclusivement l'humanité, une confiance peut-
être trop grande ; et le positivisme n'a pas paru capable
de tout ce qu'il mettait en lui, ni de satisfaire complètement l'esprit humain. Il répondrait que c'est affaire
de temps et que les résidus théologiques et métaphysiques, pour n'être pas encore brûlés, ne sont pas moins
destinés à l'être un jour. Sans en être aussi sûr que
lui, on peut répondre que c'est beaucoup d'avoir, d'un
des éléments essentiels de notre connaissance, donné
une définition précise et une description systématique
admirablement claire, logique et ordonnée, d'en avoir
tracé et subdivisé le domaine et fermement marqué les
limites. C'est quelque chose surtout que de faire penser,
et Auguste Comte est merveilleux pour cela : c'est le
semeur d'idées et l'excitateur intellectuel le plus puissant qui ait été en notre siècle, le plus grand penseur,
à mon avis, que la France ait eu depuis Descartes.
Comme ayant cru que l'intelligence, et l'intelligence
seule, doit être reine du monde, et comme ayant lui-
même été une intelligence souveraine, il ne peut, il ne
doit avoir décidément contre lui que les anti-intellec-
tualistes. Il l'a prévu ; il n'en serait pas mécontent ;
et ce n'est pas un mauvais signe.

TABLE DES MATIÈRES

Poitiers. — Société franç. d'Impr. et de Libr. (Oudin et Cⁱᵉ).